Dieter Monjau
Sören Schulze

Objektorientierte Programmierung

Programmierung

Assemblerprogrammierung mit dem PC
von J. Erdweg

Einführung in die Programmiersprache Modula-2
von H. Pudlatz

Parallele Programmierung mit Modula-2
von E. A. Heinz

Programmieren in Pascal
von H. Feldmann

Programmieren mit Ada
von H. Feldmann

Strukturiertes Programmieren in C
von H. Feldmann

Objektorientierte Programmierung
von D. Monjau und S. Schulze

Programmieren in PL/I
von E. Sturm

Einführung in die Programmiersprache SIMULA
von G. Lamprecht

Programmieren in COBOL 85
von W.-M. Kähler

JSP - Einführung in die Methode des Jackson Structured Programming
von K. Kilberth

Prolog - Eine methodische Einführung
von R. Cordes, R. Kruse, H. Langendörfer, H. Rust

Vieweg

Dieter Monjau
Sören Schulze

Objektorientierte Programmierung

Ein einführendes Lehrbuch mit Beispielen in Modula-2

Die Deutsche Bibliothek - CIP-Einheitsaufnahme
Monjau, Dieter:
Objektorientierte Programmierung : ein einführendes Lehrbuch mit Beispielen in Modula-2 / Dieter Monjau ; Sören Schulze. - Braunschweig ; Wiesbaden : Vieweg, 1992
ISBN 3-528-05195-7
NE: Schulze, Sören:

Das in diesem Buch enthaltene Programm-Material ist mit keiner Verpflichtung oder Garantie irgendeiner Art verbunden. Die Autoren und der Verlag übernehmen infolgedessen keine Verantwortung und werden keine daraus folgende oder sonstige Haftung übernehmen, die auf irgendeine Art aus der Benutzung dieses Programm-Materials oder Teilen davon entsteht.

Der Verlag Vieweg ist ein Unternehmen der Verlagsgruppe Bertelsmann International.

Gedruckt auf säurefreiem Papier

ISBN-13: 978-3-528-05195-2 e-ISBN-13: 978-3-322-84060-8
DOI: 10.1007/ 978-3-322-84060-8

Vorwort

Dieses Buch bietet eine Einführung in den objektorientierten Entwurf und die objektorientierte Implementierung von Programmen. Die objektorientierten Konzepte sowie die Methoden ihrer Anwendung werden an bekannten und häufig verwendeten Algorithmen und Datenstrukturen erläutert. Als Implementierungswerkzeug wird TopSpeed Modula-2 verwendet. Viele Beispielprogramme demonstrieren die Anwendung der objektorientierten Vorgehensweise. Die vollständigen Quelltexte aller Programme sind auf einer Programmdiskette enthalten.

Die entscheidenden Faktoren zur Produktivitäts- und Qualitätssteigerung bei der Entwicklung großer Softwaresysteme sind Wiederverwendbarkeit, Erweiterbarkeit und Wartbarkeit bewährter und korrekt arbeitender Programmbausteine. Die beste bekannte Möglichkeit, das zu erreichen, ist die objektorientierte Vorgehensweise. Sie bezieht sich auf alle Phasen des Softwarelebenszyklus, das heißt, auf die Anforderungsanalyse, den Entwurf und die Implementierung.

Im ersten Kapitel wird eine Einordnung der objektorientierten Konzepte in die Phasen und Methoden der Softwareentwicklung vorgenommen. Die Modellierung des zu lösenden Problems erfolgt durch Einführung von Objekten; jedes Objekt stellt die Zusammenfassung einer Datenstruktur zur Beschreibung von Merkmalen und Operationen (Methoden) über dieser Struktur dar. Objekte sind Exemplare von Klassen. Die objektorientierte Methodik enthält darüber hinaus als Konzepte den Nachrichtenaustausch zwischen Objekten, die Vererbung in Klassenhierarchien und den Polymorphismus. Im zweiten Kapitel werden die Methoden der modularen Programmierung, die von konventionellen, prozeduralen Programmiersprachen bekannt sind, behandelt. Sie stellen bereits einen Schritt in Richtung des objektorientierten Entwurfs und der objektorientierten Programmierung dar; man spricht von objektbasierter Vorgehensweise. Objekte bzw. Klassen können dabei auf der Grundlage von abstrakten Datentypen implementiert werden. Typische Anwendungen dieser Methode wie Listen, Keller und die Modellierung von Daten in Datenbanken werden an Beispielen demonstriert. Eine Einführung in die wesentlichen Konzepte der objektorientierten Programmierung erfolgt im dritten Kapitel. Dabei werden geometrische Figuren als Objekte und Operationen zum Manipulieren der Objekte als Methoden zugrundegelegt. Durch die behandelten Programmbeispiele werden die Konzepte der Objekte, Klassen, des Polymorphismus, der virtuellen Methoden sowie der Klassenhierarchie verständlich gemacht. Im vierten bzw. fünften Kapitel wird die Anwendung der objektorientierten Konzepte für den Entwurf und die

Implementierung komplexer Datenstrukturen wie homogene bzw. heterogene Keller, Listen, Verzeichnisse und Mengen dargestellt. Gleichzeitig werden die für verschiedene Anwendungen nützlichen dynamischen Objekte eingeführt. Sie finden beim Entwurf von Klassenhierarchien Verwendung; ihre Spezifikation erfolgt selbst im Rahmen einer Klassenhierarchie. Als komplexe Anwendung der objektorientierten Methoden wird im sechsten Kapitel der Entwurf und die Implementierung einer Fensterverwaltung zur Gestaltung des Dialogs zwischen Nutzer und Programm über den Bildschirm beschrieben. Schließlich wird im siebenten Kapitel eine Einführung in Smalltalk gegeben. Im Gegensatz zu den Programmiersprachen C++, Pascal (ab Version 5.5) bzw. TopSpeed Modula-2, die aus konventionellen Sprachen durch Erweiterung um objektorientierte Konstrukte hervorgegangen sind, wurde Smalltalk von vornherein als objektorientierte Sprache entwickelt. Die Konzepte von Smalltalk haben wesentlichen Einfluß auf die Weiterentwicklung konventioneller Programmiersprachen und Entwurfswerkzeuge gehabt.

Dieses Buch stellt ein Lehrbuch für objektorientierten Entwurf und Implementierung dar. Es setzt Kenntnisse zu den Konzepten und der Anwendung höherer Programmiersprachen bzw. praktische Erfahrungen mit einer dieser Sprachen voraus. Das Buch wendet sich an Studenten der Informatik und anderer technischer Studienrichtungen, die sich mit der Entwicklung von Software befassen. Es ist gleichermaßen nützlich für Praktiker, die ihre Kenntnisse zu konventionellen Sprachen um eine moderne Softwareentwicklungsmethode erweitern wollen.

Die im Buch bzw. auf der Programmdiskette enthaltenen Programmbeispiele wurden mit dem Programmiersystem TopSpeed Modula-2, Version 2, der Firma Jensen & Partners International getestet.

Wir möchten Herrn Jonas Lange für die anregenden Diskussionen und Hinweise sowie Jacqueline Lindner für ihre Unterstützung bei der Textgestaltung danken. Unser Dank gilt auch den Mitarbeitern des Verlages für eine gute Zusammenarbeit und Betreuung.

Chemnitz, April 1992

Dieter Monjau
Sören Schulze

Inhaltsverzeichnis

1 Objektorientierte Softwareentwicklung

1.1 Methoden der Softwareentwicklung

Das grundsätzliche Ziel der Softwaretechnik besteht in der Bereitstellung von Methoden und Werkzeugen, die dazu beitragen sollen, große und komplexe Softwaresysteme mit hoher Qualität kostengünstig herzustellen und anzuwenden.

Die Qualität von Software wird durch verschiedene Faktoren bestimmt. Für den Nutzer der Software sind folgende Faktoren von großer Bedeutung:

- *Korrektheit* als Eigenschaft von Software, ihre durch Anforderungen und Spezifikationen definierten Aufgaben exakt zu erfüllen
- *Robustheit* als Eigenschaft von Software, auch unter außergewöhnlichen Bedingungen zu funktionieren
- *Erweiterbarkeit* als Fähigkeit, Software an Spezifikationsänderungen anzupassen
- *Wiederverwendbarkeit* als Fähigkeit von Software, ganz oder teilweise für neue Anwendungen verwendet zu werden
- *Kompatibilität* als Fähigkeit von Software, sie mit anderer Software zu verbinden

Daneben spielen weitere Faktoren wie Effizienz, Portabilität, Verifizierbarkeit, Integrität und Benutzerfreundlichkeit für die Qualität von Software eine Rolle.

Die ersten fünf genannten Qualitätsfaktoren spielen in der heutigen Praxis der Softwareentwicklung eine Schlüsselrolle. Die entscheidenden Faktoren zur Produktivitäts- und Qualitätssteigerung bei der Entwicklung großer Softwaresysteme sind die Wiederverwendbarkeit, Erweiterbarkeit und Kompatibilität bewährter und korrekt arbeitender Programmbausteine. Die beste bekannte Möglichkeit zur Entwicklung von wiederverwendbarer, erweiterbarer bzw. kompatibler Software ist die objektorientierte Vorgehensweise. Methoden zur Sicherung von Korrektheit und Robustheit können organisch mit dem objektorientierten Ansatz verbunden werden.

Um die Qualitätsanforderungen zu erfüllen, stehen dem Softwareentwickler eine Reihe von Methoden und Werkzeugen zur Verfügung. Die systematische Vorgehensweise bei der Softwareentwicklung und -nutzung wird grundlegend durch die Anwendung des *Phasenmodells* (auch Softwarelebenszyklus genannt) gesichert. Dieses Modell unterscheidet bei der Softwareentwicklung zwischen den folgenden charakteristischen Phasen, die nacheinander bzw. gegebenenfalls auch wiederholt durchlaufen werden müssen:

Phase 1 : Analyse und Spezifizieren der Anforderungen
Phase 2 : Entwurf
Phase 3 : Implementation
Phase 4 : Test

Die im Rahmen dieser Phasen entwickelte Software wird anschließend in die Nutzung, die meist auch mit einer Wartung verbunden ist, überführt.

Folgende Entwurfsmethoden bzw. Gliederungsstrukturen wendet der Softwareentwickler im Rahmen des Phasenmodells an, um die geforderten Qualitätsmerkmale zu erreichen:

- Hierarchisches Gliedern
- Schrittweises Verfeinern
- Top-down- bzw. bottom-up-Vorgehensweise
- Strukturiertes Programmieren
- Blockstruktur
- Prozeduren/Funktionen
- Module
- Kapselung
- Funktionale bzw. Datenabstraktion
- Validation
- Dokumentation

Die objektorientierte Vorgehensweise ist die logische Weiterentwicklung der modulorientierten Vorgehensweise. Das Objektmodell ist eine Anwendung der Konzepte Abstraktion, Kapselung, Modularität und Hierarchie.

Objektorientierter Entwurf als Konstruktionsprinzip für große Softwaresysteme und objektorientierte Programmiersprachen als Werkzeug basieren auf fünf grundlegenden Konzepten:

- Objekte
- Klassen
- Vererbung
- Dynamisches Binden
- Polymorphismus

Die Konzepte der Objekte und Klassen sind bereits in den klassischen Entwurfsmethoden enthalten - wenn auch unter anderen Bezeichnungen. Die neuen Konzepte der objektorientierten Methodik sind die Vererbung, das dynamische Binden und der Polymorphismus.

Als Einstieg und zum besseren Verständnis der objektorientierten Vorgehensweise werden im folgenden Abschnitt erst einmal die wesentlichen Abstraktionen, die bei der Entwicklung von der unstrukturierten maschinenbezogenen Programmierung zum objektorientierten Entwurf erfolgten, dargestellt.

1.2 Prozedurale und modulare Programmierung

In der Anfangszeit der elektronischen Informationsverarbeitung wurde die Umsetzung eines zu lösenden Problems in ein Programm durch das von-Neumann-Konzept bestimmt. Charakteristisch dafür sind maschinenorientierte Programme mit einer aufeinanderfolgenden Abarbeitung von Befehlen. Davon ausgehend entstanden durch Weiterentwicklung die heute weit verbreiteten prozeduralen Programmiersprachen wie Fortran, Cobol, Pascal, Modula-2, C und Ada.

Ein erster Abstraktionsschritt bestand darin, die in einem Programm mehrfach auftretenden gleichen Befehlsfolgen herauszunehmen, zu einer Subroutine zusammenzufassen und durch einen Subroutinenaufruf zur Abarbeitung zu bringen. Außer der verbesserten Programmstruktur wurde damit ein höheres Abstraktionsniveau bei der Programmierung erreicht, da die als Subroutine zusammengefaßte Befehlsfolge eine abstrakte Operation darstellt. Ihre detaillierte Ausführung bleibt dem Programmierer verborgen, da er nur den Subroutinenaufruf nutzt.

Das Subroutinenkonzept ist eine Form der funktionalen Abstraktion. Seine wesentlichen Mängel bestehen darin, daß kein Mechanismus für den Austausch von Daten zwischen der Subroutine und dem aufrufenden Programm vorhanden ist, und daß keine lokalen Variablen in der Subroutine enthalten sein können. Die Übergabe von Daten zwischen der Programmumgebung und der Subroutine sowie die erforderlichen Arbeitsvariablen der Subroutine können nur durch Nutzung globaler, außerhalb der Subroutine definierter Variablen realisiert werden.

Ein zweiter Abstraktionsschritt, der im Rahmen der Entwicklung höherer Programmiersprachen erfolgte, ist das Konzept der Prozeduren und Funktionsprozeduren. Es wurde ursprünglich zur Berechnung mathematischer Funktionen eingeführt. Eine Prozedur bzw. eine Funktionsprozedur implementiert eine abstrakte Funktion (einen Algorithmus). Über Parameter können Werte vom aufrufenden Programm an die Prozedur bzw. von der Prozedur an das Programm übergeben werden. Durch die Parameter wird eine klare Schnittstelle zwischen der Prozedur und ihrer Umgebung gebildet. Innerhalb einer Prozedur können Variablen bzw. Konstanten deklariert werden. Sie werden durch die Prozedur gekapselt, das heißt, sie sind außerhalb der Prozedur nicht bekannt und nicht erreichbar.

Die Methode der schrittweisen Verfeinerung bei der Entwicklung von Software basiert auf der Anwendung des Prozedurkonzeptes (funktionale Dekomposition). Das Programm bzw. Programmteile werden auf einer hohen Abstraktionsstufe als Funktionen definiert. In den nachfolgenden Entwurfsschritten werden die abstrakten Funktionen in weniger abstrakte Funktionen zerlegt. Das wird wiederholt solange ausgeführt, bis eine einzelne Funktion durch Anweisungen einer Programmiersprache beschrieben werden kann. Am Ende dieser hierarchischen top-down-Vorgehensweise erfolgt die bottom-up-Zusammenfassung aller Funktionen zu einem Programm.

Die schrittweise Verfeinerung ist eine funktionsorientierte Entwurfsmethode; die Programmbausteine werden durch Prozeduren bzw. Funktionsprozeduren implementiert. Außer der funktionalen Abstraktion besteht auch eine Datenabstraktion. Letztere erfolgt durch Kapselung von sogenannten lokalen Variablen. Lokale Variablen existieren nur während der Abarbeitung der Prozedur. Daten einer Prozedur, die erhalten bleiben sollen, auch wenn die Prozedur nicht aktiviert ist, müssen in globalen Variablen untergebracht werden.

Ein weiterer Abstraktionsschritt wurde mit dem Modulkonzept erreicht. Ein Modul ist ein Programmbaustein; er besteht aus einer Schnittstelle und der Implementation. Nur die Schnittstelle ist für den Programmierer sichtbar. Sie kann Deklarationen von Datentypen, Konstanten, Variablen und Prozeduren enthalten. Bei Datentypen wird nur der Typname, bei Prozeduren nur der Kopf der Prozedur aufgeführt. Die vollständige Beschreibung ist in der Modulimplementation enthalten; sie ist für den

Nutzer des Moduls verborgen. Die Implementation kann alle Bestandteile eines Programmes wie Datentypen, Konstanten, Variablen, Anweisungen und Prozeduren umfassen.

Module sind autonome, von anderen Modulen des Softwaresystems relativ unabhängige Bausteine. Sie realisieren einerseits durch die in der Schnittstelle definierten Prozeduren eine funktionale Abstraktion, und andererseits durch die verborgene Implementation von Datentypen bzw. Datenstrukturen eine Datenabstraktion.

Jeder Modul kann einer der drei folgenden Modulklassen zugeordnet werden:

- *Funktionsmodule*: Sie stellen Operationen, die häufig benötigt werden und die bezüglich der Anwendung zusammengehören, in Form von Prozeduren bzw. Funktionsprozeduren zur Verfügung. Sie dienen zur Realisierung von Bibliotheken für bestimmte Anwendungsgebiete. Beispiele dafür sind mathematische Funktionen bzw. Operationen für die Textverarbeitung.

- *Datenkapselmodule*: Sie stellen Operationen in Form von Prozeduren bzw. Funktionsprozeduren zur Verfügung, mit denen der Zugriff auf eine dem Nutzer verborgene abstrakte Datenstruktur erfolgen kann. Die Zugriffsoperationen dienen zur Entnahme von Werten aus der Datenstruktur und zum Eintragen von Werten. Typische Beispiele sind Softwarerealisierungen von Speichern unterschiedlicher Organisationsformen (wortorganisierte, Keller-, Warteschlangenspeicher, Files) und von Verzeichnissen (z. B. Personen-, Telefon-, Materialverzeichnisse).

- *Datentypmodule*: Sie stellen abstrakte Datentypen und Operationen in Form von Prozeduren bzw. Funktionsprozeduren zur Verfügung. Es gibt Konstruktions-Operationen, durch die Variablen mit den durch den abstrakten Datentyp festgelegten Merkmalen erzeugt werden können (sogenannte Exemplare des abstrakten Datentyps), und Zugriffsoperationen auf die Variablen, mit denen Werte aus der abstrakten Datenstruktur entnommen bzw. in die Datenstruktur eingetragen werden können. Die Implementation des abstrakten Datentyps ist verborgen. Die Anwendung von Datentypmodulen ist sehr vielfältig und reicht von komplexen Zahlen mit ihren spezifischen Operationen über die Verarbeitung geometrischer Objekte und Speicher unterschiedlicher Organisationsformen bis zu Fenstersystemen für die Ein- und Ausgabe von Informationen über den Bildschirm.

Bei der modularen Vorgehensweise im Rahmen der Softwareentwicklung liegt nicht mehr die schrittweise Verfeinerung eines Problems in seine Funktionen zugrunde. Stattdessen wird versucht, die zu dem Problem adäquaten Datenstrukturen einschließlich der Operationen über diesen Strukturen zu ermitteln und als Module zusammenzufassen.

Prozeduren bzw. Module stellen wiederverwendbare Softwarebausteine dar. Verlangt die Anwendung eines derartigen Bausteins eine Änderung seiner Spezifikation, so erfordert das eine Veränderung seiner Implementation. Das schließt eine Neuübersetzung und die Möglichkeit ein, daß der Baustein nicht mehr korrekt arbeitet. Wenn die Schnittstelle geändert wird, dann sind an allen Stellen im Programm, wo geänderte Bestandteile der Schnittstelle verwendet werden, Änderungen erforderlich. Das sind die wesentlichen Mängel des Modulkonzeptes.

1.3 Objektorientierter Entwurf

Beim objektorientierten Entwurf bilden Begriffe der Anwendung die Grundlage der Modellierung des Problems. Der Problembereich wird als eine Sammlung von Einheiten, die miteinander kommunizieren können, betrachtet. Man nennt diese "Kommunizierende Einheiten" (KE). Davon ausgehend wird beim Entwurf des Softwaresystems jede Einheit durch ein Objekt (O) dargestellt. Die Kommunikation zwischen Objekten erfolgt durch Nachrichten (N) (Bild 1-1). Diese Vorgehensweise entspricht einer objektorientierten Dekomposition.

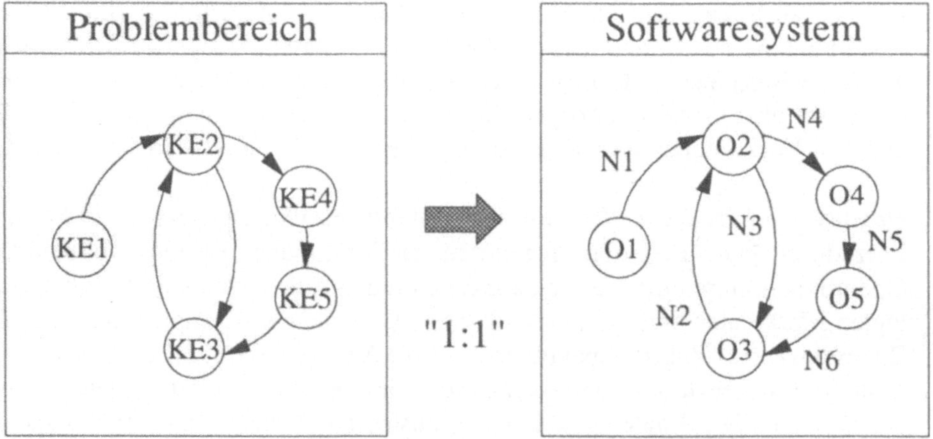

Bild 1-1 Sichtweise des objektorientierten Entwurfs

Die objektorientierte Vorgehensweise stellt einen sehr natürlichen Ansatz dar, da die Welt aus Einheiten bzw. Objekten, zwischen denen Beziehungen existieren, besteht. Der Entwurf muß auf einer Beschreibung derjenigen Aspekte der Welt oder eines Modells davon beruhen, die für die Anwendung wichtig sind.

Objekte sind durch Informationen charakterisiert. Ihnen ist auch ein Verhalten eigen. Aus den Informationen und aus dem Verhalten lassen sich die Eigenschaften eines Objektes ableiten. Das soll an einigen Beispielen demonstriert werden. Vergleicht man mehrere Objekte der realen Welt miteinander, zum Beispiel Bücher, Zeitschriften und einen Schrank, so lassen sich gleiche, ähnliche und auch völlig unterschiedliche Eigenschaften feststellen. Eine Anzahl von Büchern, die von verschiedenen Autoren stammen, weisen Unterschiede bezüglich ihres Inhalts auf. Hinsichtlich ihres Aufbaus und ihres "Verhaltens" - man kann in ihnen blättern, suchen, lesen, sie legen, stellen, ordnen - besitzen sie gleiche Eigenschaften. In Zeitschriften kann man auch blättern, suchen, lesen, sie legen oder ordnen, hinsichtlich ihres Aufbaus unterscheiden sie sich jedoch von Büchern. Bücher und Zeitschriften haben ähnliche Eigenschaften. Die Eigenschaften eines Schrankes unterscheiden sich allerdings völlig von denen eines Buches oder einer Zeitschrift. In einen Schrank kann man Gegenstände legen bzw. aus ihm Gegenstände entnehmen. Zwischen zwei Objekten kann eine Beziehung bestehen. Eine Beziehung zwischen einem Buch und einem Schrank kann der Art sein, daß man das Buch in den Schrank legt oder aus dem Schrank entnimmt. Eine Zeitschrift kann ebenfalls in den Schrank gelegt oder aus ihm entnommen werden.

Objekte entsprechen den für die Anwendung relevanten Gegenständen. Sie haben Eigenschaften, die die Art und Weise charakterisieren, wie mit ihnen gearbeitet werden kann (Bild 1-2).

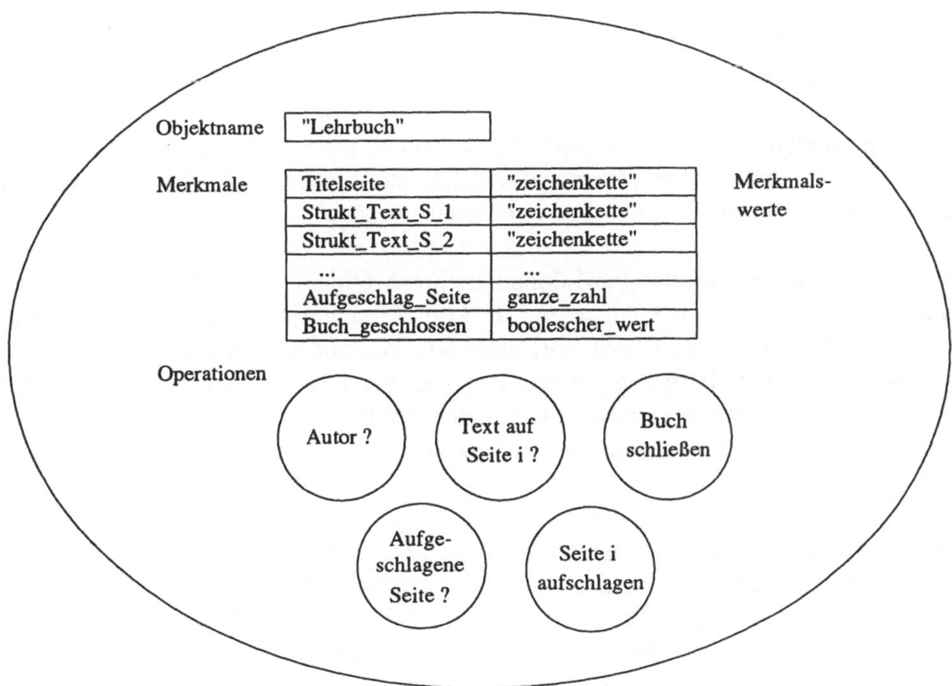

Bild 1-2 Beispiel eines Objektes

- welche Informationen an ihnen von Bedeutung sind
- welches Verhalten sie besitzen

Die für ein Objekt relevanten Informationen sind durch *Merkmale* und diesen zugeordnete *Merkmalswerte* bestimmt. Die Werte legen einen *Zustand* des Objektes fest. Merkmale eines Buches sind beispielsweise die strukturierte Titelseite, der strukturierte Text auf jeder Seite, die Nummer jeder Seite und die Nummer der aufgeschlagenen Seite. Der Wert der Titelseite ist durch Zeichenketten festgelegt, ebenso der strukturierte Text. Der Wert der Nummer einer Seite bzw. der aufgeschlagenen Seite ist eine ganze Zahl. Das Verhalten eines Objektes wird durch *Operationen* beschrieben. Durch Operationen kann der Zustand eines Objektes ermittelt, aber auch verändert werden. Für ein Buch sind folgende Operationen denkbar:

- Ermitteln des Autors
- Aufschlagen einer bestimmten Seite
- Ermitteln der Nummer der aufgeschlagenen Seite
- Ermitteln des Textes auf der aufgeschlagenen Seite
- Schließen des Buches

Die Operationen stellen die Schnittstelle zwischen einem Objekt und seiner Umgebung dar. Nur über diese Schnittstelle kann der Zustand des Objektes, das heißt, seine Merkmalswerte, ermittelt bzw. verändert werden.

Bei bestimmten Anwendungen können mehrere Objekte mit gleichen Merkmalen und gleichen Operationen auftreten; sie können sich jedoch durch ihren Zustand unterscheiden. Dieser Fall liegt vor, wenn ein Bestand aus mehreren Büchern verschiedener Autoren betrachtet wird. Um die bei einer Anwendung auftretenden Objekte unterscheiden zu können, wird jedem Objekt ein eigener Name als Identifikator zugeordnet. Er kennzeichnet das Objekt, mit dem eine Operation ausgeführt werden soll.

Eine Beziehung zwischen einem Objekt A und einem Objekt B wird durch eine *Nachricht* hergestellt. Sie wird vom Objekt A ausgesendet und ist an das Objekt B gerichtet. Das Aussenden der Nachricht N erfolgt durch eine Operation des Objektes A. Die Nachricht löst im Objekt B eine Operation aus (Bild 1-3).

Um die Beziehungen zwischen Objekten anschaulich zu demonstrieren, werden die eingeführten Objekte Bücher, Zeitschriften und Schrank um ein Objekt Person ergänzt. Eine Person kann veranlassen, daß ein Buch X in den Schrank gestellt wird. Das wird durch eine Nachricht des Objektes Person an das Objekt Schrank realisiert. Diese löst für das Objekt Schrank die Operation "Buch X in den Schrank stellen" aus.

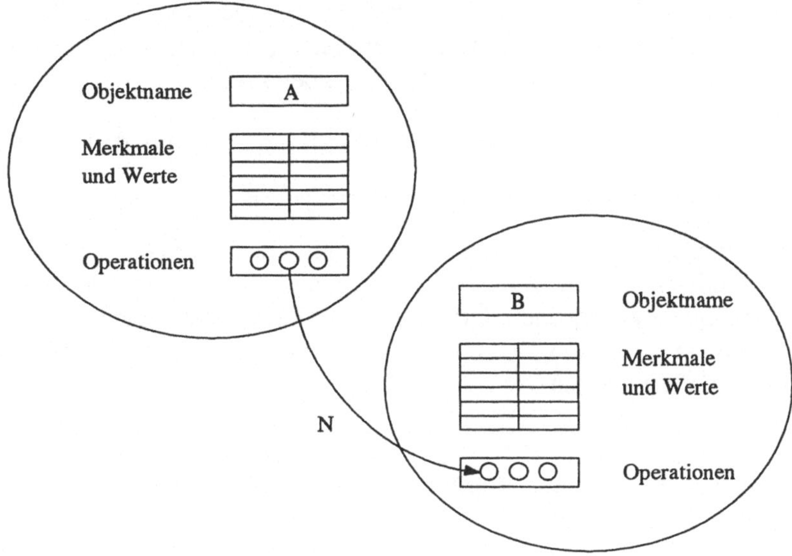

Bild 1-3 Nachrichtenaustausch zwischen Objekten

Beim objektorientierten Entwurf geht es darum, die Objekte mit ihren Merkmalen, Operationen und Beziehungen herauszufinden, durch die das Verhalten des untersuchten Problembereichs modelliert werden kann.

1.4 Objekte, Klassen und Vererbung

Wir wollen als Anwendungsbeispiel einen weiteren Teilbereich der realen Welt betrachten und nach den Objekten fragen, die dafür charakteristisch sind. Schauen wir uns dazu an einer Universität um. Dort gibt es Studenten und Dozenten, die wir als Objekte ansehen können. Die Dozenten halten Vorlesungen. Diese finden zu einer bestimmten Zeit in einem bestimmten Raum statt. Sie werden von Studenten besucht. Ein Objekt ist durch Eigenschaften in Form von Merkmalen und Operationen charakterisiert. Die Merkmale eines Studenten können sein Name, seine Anschrift und die Studienrichtung, für die er sich eingetragen hat, sein. Durch Belegung der Merkmale mit Werten, hier sind es Zeichenketten, erhält ein Objekt Student einen definierten Zustand. Operationen sind erforderlich, um den Namen bzw. die Anschrift bzw. die Studienrichtung eines Studenten einzutragen, die Werte dieser Merkmale abzufragen oder gegebenenfalls auch zu ändern. Einem Dozent können als Merkmale der Name, die Anschrift, die Titel der Vorlesungen, die er hält, und entsprechende Werte für diese Merkmale zugeordnet werden. Operationen sind erforderlich, um Name, Anschrift bzw. Titel einzutragen, abzufragen oder zu verändern. Führt man weiterhin Vorlesungen als Objekte ein, so können diesen als Merkmale ein Titel, der Name des Dozenten, die Zeit, der Raum und die Namen der eingeschriebenen Studenten zugeordnet werden. Operationen werden zum Eintragen, Abfragen bzw. Verändern dieser Merkmale benötigt.

Aus diesen Beispielen läßt sich eine erste Definition für Objekte (Bild 1-4) ableiten:

Objekt Ein Objekt beschreibt einen Ausschnitt aus der realen Welt oder eines Modells davon. Ihm sind Merkmale, Merkmalswerte und Operationen zugeordnet. Die Merkmalswerte legen einen Zustand des Objektes fest. Durch die Operationen kann der Zustand ermittelt bzw. verändert werden

Ein zugeordneter Objektname dient zur eindeutigen Identifizierung unterschiedlicher Objekte.

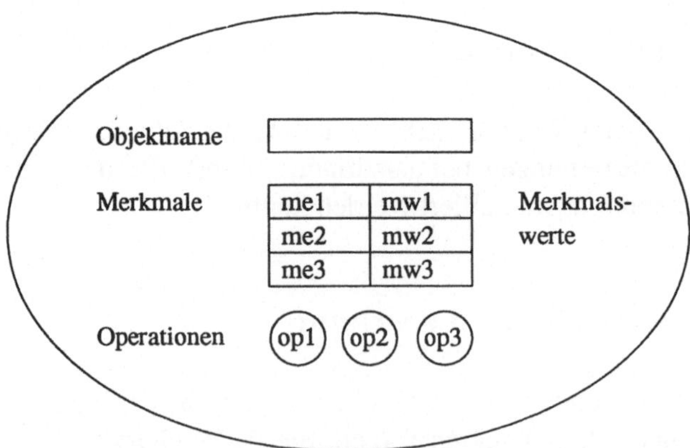

Bild 1-4 Objektaufbau

Gehen wir nun wieder zu den Beispielobjekten Student, Dozent und Vorlesung zurück. An einer Universität gibt es eine große Anzahl von Studenten. Sie besitzen alle die gleichen Eigenschaften im oben definierten Sinn. Die Studenten unterscheiden sich jedoch durch die Werte, die ihren Merkmalen zugeordnet sind, das heißt, durch ihre Namen bzw. Anschriften bzw. Studienrichtungen. Anders ausgedrückt: Die einzelnen Objekte Student haben unterschiedliche Zustände.

Ausgehend von diesen Betrachtungen kann der Begriff der Klasse definiert werden (Bild 1-5):

Klasse	Eine Klasse beschreibt Eigenschaften durch Merkmale und Operationen. Aus einer Klasse können Objekte abgeleitet werden, sogenannte Exemplare der Klasse. Sie besitzen die in der Klasse beschriebenen Eigenschaften, das heißt, ihre Merkmale und Operationen.

Durch die Zuordnung eines Klassennamens wird die Identifizierung unterschiedlicher Klassen ermöglicht.

Klasse : Klassenname	
Operationen :	*Merkmale :*
– op1	– me1
– op2	– me2
– op3	– me3

Bild 1-5 Klassenaufbau

Die Erzeugung von Objekten einer Klasse erfolgt durch eine sogenannte Konstruktionsoperation (Bild 1-6).

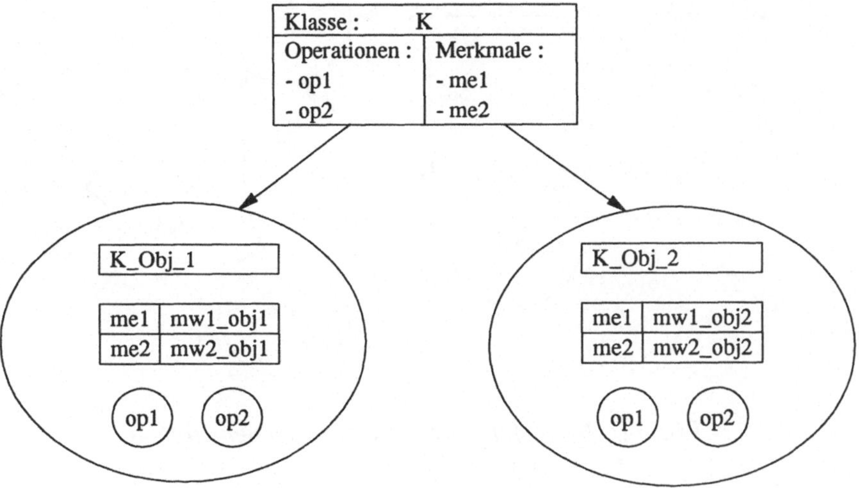

Bild 1-6 Objekte als Klassenexemplare

Unter Berücksichtigung des Begriffs der Klasse stellt sich der objektorientierte Entwurf etwas verändert dar: Es geht nicht nur um die einzelnen Objekte und ihre Beziehungen, durch die das System modelliert werden kann, sondern auch um die Klassen, aus denen die Objekte abgeleitet werden können. Im betrachteten Beispiel kann daher von den Klassen Student, Dozent bzw. Vorlesung ausgegangen werden.

Zwischen zwei Objekten kann eine Beziehung bestehen. Sie wird durch Nachrichten realisiert. Eine Nachricht an ein Objekt löst eine Operation in dem Objekt aus. Bei dem betrachteten Beispiel können folgende Beziehungen zwischen einem Objekt Dozent und einem Objekt Vorlesung bzw. zwischen einem Objekt Vorlesung und Objekten der Klasse Student bestehen (Bild 1-7).

Ein Dozent D übernimmt eine neue Vorlesung. Dazu wird im Objekt D durch die Operation "Vorlesung eintragen" der Titel der Vorlesung eingetragen. Diese Operation sendet außerdem eine Nachricht an das Objekt Vorlesung V. Die Nachricht löst im Objekt V die Operation "Vorlesung eintragen" aus; sie trägt den Titel der Vorlesung in V ein. Diese Operation sendet gleichzeitig eine Nachricht an jedes Objekt der Klasse Student S, die gewissermaßen das Angebot einer neuen Vorlesung darstellt. Von den Objekten der Klasse Student kann als Reaktion bei Bedarf eine Nachricht an das Objekt V gesendet werden. Diese löst im Objekt V die Operation "Student eintragen" aus und trägt den Namen des betreffenden Studenten für die Vorlesung ein.

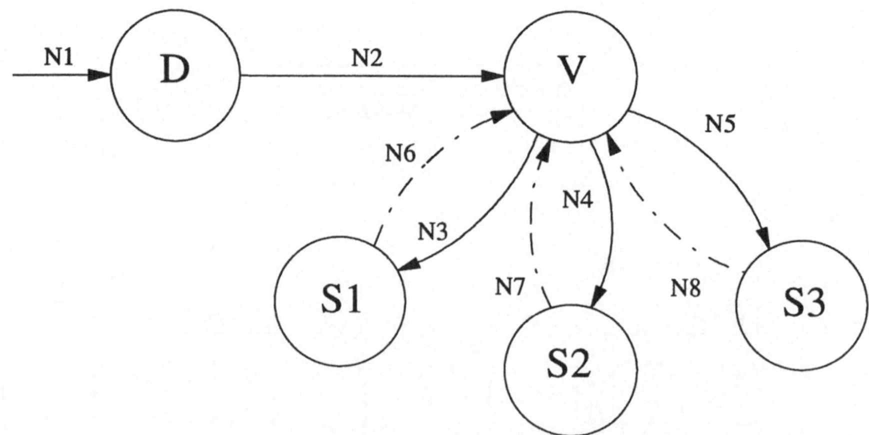

Bild 1-7 Nachrichtenaustausch zwischen Objekte

Nachricht	Der Zugriff auf ein Objekt ist nur über eine Nachricht möglich. Eine Nachricht löst eine Operation des Objektes aus. Operationen können den Zustand eines Objektes ermitteln, den Zustand verändern bzw. eine Nachricht an das Objekt oder an ein anderes Objekt senden.

Bei der objektorientierten Vorgehensweise gibt es nicht nur Beziehungen zwischen Objekten, sondern auch Beziehungen zwischen Klassen; diese Beziehungen werden Vererbung genannt (Bild 1-8):

Vererbung	Die Vererbung ist eine Beziehung zwischen zwei Klassen, von denen die eine Oberklasse und die andere Unterklasse genannt wird. Die Unterklasse wird aus der Oberklasse abgeleitet; sie erbt alle Eigenschaften (Merkmale und Operationen) der Oberklasse. Die Unterklasse kann um neue Merkmale bzw. neue Operationen erweitert werden. Die aus der Oberklasse geerbten Operationen können bei Bedarf hinsichtlich ihrer Wirkung modifiziert werden.

Eine Unterklasse (UK) stellt eine Spezialisierung ihrer Oberklasse (OK) dar, wenn sie um neue Merkmale bzw. neue Methoden erweitert worden ist. Entsprechend kann eine Oberklasse als Verallgemeinerung ihrer Unterklassen betrachtet werden. Werden aus einer Unterklasse weitere Unterklassen abgeleitet, so entsteht eine *Klassenhierarchie*.

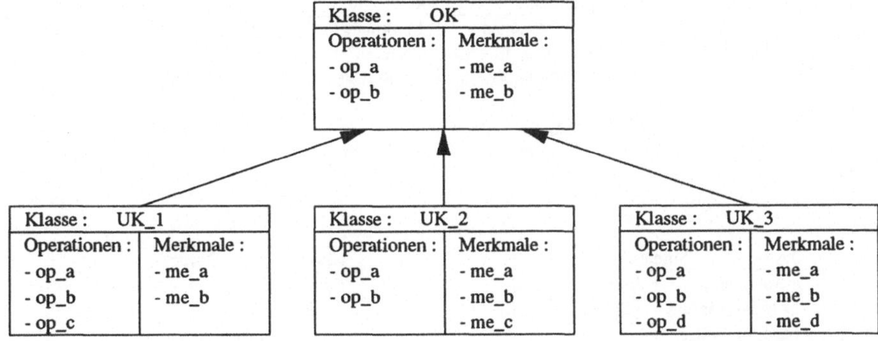

Bild 1-8 Vererbung zwischen Klassen

Das Konzept der Vererbung ist die wesentliche Grundlage für die Wiederverwendbarkeit, Erweiterbarkeit bzw. Kompatibilität von Programmbausteinen. Bereits eine einzelne Klasse, wir wollen diese Basisklasse nennen, kann wiederverwendet werden. Dazu werden Objekte dieser Klasse gebildet. Erfordert die Wiederverwendung eine Veränderung der Eigenschaften der Basisklasse, so wird eine Unterklasse aus der Basisklasse abgeleitet, und die entsprechenden Operationen werden modifiziert. Eine Erweiterung der Unterklasse gegenüber der Basisklasse kann durch Hinzufügen neuer Merkmale bzw. neuer Operationen erreicht werden.

Betrachten wir dazu als Beispiel die Klassen Student und Dozent. Beide enthalten als Merkmale Name und Anschrift. Weiterhin weisen beide Klassen Übereinstimmung bezüglich der Operationen zum Eintragen bzw. Abfragen des Namens und der Anschrift auf. Hier liegt es nahe, zunächst eine Klasse Person einzuführen, die als Merkmale Name und Anschrift sowie Operationen zum Eintragen bzw. Abfragen des Namens und der Anschrift enthält. Durch Vererbung können aus der Oberklasse Person die Unterklassen Student bzw. Dozent abgeleitet werden. Dabei wird die Unterklasse Student um das Merkmal Studienrichtung und entsprechende Operationen, die Unterklasse Dozent um das Merkmal Vorlesungstitel und entsprechende Operationen erweitert (Bild 1-9).

Das Konzept des Polymorphismus schafft die Möglichkeit, daß eine Operation mit unterschiedlichen Wirkungen, das heißt, mit unterschiedlichen Implementierungen in verschiedenen Klassen einer Klassenhierarchie enthalten sein kann. Bei der Anwendung der Operation auf ein Objekt aus einer dieser Klassen wird automatisch die "richtige" Implementierung der Operation ausgewählt. Polymorphismus basiert auf dem Zusammenwirken von Vererbung und dynamischem Binden. Die Bedeutung und Nutzung des Polymorphismus bei der objektorientierten Programmierung wird im Kapitel 3 an Beispielen erläutert.

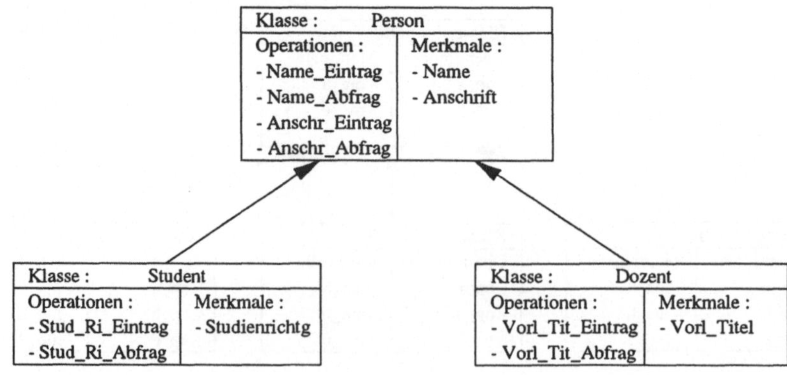

Bild 1-9 Klassenhierarchie

1.5 Objektorientierte Programmierung

Die Implementierung eines objektorientierten Entwurfs erfolgt unter Nutzung einer objektorientierten Programmiersprache.

Für die Implementation von Klassen und Objekten erweist sich das Konzept der abstrakten Datentypen als eine gute Grundlage. Ein abstrakter Datentyp kann zur Beschreibung der Merkmale einer Klasse verwendet werden. Die Merkmale sind durch eine der Klasse zugeordnete, dem Nutzer jedoch verborgene abstrakte Datenstruktur festgelegt. Objekte können als Variablen, die durch eine Konstruktions-Operation als Exemplare des abstrakten Datentyps erzeugt werden, realisiert werden. Die Exemplare bzw. Objekte einer Klasse besitzen alle die gleichen Merkmale. Die zugeordnete Datenstruktur ist Träger eines Wertes bzw. Wertetupels. Durch unterschiedliche Wertebelegungen werden verschiedene Zustände eines Objektes realisiert.

Die zu dem abstrakten Datentyp gehörenden Operationen entsprechen den einer Klasse zugeordneten Operationen. Mit ihnen kann man den durch einen Wert bzw. ein Wertetupel festgelegten Zustand eines Objektes ermitteln bzw. den Zustand verändern. Abstrakte Datentypen sind also gut geeignet, um die Implementation von Klassen und Objekten zu beschreiben.

Eine kleine Veränderung des Konzepts der abstrakten Datentypen ist allerdings erforderlich: die durch eine abstrakte Datenstruktur festgelegten Merkmale müssen für den Nutzer sichtbar gemacht werden. Dabei ist ihre Kapselung, das heißt, der ausschließliche Zugriff auf die Merkmale über Operationen, beizubehalten. Wie das mit den Mitteln einer objektorientierten höheren Programmiersprache erfolgt, ist im Kapitel 3 dargestellt.

Die Vererbung, die die Definition einer Klasse auf der Grundlage einer bereits existierenden Klasse gestattet, ist das wesentliche Konzept, um Softwaresysteme aus wiederverwendbaren Programmbausteinen zu konstruieren. Die Vererbung kann durch kein Konzept der prozeduralen höheren Programmiersprachen nachgebildet werden. Nur objektorientierte Sprachen verfügen über geeignete Mittel. Diese sind so gestaltet, daß bei der Implementierung einer Unterklasse die Menge von Code, die neu geschrieben werden muß, minimal ist (siehe Kapitel 3). Die Vererbung von Merkmalen und Operationen erfordert in der Unterklasse überhaupt keinen neuen Code. Nur bei Veränderungen bzw. Erweiterungen muß Code hinzugefügt werden. Ein weiterer Vorzug des Vererbungskonzeptes besteht darin, daß Änderungen in einer Oberklasse automatisch auf ihre Unterklassen übertragen werden.

1.6 Objektorientiertheit und Softwarelebenszyklus

Die objektorientierte Vorgehensweise unterstützt alle Phasen des Softwarelebenszyklus. Entsprechend nennt man die Phasen

- Objektorientierte Analyse
- Objektorientierter Entwurf
- Objektorientierte Implementierung bzw. Programmierung

Bei der objektorientierten Entwicklung von Software wird von einem anwendungsorientierten Ansatz anstelle von einem funktionsorientierten Ansatz ausgegangen. Beginnend in der Analysephase werden Objekte identifiziert. Ein Modell wird entwickelt, indem der Problembereich als eine Menge zusammenwirkender Einheiten, die Objekte, betrachtet wird. Diese Objekte bilden eine oberste Schicht von Definitionen, die in der Terminologie des Problembereichs geschrieben sind. Durch die Spezifikation der Objekte, das heißt, ihrer Merkmale, Operationen und Beziehungen, wird eine klare und gut strukturierte Beschreibung des Problems aufgebaut. Das entstehende Modell spiegelt sowohl die Architektur des untersuchten Problembereichs als auch der zu entwickelnden Software wieder.

Die objektorientierte Analysephase und die sich anschließende objektorientierte Entwurfsphase sind infolge der Allgemeingültigkeit des Objektmodells konsistent. Die in der Analysephase entwickelte Architektur bleibt als Grundlage für die weiteren Arbeitsschritte in der Entwurfsphase erhalten. In der Entwurfsphase werden die Objekte verfeinert. Die Verfeinerung bezieht sich auf ihre Merkmale, Operationen bzw. Nachrichten. Gegebenenfalls erfolgt die Einführung weiterer Objekte. Es werden Klassen als Abstraktionen von Objekten entworfen. Durch die Abstraktion von Klassen können ihre Vererbungsbeziehungen ermittelt und in Klassenhierarchien umgesetzt werden. Für die Operationen werden die entsprechenden Algorithmen entworfen. In der sich anschließenden Implementationsphase erfolgt die Beschreibung der Klassen, Objekte und Nachrichten mit den Mitteln einer objektorientierten Programmiersprache.

Durch die objektorientierte Vorgehensweise wird Konsistenz und Homogenität der den Problembereich modellierenden Einheiten, den Objekten bzw. Klassen, über die Phasen Analyse, Entwurf und Implementierung erreicht. Objekte, die während der Analysephase definiert wurden, werden in der Entwurfs- und Implementationsphase beibehalten und detailliert. Die in der Analysephase über das System ermittelte Information wird ein integraler Bestandteil der Klassenbeschreibungen in der Entwurfsphase. Die eingeführten Klassen sind durchgehend als Bestandteile des Problembereichs, als Entwurfseinheiten und als Implementationseinheiten in Form von Programmbausteinen vorhanden. Das ist ein wesentlicher Vorzug gegenüber der prozeduralen Vorgehensweise mit der funktionalen top-down-Dekomposition.

Die objektorientierte Vorgehensweise verbessert auch die Qualität der Softwaredokumentation. Die Spezifikationen der Klassen und Objekte und ihrer Beziehungen ergänzen die Informationen aus dem traditionellen Anforderungsdokument. Die Systemspezifikationen auf der Grundlage des Objektmodells sind sowohl für den Entwerfer als auch für den Nutzer nützlich infolge der Konsistenz zwischen Problem- und Softwarearchitektur. Sie erlauben eine bessere Kommunikation zwischen Entwerfer und Nutzer sowohl über die während der Analyse ermittelten Objekte als auch über die Implementierung des Problems als Programm.

1.7 Zusammenfassung

- Die entscheidenden Faktoren zur Produktivitäts- und Qualitätssteigerung bei der Entwicklung großer Softwaresysteme sind die Wiederverwendbarkeit, Erweiterbarkeit und Kompatibilität bewährter und korrekt arbeitender Programmbausteine. Die Anwendung objektorientierter Methoden ist die beste bekannte Möglichkeit zur Entwicklung wiederverwendbarer, erweiterbarer bzw. kompatibler Software.

- Die objektorientierte Vorgehensweise bezieht sich auf alle Phasen des Softwarelebenszyklus. Sie werden als objektorientierte Analyse, objektorientierter Entwurf und objektorientierte Implementierung bzw. objektorientierte Programmierung bezeichnet.

- Die objektorientierte Methodik basiert auf folgenden Konzepten: Objekte, Klassen, Vererbung, dynamisches Binden und Polymorphismus.

- Bei der objektorientierten Softwareentwicklung bilden Begriffe der Anwendung die Grundlage der Modellierung des Problems. Der Problembereich wird als eine Sammlung von Einheiten, die miteinander kommunizieren können, betrachtet. Beim Entwurf des Softwaresystems wird jede dieser Einheiten durch ein Objekt dargestellt. Die Kommunikation zwischen Objekten erfolgt durch Nachrichten.

- Durch die objektorientierte Vorgehensweise wird Konsistenz und Homogenität der den Problembereich modellierenden Einheiten bzw. der Objekte und Klassen über die Phasen Analyse, Entwurf und Implementierung erreicht.

- Ein Objekt ist eine Einheit, die einen Ausschnitt aus der realen Welt oder eines Modells davon beschreibt. Ihm sind Merkmale, Merkmalswerte und Operationen zugeordnet. Die Merkmalswerte legen einen Zustand des Objektes fest. Durch die Operationen kann der Zustand ermittelt bzw. verändert werden. Ein zugeordneter Objektname dient zur Identifizierung des Objektes.

- Der Zugriff auf ein Objekt ist nur über eine Nachricht möglich. Eine Nachricht löst eine Operation des Objektes aus. Operationen können den Zustand eines Objektes ermitteln, den Zustand verändern bzw. eine Nachricht an das Objekt oder an ein anderes Objekt senden.

- Eine Klasse beschreibt Eigenschaften durch Merkmale und Operationen. Aus einer Klasse können Objekte abgeleitet werden, sogenannte Exemplare der Klasse. Sie besitzen alle die Eigenschaften der Klasse, das heißt, ihre Merkmale und Operationen. Eine Klasse kann durch einen zugeordneten Klassennamen identifiziert werden. Die Erzeugung von Objekten einer Klasse erfolgt durch eine Konstruktionsoperation.

- Das Konzept der Vererbung stellt eine Beziehung zwischen zwei Klassen, von denen die eine Oberklasse und die andere Unterklasse genannt wird, her. Die Unterklasse wird aus der Oberklasse abgeleitet; sie erbt alle Eigenschaften (Merkmale und Operationen) der Oberklasse. Die Unterklasse kann um neue Merkmale bzw. neue Operationen erweitert werden. Die aus der Oberklasse geerbten Operationen können bei Bedarf hinsichtlich ihrer Wirkung modifiziert werden. Eine Vererbungshierarchie entsteht, wenn aus einer Unterklasse weitere Unterklassen abgeleitet werden. Die Vererbung ist die wesentliche Grundlage für die Wiederverwendbarkeit, Erweiterbarkeit bzw. Kompatibilität von Programmbausteinen.

2 Modulare Programmierung

In diesem Kapitel werden zuerst einige Beispiele für den Entwurf, die Implementierung und Anwendung von Datenkapseln und abstrakten Datentypen behandelt. Es schließen sich Beispiele für die objektbasierte Programmierung an.

2.1 Datenkapseln

Datenkapseln dienen zur Aufbewahrung von Werten. Sie basieren auf dem Modulkonzept. Ein Datenkapselmodul stellt in einem Definitionsmodul Operationen in Form von Prozeduren bzw. Funktionsprozeduren bereit. Mit den Operationen kann der Zugriff auf die dem Nutzer verborgene abstrakte Datenstruktur ("Datenkapsel") bzw. die Veränderung des durch ihre Werte definierten Zustands erfolgen. Typische Anwendungen sind Software-Realisierungen von endlichen abstrakten Automaten bzw. von Speichern unterschiedlicher Organisationsformen, wie zum Beispiel Listen-, Keller-, Warteschlangenspeicher, wort- oder inhaltsadressierte Speicher. Der Zustand eines Speichers kann durch Schreiboperationen, das heißt, durch Eintragen von Werten, geändert werden. Mit Leseoperationen werden Werte aus dem Speicher abgefragt.

Als erstes Beispiel für eine Datenkapsel wird eine Liste betrachtet.

Beispiel 2-1

Aufgabenstellung

Eine lineare Liste ist eine verkettete Folge von Elementen. Jedes Element ist Träger eines Datenwertes. Die Verkettung der Elemente erfolgt durch Verweise (Zeiger). In einfach verketteten Listen enthält jedes Element einen Verweis auf das Nachfolgeelement. In doppelt verketteten Listen enthält jedes Element einen Verweis auf ein Nachfolgeelement und einen Verweis auf ein Vorgängerelement. Dadurch ist, von einem bestimmten Element ausgehend, nicht nur ein Übergang zu nachfolgenden, sondern auch zu vorangehenden Elementen möglich. Dagegen muß bei einfach verketteten Listen bei einem Zugriff auf ein vorangehendes Element immer vom Listenanfang ausgegangen werden.

Als Listenoperationen sind vorzusehen:

Eintragen – Einfügen eines vorgegebenen Wertes in die Liste
Streichen – Entfernen eines vorgegebenen Wertes aus der Liste
Suchen – Prüfen, ob ein vorgegebener Wert in der Liste enthalten ist

Die Liste soll Kardinalzahlen als Werte aufnehmen.

Entwurf

Eine Liste als Datenkapsel kann durch folgenden Definitionsmodul beschrieben werden:

```
DEFINITION MODULE CardListeAlsDK;
(* Liste als Datenkapsel *)

  TYPE WerteTyp = CARDINAL;   (* Datentyp der Werte *)

  PROCEDURE Eintragen (W : WerteTyp);
  PROCEDURE Suchen    (W : WerteTyp) : BOOLEAN;
  PROCEDURE Streichen (W : WerteTyp);

END CardListeAlsDK.
```

Der Definitionsmodul enthält außer den Listenoperationen die Definition des Typs der Werte, die in die Liste aufgenommen werden (*WerteTyp*). Die Datenstruktur der Liste, in der die Werte gespeichert werden, ist für den Nutzer des Moduls nicht sichtbar.

Implementierung

Die Elemente der Liste werden dynamisch erzeugt und durch Zeiger miteinander verkettet. Ein Element muß einen Zeiger (*Naechstes*) und den Wert einer Kardinalzahl (*Info*) enthalten. Das letzte Element zeichnet sich durch den Zeigerwert NIL aus (Bild 2-1).

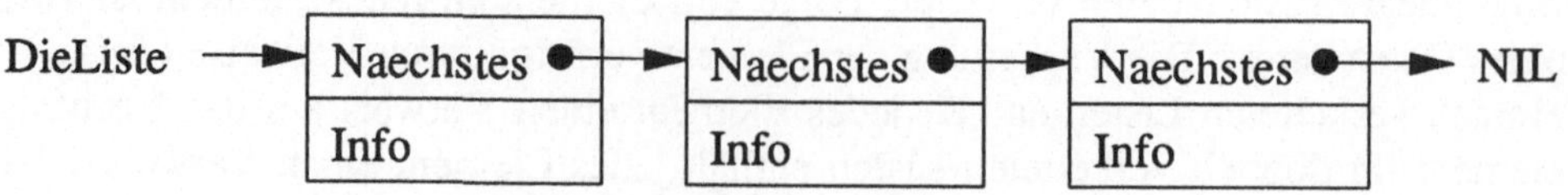

Bild 2-1 Einfach verkettete Liste

```
IMPLEMENTATION MODULE CardListeAlsDK;
(* Dynamische Datenstruktur *)

  FROM Storage IMPORT ALLOCATE,DEALLOCATE;

  TYPE ListenZeiger = POINTER TO ListenElement;
       ListenElement = RECORD
         Naechstes : ListenZeiger;
         Info      : WerteTyp
       END; (* ListenElement *)

  VAR  DieListe : ListenZeiger;

  PROCEDURE Eintragen (W : WerteTyp);
    VAR E : ListenZeiger;
    BEGIN
      NEW (E);
      E^.Info := W;
      E^.Naechstes := DieListe;
      DieListe := E
    END Eintragen;

  PROCEDURE Suchen (W : WerteTyp) : BOOLEAN;
    VAR E : ListenZeiger;
    BEGIN
      E := DieListe;
      WHILE (E # NIL) & (E^.Info # W) DO
        E := E^.Naechstes
      END (* WHILE *);
      RETURN E # NIL;
    END Suchen;

  PROCEDURE Streichen (W : WerteTyp);
    VAR L,V : ListenZeiger;
    BEGIN
      (* Wert suchen *)
      L := DieListe; V := NIL;
      WHILE (L # NIL) & (L^.Info # W) DO
        V := L; L := L^.Naechstes
      END (* WHILE *);
      IF L # NIL THEN
        (* Wert gefunden *)
        IF V = NIL
          THEN DieListe := L^.Naechstes
          ELSE V^.Naechstes := L^.Naechstes
        END (* IF *);
        DISPOSE (L)
      END (* IF *)
    END Streichen;

BEGIN
  DieListe := NIL
END CardListeAlsDK.
```

Die Variable *DieListe* nimmt den Verweis auf das erste Element der Liste auf. Zu Beginn der Arbeit enthält die Liste kein Element, das heißt, die Variable *DieListe* muß den Wert NIL erhalten. Das erfolgt durch die im Anweisungsteil des Implementationsmoduls enthaltene Anweisung. Sie initialisiert zu Beginn der Arbeit mit der Liste einmalig die Variable *DieListe* mit dem Wert NIL.

Das Einfügen eines Wertes *W* in die Liste erfolgt durch die Prozedur *Eintragen*. Sie erzeugt dynamisch durch den Aufruf von *NEW(E)* ein neues Listenelement *E*. Das Feld *Info* dieses Elements erhält den Wert *W*. Dann wird das neue Element an erster Stelle in die Liste eingefügt. Dazu wird dem Feld *Naechstes* der Wert der Variablen *DieListe* zugewiesen (der Verweis auf das bisher erste Element der Liste). *DieListe* bekommt als neuen Wert *E* (den Verweis auf das neue erste Element der Liste). Bei dieser Vorgehensweise sind gleiche Datenwerte mehrfach in der Liste enthalten.

Die Funktionsprozedur *Suchen* prüft nacheinander alle Elemente der Liste, beginnend mit dem ersten Element, ob der vorgegebene Wert *W* in einem Element enthalten ist. Die wiederholte Ausführung der WHILE-Schleife erfolgt nicht, wenn der Wert in einem Element gefunden oder das letzte Element der Liste geprüft wurde (E=NIL). Die Funktionsprozedur *Suchen* gibt im ersten Fall (E#NIL) den Wert TRUE, andernfalls den Wert FALSE zurück.

Im ersten Teil der Prozedur *Streichen* wird nach einem Element gesucht, das den vorgegebenen Wert *W* hat. Das erfolgt wie in der Prozedur *Suchen*, jedoch mit einer Erweiterung: die Variable *V* enthält den Verweis auf das als vorletztes geprüfte Element. *L* enthält den Verweis auf das letzte geprüfte Element. Wenn sich der Wert in einem Element befindet (L#NIL), wird das letzte geprüfte Element aus der Liste entfernt. Dazu wird in das vorletzte Element der Verweis auf das dem letzten Element folgende Element eingetragen (nur für V#NIL):

```
V^.Naechstes  :=  L^.Naechstes
```

Wurde der Wert im ersten Element gefunden (V=NIL), wird das erste Element ausgekettet und der Variablen *DieListe* der Verweis auf das zweite Element zugewiesen. Mit *DISPOSE(L)* wird das ausgekettete Element beseitigt und sein Speicherbereich freigegeben.

Anwendung

Eine Anwendung der Listenoperationen wird mit dem nachfolgenden Programm demonstriert. Die von einem Zufallszahlengenerator erzeugten Zahlen (mit einem Wertebereich von 0 bis 10) werden durch die Operation *Eintragen* in die Liste eingefügt, wenn ihr Wert ungleich 10 ist. Das Eintragen wird durch das Auftreten der Zahl 10 beendet. Anschließend wird für jede Zahl zwischen 0 und 9 unter Nutzung der Operation *Suchen* geprüft, wie oft die Zahl in der Liste enthalten ist. Eine erkannte Zahl wird mit der Operation *Streichen* aus der Liste entfernt.

```
MODULE DEMO;

  FROM IO  IMPORT WrStr,WrLn,WrCard;
  FROM Lib IMPORT RANDOMIZE,RANDOM;

  FROM CardListeAlsDK IMPORT
    Eintragen,Streichen,Suchen,WerteTyp;

  VAR Wert   : WerteTyp;
      Anzahl : CARDINAL;

BEGIN
  RANDOMIZE ();
  WrStr ('Eintragen der Werte'); WrLn ();
  Wert := RANDOM (11);
  WHILE Wert # 10 DO
    WrCard (Wert,4);
    Eintragen (Wert);
    Wert := RANDOM (11)
  END (* WHILE *);
  WrLn (); WrLn ();
  WrStr ('Welche Werte sind in der Liste ?'); WrLn ();
  FOR Wert := 0 TO 9 DO
    WrCard (Wert,4); WrStr (' : ');
    Anzahl := 0;
    WHILE Suchen (Wert) DO
      Streichen (Wert);
      INC (Anzahl)
    END (* WHILE *);
    WrCard (Anzahl,4); WrStr (' x'); WrLn ()
  END (* FOR *)
END DEMO.
```

Als weiteres Beispiel einer Datenkapsel wird ein Kellerspeicher behandelt.

Beispiel 2-2

Aufgabenstellung

Kellerspeicher bewahren Daten eines bestimmten Typs nach dem Stapelprinzip auf. Durch eine Operation *Push* wird ein Wert in den Keller eingetragen (Schreiben), mit einer Operation *Pop* kann der zuletzt in den Keller eingetragene Wert entnommen werden (Lesen). Wiederholte Ausführung von *Pop* führt zur Entnahme von Werten in der gegenüber dem Eintragen umgekehrten Reihenfolge. Unter *Tiefe* eines Kellerspeichers wird die maximale Anzahl von Werten, die er aufnehmen kann, verstanden.

Als Kelleroperationen sind vorzusehen:

Push – Eintragen eines Wertes

Pop – Entnehmen eines Wertes mit Löschen des Wertes im Keller
Top – Lesen des letzten eingetragenen Wertes (ohne Löschen des Wertes)
Leer – Prüfen, ob der Keller keinen Wert enthält
Voll – Prüfen, ob der Keller die maximale Anzahl von Werten enthält

Der Keller soll ganze Zahlen als Werte aufnehmen. Als maximale Anzahl aufzunehmender Werte ist 100 vorzusehen.

Entwurf

Der Kellerspeicher als Datenkapsel kann durch folgenden Definitionsmodul beschrieben werden:

```
DEFINITION MODULE IntKellerAlsDK;
(* Keller als Datenkapsel *)

  TYPE  WerteTyp = INTEGER;    (* Datentyp der Werte *)
  CONST MaxTiefe = 100;        (* Tiefe des Kellers  *)

  PROCEDURE Push (W : WerteTyp);
  PROCEDURE Pop  (VAR W : WerteTyp);
  PROCEDURE Top  (VAR W : WerteTyp);
  PROCEDURE Leer () : BOOLEAN;
  PROCEDURE Voll () : BOOLEAN;

END IntKellerAlsDK.
```

Der Definitionsmodul enthält außer den Kelleroperationen die Definition des Typs der Werte, die vom Keller aufgenommen werden (*WerteTyp*), und die Festlegung der maximalen Anzahl aufzunehmender Werte (*MaxTiefe*). Die Datenstruktur des Kellers, in der die Werte gespeichert werden, ist für den Nutzer des Moduls nicht sichtbar.

Implementierung

Für die Implementierung des Kellers bzw. der Datenstruktur, die die Werte aufnimmt, gibt es zwei Möglichkeiten: Die Datenstruktur wird entweder als Feld (statisch) oder als Liste (dynamisch) angelegt. Beide Varianten werden hier behandelt. Der beschriebene Definitionsmodul ist für beide Varianten einheitlich.

```
IMPLEMENTATION MODULE IntKellerAlsDK;
(* Statische Datenstruktur *)

  VAR DerKeller : ARRAY [1..MaxTiefe] OF WerteTyp;
      AktTiefe  : [0..MaxTiefe];

  PROCEDURE Push (W : WerteTyp);
    BEGIN
```

```
        IF NOT Voll () THEN
          INC (AktTiefe);
          DerKeller[AktTiefe] := W
        END (* IF *)
      END Push;

    PROCEDURE Pop (VAR W : WerteTyp);
      BEGIN
        IF NOT Leer () THEN
          W := DerKeller[AktTiefe];
          DEC (AktTiefe)
        END (* IF *)
      END Pop;

    PROCEDURE Top (VAR W : WerteTyp);
      BEGIN
        IF NOT Leer () THEN
          W := DerKeller[AktTiefe]
        END (* IF *)
      END Top;

    PROCEDURE Leer () : BOOLEAN;
      BEGIN
        RETURN AktTiefe = 0
      END Leer;

    PROCEDURE Voll () : BOOLEAN;
      BEGIN
        RETURN AktTiefe = Tiefe
      END Voll;

  BEGIN
    AktTiefe := 0
  END IntKellerAlsDK.
```

Bei der statischen Variante wird die interne Datenstruktur als Feld *DerKeller* definiert. Die Elemente E*i* des Feldes sind vom Typ INTEGER (*WerteTyp*); sie nehmen die zu speichernden Zahlenwerte auf. Die Variable *AktTiefe* dient als Verweis (Index) auf das Feldelement, in das der letzte Wert eingespeichert wurde (Bild 2-2). Sie wird im Anweisungsteil mit dem Wert Null initialisiert, das heißt, zu Beginn der Arbeit mit dem Keller verweist *AktTiefe* auf kein Element - der Keller ist leer und enthält keinen Wert.

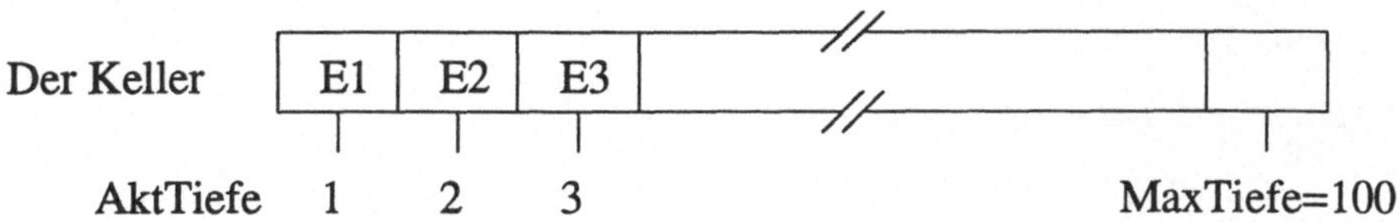

Bild 2-2 Struktur eines Kellers

Die Prozedur *Push* erhöht, wenn der Keller noch nicht voll ist, zuerst den Wert von *AktTiefe* um 1, und speichert dann den Wert von *W* in das durch *AktTiefe* indizierte Element. Die Prozedur *Pop* entnimmt, wenn der Keller nicht leer ist, den Wert des durch *AktTiefe* indizierten Elements und weist diesen *W* zu; anschließend wird der Wert von *AktTiefe* um 1 verringert.

```
IMPLEMENTATION MODULE IntKellerAlsDK;
(* Dynamische Datenstruktur *)

  FROM Storage IMPORT ALLOCATE, DEALLOCATE;

  TYPE KellerZeiger  = POINTER TO KellerElement;
       KellerElement = RECORD
         Naechstes : KellerZeiger;
         Info      : WerteTyp;
       END; (* KellerElement *)

  VAR  DerKeller : KellerZeiger;
       AktTiefe  : CARDINAL;

  PROCEDURE Push (W : WerteTyp);
    VAR E : KellerZeiger;
    BEGIN
      IF NOT Voll () THEN
        INC (AktTiefe);
        NEW (E);
        E^.Info := W;
        E^.Naechstes := DerKeller;
        DerKeller := E
      END (* IF *)
    END Push;

  PROCEDURE Pop (VAR W : WerteTyp);
    VAR E : KellerZeiger;
    BEGIN
      IF NOT Leer () THEN
        W := DerKeller^.Info;
        E := DerKeller;
        DerKeller := E^.Naechstes;
        DISPOSE (E);
        DEC (AktTiefe)
      END (* IF *)
    END Pop;

  PROCEDURE Top (VAR W : WerteTyp);
    BEGIN
      IF NOT Leer () THEN
        W := DerKeller^.Info
      END (* IF *)
    END Top;

  PROCEDURE Leer () : BOOLEAN;
    BEGIN
      RETURN AktTiefe = 0
    END Leer;

  PROCEDURE Voll () : BOOLEAN;
    BEGIN
      RETURN AktTiefe = Tiefe
    END Voll;

BEGIN
```

```
   AktTiefe   := 0;
   DerKeller := NIL
END IntKellerAlsDK.
```

Bei der dynamischen Variante wird als interne Datenstruktur eine Liste verwendet. Ihre Elemente (*KellerElement*) werden dynamisch erzeugt. Jedes Element nimmt einen Wert (*Info*) und einen Verweis auf das nachfolgende Element (*Naechstes*) auf. Die Variable *DerKeller* enthält einen Verweis auf das erste Element der Liste (Bild 2-3).

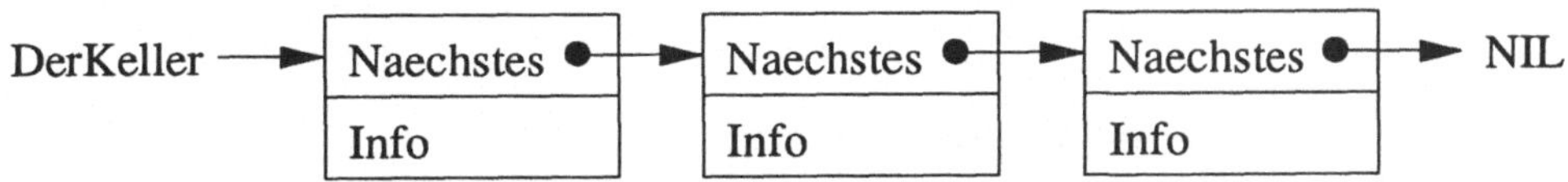

Bild 2-3 Keller als einfach verkettete Liste

Das Eintragen eines Wertes in den Keller erfolgt durch die Prozedur *Push*. Wenn der Keller nicht voll ist, erzeugt sie durch Aufruf von *NEW* ein neues Element E. Das Feld *Info* dieses Elements erhält den Wert *W*. Dann wird das Element an erster Stelle in die Liste eingefügt. Dazu wird dem Feld *Naechstes* der Wert der Variablen *DerKeller* zugewiesen (der Verweis auf das bisher erste Element der Liste), und *DerKeller* erhält als neuen Wert *E* (den Verweis auf das neue erste Element der Liste).

Die Prozedur *Pop* entnimmt, wenn der Keller nicht leer ist, den zuletzt eingetragenen Wert. Dieser befindet sich im ersten Element. Da die Variable *DerKeller* auf das erste Element verweist, liefert

```
W  :=  DerKeller^.Info
```

den Wert.

Durch die Anweisung

```
DerKeller := E^.Naechstes
```

wird der Variablen *DerKeller* der Zeigerwert auf das zweite Element zugewiesen und damit das erste Element von der Liste entfernt. Durch Aufruf von *DISPOSE* wird das erste Element beseitigt und sein Speicherbereich freigegeben.

Anwendung

Das folgende Programm zeigt eine Anwendung der Kelleroperationen. Von einem Zufallszahlengenerator erzeugt Zahlen werden mit der Operation *Push* in den Keller eingetragen, bis der Keller voll ist (Prüfung mit der Operation *Voll*). Daran schließt sich die Entnahme der Zahlen aus dem Keller mit der Operation *Pop* und die Ausgabe an, bis der Keller leer ist (Prüfung mit der Operation *Leer*).

```
MODULE DEMO;

  FROM IntKellerAlsDK IMPORT Push,Pop,Leer,Voll,WerteTyp;
  FROM IO             IMPORT WrStr,WrLn,WrInt;
  FROM Lib            IMPORT RANDOMIZE,RANDOM;

  VAR Wert : WerteTyp;

BEGIN
  RANDOMIZE ();
  WrStr ('Eintragen der Werte'); WrLn ();
  WHILE NOT Voll () DO
    Wert := RANDOM (100);
    WrInt (Wert,4);
    Push (Wert)
  END (* WHILE *);
  WrLn (); WrLn ();
  WrStr ('Auslesen  < First In Last Out >'); WrLn ();
  WHILE NOT Leer () DO
    Pop (Wert);
    WrInt (Wert,4)
  END (* WHILE *);
  WrLn ()
END DEMO.
```

Die als Datenkapsel implementierten Listen bzw. Kellerspeicher weisen zwei grundsätzliche Mängel auf:

1. In einem Programm kann nur eine einzige Liste bzw. nur ein einziger Kellerspeicher auftreten, das heißt, es können nicht mehrere Exemplare einer Datenkapsel erzeugt werden, und

2. der Typ der zu speichernden Werte ist unveränderlich festgelegt. Die Einführung eines anderen Wertetyps kann nur durch eine Veränderung der Typdefinition im Definitionsmodul

```
TYPE WerteTyp = (* neuer Typ *)
```

erfolgen und erfordert ein erneutes Übersetzen des Definitions- und Implementationsmoduls.

Durch Implementierung der Liste bzw. des Kellerspeichers als abstrakter Datentyp können diese Nachteile beseitigt werden.

2.2 Abstrakte Datentypen

Abstrakte Datentypen werden unter Nutzung des Modulkonzeptes implementiert. Ein Datentypmodul stellt in einem Definitionsmodul einen (abstrakten) Datentyp und Operationen in Form von Prozeduren bzw. Funktionsprozeduren bereit. Durch eine Konstruktor- bzw. eine Destruktor-Operation können Exemplare mit den durch den Datentyp festgelegten Eigenschaften erzeugt bzw. vernichtet werden. Mit anderen Operationen ist der Zugriff auf die Datenstrukturen bzw. die Veränderung des durch ihre Werte definierten Zustandes möglich. Der Datentyp wird als versteckter Typ im Definitionsmodul durch Angabe seines Namens eingeführt. Die vollständige Typdeklaration erfolgt im zugehörigen Implementationsmodul; sie stellt eine abstrakte Datenstruktur dar und bleibt dem Nutzer verborgen. Der versteckte Datentyp wird in Modula-2 als Zeigertyp realisiert. Die Exemplare werden dynamisch erzeugt (Zeigervariable), und der Zeiger auf sie wird als ihr abstrakter Typ angesehen.

Beispiel 2-3

Aufgabenstellung

Es ist eine Liste, die ganze Zahlen als Werte aufnimmt, als abstrakter Datentyp zu implementieren. Als Listenoperationen sind vorzusehen:

Init – Erzeugen einer leeren Liste
Eintragen – Einfügen eines vorgegebenen Wertes in eine Liste
Streichen – Entfernen eines vorgegebenen Wertes aus einer Liste
Suchen – Prüfen, ob ein vorgegebener Wert in einer Liste enthalten ist
Löschen – Streichen aller Werte der Liste

Entwurf

Eine Liste kann als abstrakter Datentyp durch folgenden Definitionsmodul beschrieben werden:

```
DEFINITION MODULE IntListeAlsADT;
(* Liste als Datenkapsel *)

  TYPE WerteTyp = INTEGER;      (* Datentyp der Werte *)
       Liste;                   (* Versteckter Typ    *)

  PROCEDURE Init       () : Liste;
  PROCEDURE Loeschen   (VAR L : Liste);
  PROCEDURE Eintragen  (VAR L : Liste; W : WerteTyp);
  PROCEDURE Streichen  (VAR L : Liste; W : WerteTyp);
```

```
    PROCEDURE Suchen      (L : Liste; W : WerteTyp) : BOOLEAN;

  END IntListeAlsADT.
```

Der Definitionsmodul enthält gegenüber der im Beispiel 2-1 als Datenkapsel implementierten Liste zusätzlich den versteckten Datentyp *Liste* sowie die beiden Prozeduren *Init* und *Loeschen* zum Erzeugen bzw. Vernichten eines Listenexemplars (Konstruktor- bzw. Destruktor-Operation). Beim Aufruf der *Init*-Prozedur wird ein Exemplar einer Liste erzeugt. Der Exemplarvariablen wird dabei ein Wert (vom Typ Liste) zugewiesen, der zur Identifikation des Listenexemplars dient. In allen Prozeduren (außer *Init*) dient der formale Parameter *L* zur Identifizierung des Listenexemplars, auf das die betreffende Operation angewendet werden soll; er wird in diesem Fall durch die Exemplarvariable als aktueller Parameter ersetzt. Die Datenstruktur der Liste, in der ganze Zahlen als Werte gespeichert werden, ist für den Nutzer des Moduls nicht sichtbar.

Implementierung

Die Implementierung der Liste erfolgt mit dynamisch erzeugten Elementen wie bei der Aufgabenstellung 1.1. Die dort beschriebenen Prozeduren können mit geringen Modifikationen übernommen werden. Die im Implementationsmodul deklarierte Variable *DieListe* wird hier durch den in den Prozedurköpfen enthaltenen formalen Parameter *L* ersetzt. Neu ist die Funktionsprozedur *Init*, die den Wert NIL als Verweis auf eine leere Liste zurückgibt, und die Prozedur *Loeschen*, die alle Elemente der Liste beseitigt und den entsprechenden Speicherbereich freigibt. Da das Initialisieren einer Liste mit der Prozedur *Init* erfolgt, ist im Anweisungsteil des Implementationsmoduls keine Anweisung zur Initialisierung wie im Beispiel 2-1 erforderlich. Der vollständige Quelltext der Implementierung ist auf der Programmdiskette enthalten.

Hier wird eine andere Implementierung der Prozeduren *Eintragen*, *Streichen* bzw. *Suchen* betrachtet. Die Liste wird als geordnete Liste, bei der die Werte nach aufsteigender Größe geordnet in aufeinanderfolgenden Elementen gespeichert sind, implementiert. Das erfordert beim Eintragen eines Wertes in die Liste die Ermittlung des kleinsten Wertes in der Liste, der größer als der einzutragende Wert ist. Vor dem Element, das diesen Wert enthält, wird das Element mit dem neuen Wert eingefügt. Bei einer geordneten Liste kann das Suchen abgebrochen werden, sobald der erste Wert, der größer als der gesuchte Wert ist, ermittelt wird.

```
IMPLEMENTATION MODULE IntListeAlsADT;
(* Dynamische Datenstruktur *)

  FROM Storage IMPORT ALLOCATE,DEALLOCATE;

  TYPE Liste = POINTER TO ListenElement;
       ListenElement = RECORD
```

```
            Naechstes : Liste;
            Info      : WerteTyp
          END (* ListenElement *);

    PROCEDURE Init () : Liste;
      BEGIN
        RETURN NIL
      END Init;

    PROCEDURE Loeschen (VAR L : Liste);
      VAR Q : Liste;
      BEGIN
        WHILE L # NIL DO
          Q := L; L := L^.Naechstes;
          DISPOSE (Q)
        END (* WHILE *)
      END Loeschen;

    PROCEDURE Eintragen (VAR L : Liste; W : WerteTyp);
      VAR P,Q,E : Liste;
      BEGIN
        (* Wert suchen *)
        P := L; Q := NIL;
        WHILE (P # NIL) & (P^.Info < W) DO
          Q := P; P := P^.Naechstes
        END (* WHILE *);
        NEW (E); E^.Info := W;
        E^.Naechstes := P;
        IF Q = NIL
          THEN L := E
          ELSE Q^.Naechstes := E
        END (* IF *)
      END Eintragen;

    PROCEDURE Streichen (VAR L : Liste; W : WerteTyp);
      VAR P,Q : Liste;
      BEGIN
        (* Wert suchen *)
        P := L; Q := NIL;
        WHILE (P # NIL) & (P^.Info < W) DO
          Q := P; P := P^.Naechstes
        END (* WHILE *);
        IF (P # NIL) & (P^.Info = W) THEN
          IF Q = NIL
            THEN L := P^.Naechstes
            ELSE Q^.Naechstes := P^.Naechstes
          END (* IF *);
          DISPOSE (P)
        END (* IF *)
      END Streichen;

    PROCEDURE Suchen (L : Liste; W : WerteTyp) : BOOLEAN;
      BEGIN
        (* Wert suchen *)
        WHILE (L # NIL) & (L^.Info < W) DO
          L := L^.Naechstes
        END (* WHILE *);
        RETURN (L # NIL) & (L^.Info = W)
      END Suchen;

  END IntListeAlsADT.
```

Die ersten Anweisungen in der Prozedur *Eintragen* realisieren das Suchen nach dem Element, vor dem das neue Element einzufügen ist. Solange der in einem ausgewählten Element enthaltene Wert *P^.Info* kleiner als der neueinzufügende Wert *W* ist, wird die WHILE-Anweisung ausgeführt. Der erste Elementwert, der größer als bzw. gleich *W* ist, führt zum Abschluß der WHILE-Anweisung; *P* enthält dann den Verweis auf das Element mit dem kleinsten Wert, der größer oder gleich *W* ist, und *Q* den Verweis auf das diesem Element vorangehende Element (es enthält den größten Wert, der kleiner als *W* ist). Als Beispiel ist ein Ausschnitt aus einer Liste mit den Werten 3, 7 und 12 dargestellt, in dem für einen Wert W=8 gezeigt ist, auf welche Elemente Q und P verweisen (Bild 2-4).

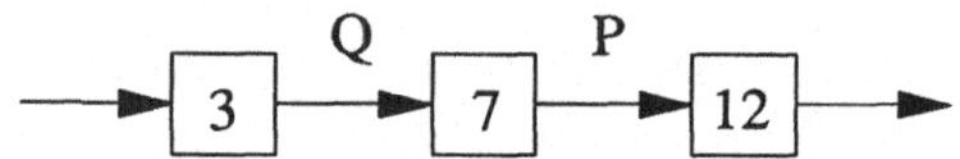

Bild 2-4 Geordnete Liste

In der Prozedur *Eintragen* wird das neue Element *E* durch Aufruf von *NEW(E)* erzeugt. Dem Element wird der Wert von *W* zugewiesen, und es wird zwischen den durch *Q* und *P* bezeichneten Elementen eingefügt (Bild 2-5).

```
E^.Naechstes := P;
Q^.Naechstes := E;
```

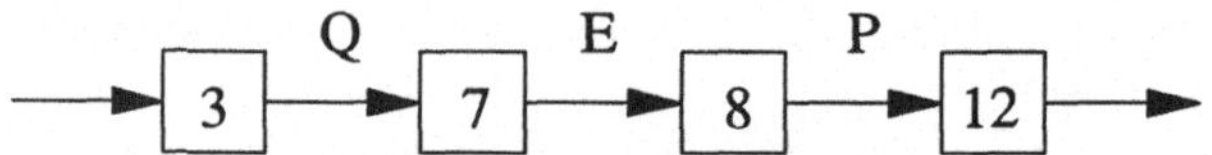

Bild 2-5 Erweiterte geordnete Liste

bzw. `L := E`, falls die Liste leer ist.

Im ersten Teil der Prozedur *Streichen* wird, wie in der Prozedur *Eintragen*, der zu streichende Wert gesucht. Wenn der Wert von *W* tatsächlich enthalten ist, wird das betreffende Element aus der Liste entfernt.

Anwendung

Dem Demonstrationsprogramm für die Operationen einer Liste *BspListe*, die mit der Operation *Init* unter Verwendung des abstrakten Datentyps *Liste* erzeugt wird, liegt der gleiche Algorithmus wie dem Programm zum Beispiel 2-1 zugrunde. Erst werden Zufallszahlen in die Liste eingetragen (Operation *Eintragen*). Nach dem Auftreten der Zahl 10 wird ermittelt, wie häufig gleichwertige Zahlen in der Liste enthalten sind (Operationen *Suchen* und *Streichen*).

```
MODULE DEMO;

  FROM IO  IMPORT WrStr,WrLn,WrCard,WrInt;
  FROM Lib IMPORT RANDOMIZE,RANDOM;

  FROM IntListeAlsADT IMPORT
    Liste,Init,Eintragen,Streichen,Suchen,WerteTyp;

  VAR BspListe : Liste;
      Wert     : WerteTyp;
      Anzahl   : CARDINAL;

BEGIN
  RANDOMIZE ();
  BspListe := Init ();
  WrStr ('Eintragen der Werte in Liste 1'); WrLn ();
  Wert := RANDOM (11);
  WHILE Wert # 10 DO
    WrInt (Wert,4);
    Eintragen (BspListe,Wert);
    Wert := RANDOM (11)
  END (* WHILE *);
  WrLn (); WrLn ();
  WrStr ('Welche Werte sind in der Liste ?'); WrLn ();
  FOR Wert := 0 TO 9 DO
    WrInt (Wert,4); WrStr (' : ');
    Anzahl := 0;
    WHILE Suchen (BspListe,Wert) DO
      Streichen (BspListe,Wert);
      INC (Anzahl)
    END (* WHILE *);
    WrCard (Anzahl,4); WrStr (' x'); WrLn ()
  END (* FOR *)
END DEMO.
```

Im folgenden Beispiel wird die Anwendung einer Liste für ein Telefonverzeichnis behandelt.

Beispiel 2-4

Aufgabenstellung

Die Einträge eines Telefonverzeichnisses sind als Liste zu speichern. Jeder Teilnehmer soll durch folgende Angaben charakterisiert werden: Familienname, Vorname, Postleitzahl, Wohnort, Straße, Hausnummer, Telefonnummer.

Als Operationen sind vorzusehen:

Init – Erzeugen eines leeren Verzeichnisses
Loeschen – Löschen des Verzeichnisses

Eintragen – Einfügen eines Teilnehmers
Streichen – Austragen eines durch den Namen vorgegebenen Teilnehmers
Suchen – Suchen der Telefonnummer eines vorgegebenen Teilnehmers
Drucken – Ausgabe aller im Verzeichnis enthaltenen Teilnehmer

Entwurf

Ein Telefonverzeichnis kann als abstrakter Datentyp durch folgenden Definitionsmodul beschrieben werden:

```
DEFINITION MODULE TelVerzeichnis;

  TYPE Verzeichnis; (* Versteckter Typ *)
       String = ARRAY [1..20] OF CHAR;

  PROCEDURE Init       () : Verzeichnis;
  PROCEDURE Loeschen   (VAR V : Verzeichnis);
  PROCEDURE Eintragen  (VAR V : Verzeichnis; Name,Vorname,
                        Wohnort,Strasse,Nummer : String);
  PROCEDURE Streichen  (VAR V : Verzeichnis;
                        Name,Vorname : String);
  PROCEDURE Suchen     (V : Verzeichnis;
                        Name,Vorname : String;
                        VAR TelNr : String);
  PROCEDURE Drucken    (V : Verzeichnis);

END TelVerzeichnis.
```

Der Definitionsmodul enthält den versteckten Datentyp *Verzeichnis*; die Datenstruktur zur Aufnahme der Einträge ist für den Nutzer nicht sichtbar. Das Einfügen eines Teilnehmers erfolgt durch Aufruf der Prozedur *Eintragen*. Dabei wird durch den aktuellen Parameter, der den formalen Parameter *V* ersetzt, das Verzeichnis-Exemplar festgelegt, in das eingefügt werden soll. Die für einen Teilnehmer einzutragenden Angaben sollen über den Bildschirm angefordert und mittels Tastatur eingegeben werden.

Mit der Prozedur *Streichen* kann in einem vorgegebenen Verzeichnis ein durch Familien- und Vorname vorgegebener Teilnehmer entfernt werden. Die Prozedur *Suchen* ermittelt in einem vorgegebenen Verzeichnis für einen durch Familien- und Vornamen identifizierten Teilnehmer die Telefonnummer. Die Prozedur *Drucken* gibt alle in einem Verzeichnis enthaltenen Teilnehmer aus.

Implementierung

Die Implementierung des Verzeichnisses erfolgt durch eine geordnete Liste mit dynamisch erzeugten und einfach verketteten Elementen wie im Beispiel 2-3. Als Ordnungsmerkmal werden die Familiennamen (in lexikographischer Reihenfolge), und bei mehreren gleichen Familiennamen zusätzlich die Vornamen verwendet. Der Informationsteil der Elemente muß gegenüber dem Beispiel 2-3 erweitert werden (Bild 2-6).

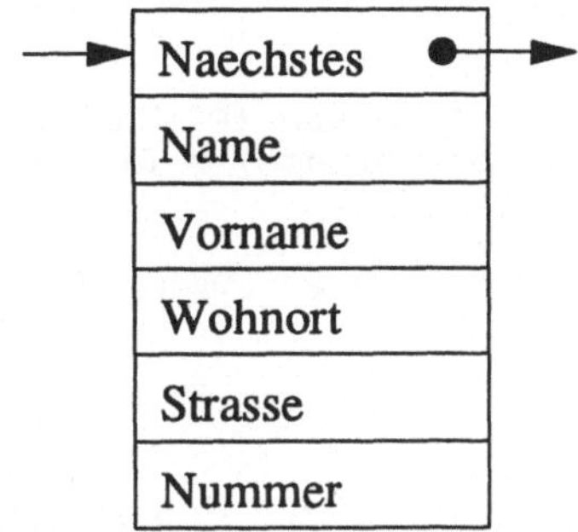

Bild 2-6 Verzeichniselement

Der Wohnort schließt die Postleitzahl, die Straße schließt die Hausnummer ein.

```
IMPLEMENTATION MODULE TelVerzeichnis;
(* Dynamische Datenstruktur *)

  FROM Storage IMPORT ALLOCATE,DEALLOCATE;
  FROM Str     IMPORT Compare;
  FROM IO      IMPORT WrStr,WrLn;

  TYPE Verzeichnis = POINTER TO VerzElement;
       VerzElement = RECORD
         Naechstes : Verzeichnis;
         Name      : String;
         Vorname   : String;
         Wohnort   : String;
         Strasse   : String;
         Nummer    : String
       END (* VerzElement *);

  PROCEDURE Eintragen (VAR V : Verzeichnis; Name,Vorname,
                       Wohnort,Strasse,Telefon : String);
    VAR P,Q,E : Verzeichnis;
    BEGIN
      P := V; Q := NIL;
      WHILE (P # NIL) & ((Compare (P^.Name,Name) < 0) OR
       (Compare (P^.Vorname,Vorname) < 0)) DO
        Q := P; P := P^.Naechstes
      END (* WHILE *);
      NEW (E); E^.Naechstes := P;
      IF Q # NIL
        THEN Q^.Naechstes := E
        ELSE V := E
      END (* IF *);
      E^.Name     := Name;
      E^.Vorname  := Vorname;
      E^.Wohnort  := Wohnort;
      E^.Strasse  := Strasse;
```

```
      E^.Nummer   := Telefon
    END Eintragen;

  PROCEDURE Suchen (V : Verzeichnis; Name,Vorname : String;
                    VAR TelNr : String);
    VAR P : Verzeichnis;
    BEGIN
      P := V;
      WHILE (P # NIL) & ((Compare (P^.Name,Name) # 0) OR
      (Compare (P^.Vorname,Vorname) # 0)) DO
        P := P^.Naechstes
      END (* WHILE *);
      IF P # NIL THEN TelNr := P^.Nummer ELSE TelNr := '' END
    END Suchen;

END TelVerzeichnis.
```

Die in der Prozedur *Einfuegen* enthaltene Funktionsprozedur *Compare* dient zum Vergleich von zwei Zeichenketten. Sie liefert in Abhängigkeit von den Werten der Zeichenketten ZK1 und ZK2

```
-1   für ZK1 < ZK2
 0   für ZK1 = ZK2
+1   für ZK1 > ZK2
```

Anwendung

In dem Demonstrationsprogramm wird ein Telefonverzeichnis *TelVerz* mit der Operation *Init* unter Verwendung des abstrakten Datentyps *Verzeichnis* erzeugt. Anschließend werden folgende Aktionen ausgeführt:

- *Eintragen* von zwei Teilnehmern
- *Drucken* der im Verzeichnis eingetragenen Teilnehmer
- *Suchen* der Telefonnummer eines durch den Namen vorgegebenen Teilnehmers und deren Ausgabe
- *Streichen* eines durch den Namen vorgegebenen Teilnehmers aus dem Verzeichnis
- *Drucken* aller im Verzeichnis eingetragenen Teilnehmer
- *Loeschen* des gesamten Verzeichnisses

```
MODULE DEMO;

  FROM IO IMPORT WrStr,WrLn;

  FROM TelVerzeichnis IMPORT
    String,Verzeichnis,Init,Loeschen,Eintragen,
    Streichen,Suchen,Drucken;

  CONST
    N1 = 'Monjau';                  N2 = 'Schulze';
```

```
    V1 = 'Dieter';                V2 = 'Soeren';
    W1 = '8027 Dresden';          W2 = '9071 Chemnitz';
    S1 = 'Westendring 24/44-41';  S2 = 'E.-M.-Arndt-Str. 26';
    T1 = '4714219 ';              T2 = '71859';

  VAR
    TelVerz : Verzeichnis;
    TelNr   : String;

BEGIN
  TelVerz := Init ();
  Eintragen (TelVerz,N1,V1,W1,S1,T1);
  Eintragen (TelVerz,N2,V2,W2,S2,T2);
  WrLn (); WrStr ('Inhalt des Verzeichnisses');
  Drucken (TelVerz);
  Suchen (TelVerz,N1,V1,TelNr);
  WrLn (); WrStr ('Telefon von '+V1+' '+N1+' : ');
  WrStr (TelNr); WrLn ();
  Streichen (TelVerz,N2,V2);
  WrLn (); WrStr ('Verzeichnis nach Streichen von '+V2+' '+N2);
  Drucken (TelVerz);
  Loeschen (TelVerz)
END DEMO.
```

Die vollständigen Quelltexte der Module sind auf der Programmdiskette enthalten.

Als nächstes Beispiel für einen abstrakten Datentyp wird ein Kellerspeicher behandelt. Dabei wird gezeigt, daß man einen Keller entwerfen kann, bei dem die zu speichernden Werte noch nicht spezifiziert sind. Er bildet die Grundlage dafür, Kellerspeicher für Daten mit einem beliebig vorgegebenen Datentyp zu entwickeln.

Beispiel 2-5

Aufgabenstellung

Es ist ein universeller Kellerspeicher als abstrakter Datentyp zu entwerfen, bei dem die aufzunehmenden Werte noch nicht festgelegt sind. Statt dessen sind Verweise (Zeiger) vorzusehen, die zur Zuordnung eines Wertes verwendet werden können (Wertverweise).

Folgende Kelleroperationen sind zu implementieren:

Init	– Erzeugen eines leeren Kellers
Push	– Eintragen eines Wertverweises
Pop	– Entnehmen eines Wertverweises
Top	– Lesen des letzten eingetragenen Wertverweises ohne Löschen
Leer	– Prüfen, ob der Keller leer ist
Voll	– Prüfen, ob der Keller voll ist

Loeschen – Löschen aller Werte im Keller
Zerstoeren – Beseitigen des Kellers und Freigabe des Speicherplatzes.

Der Kellerspeicher soll maximal 1000 Werte aufnehmen.

Entwurf

Für die spätere Zuordnung von Werten wird als Wertverweis ein Zeiger *A* vom Typ ADDRESS vorgesehen. Als Typ von *A* wurde ADDRESS gewählt, da dieser Datentyp zu allen Zeigertypen kompatibel ist. Damit wird gewährleistet, daß in einem aus dem hier definierten Keller abgeleiteten Keller Daten eines beliebigen Typs gespeichert werden können.

Der universelle Kellerspeicher kann durch folgenden Definitionsmodul beschrieben werden:

```
DEFINITION MODULE UniKeller;

  CONST MaxTiefe = 1000;
  TYPE  Keller;   (* Versteckter Typ *)

  PROCEDURE Init       (VAR K : Keller);
  PROCEDURE Zerstoeren (VAR K : Keller);
  PROCEDURE Push       (K : Keller; A : ADDRESS);
  PROCEDURE Pop        (K : Keller; VAR A : ADDRESS);
  PROCEDURE Top        (K : Keller; VAR A : ADDRESS);
  PROCEDURE Voll       (K : Keller) : BOOLEAN;
  PROCEDURE Leer       (K : Keller) : BOOLEAN;
  PROCEDURE Loeschen   (K : Keller);

END UniKeller.
```

Der Definitionsmodul enthält den versteckten Datentyp *Keller*; die Datenstruktur zur Aufnahme der Daten ist für den Nutzer nicht sichtbar. Der in den Prozeduren enthaltene formale Parameter *K* dient zur Auswahl des Kellerexemplars, auf das die betreffende Operation angewendet wird. Mit der Prozedur *Init* wird ein Exemplar eines Kellers initialisiert; dabei erhält der Parameter *K* einen Wert. Der formale Parameter *A* ist als Verweis für die später zuzuordnenden Daten vorgesehen.

Implementierung

```
IMPLEMENTATION MODULE UniKeller;
(* Statische Datenstruktur *)

  FROM Storage IMPORT ALLOCATE,DEALLOCATE;

  TYPE Keller = POINTER TO RECORD
         DerKeller : ARRAY [1..MaxTiefe] OF ADDRESS;
         AktTiefe  : [0..MaxTiefe]
       END (* Keller *);
```

```
    PROCEDURE Init (VAR K : Keller);
      BEGIN
        NEW (K); K^.AktTiefe := 0
      END Init;

    PROCEDURE Zerstoeren (VAR K : Keller);
      BEGIN
        DISPOSE (K)
      END Zerstoeren;

    PROCEDURE Push (K : Keller; A : ADDRESS);
      BEGIN
        IF NOT Voll (K) THEN
          INC (K^.AktTiefe);
          K^.DerKeller[K^.AktTiefe] := A
        END (* IF *)
      END Push;

    PROCEDURE Pop (K : Keller; VAR A : ADDRESS);
      BEGIN
        A := NIL;
        IF NOT Leer (K) THEN
          A := K^.DerKeller[K^.AktTiefe];
          DEC (K^.AktTiefe)
        END (* IF *)
      END Pop;

    PROCEDURE Top (K : Keller; VAR A : ADDRESS);
      BEGIN
        A := NIL;
        IF NOT Leer (K) THEN
          A := K^.DerKeller[K^.AktTiefe]
        END (* IF *)
      END Top;

    PROCEDURE Voll (K : Keller) : BOOLEAN;
      BEGIN
        RETURN K^.AktTiefe = MaxTiefe
      END Voll;

    PROCEDURE Leer (K : Keller) : BOOLEAN;
      BEGIN
        RETURN K^.AktTiefe = 0
      END Leer;

    PROCEDURE Loeschen (K : Keller);
      BEGIN
        K^.AktTiefe := 0
      END Loeschen;

  END UniKeller.
```

Dem Keller wird intern die statische Datenstruktur *DerKeller* als Feld aus MaxTiefe=1000 Elementen zugrundegelegt. Den Elementen wird der Typ ADDRESS zugeordnet.

Der im Definitionsmodul eingeführte versteckte Typ *Keller* muß ein Zeigertyp sein; er wird im Implementationsmodul entsprechend deklariert. Da zu jedem Kellerexemplar die jeweilige aktuelle Tiefe bekannt sein muß, werden *DerKeller* und *AktTiefe* in einem RECORD zusammengefaßt. Die Erzeugung eines Kellerexemplars erfolgt durch Aufruf der Prozedur *Init* mit dem in ihr enthaltenen Aufruf *NEW(K)*. Dabei wird Speicherplatz für die Datenstruktur des Kellerspeichers bereitgestellt. *NEW(K)* weist *K* einen Wert zu; er dient zur eindeutigen Identifizierung dieses Exemplars bei der Durchführung von Operationen. Dem Feld *AktTiefe* wird durch *Init* der Wert 0 zugewiesen. Damit ist ein Exemplar eines leeren Kellers erzeugt worden.

Die Prozedur *Zerstoeren* gibt durch den Aufruf von *DISPOSE(K)* den Speicherbereich eines Kellerexemplars frei. Die Prozedur *Loeschen* weist dem Feld *AktTiefe* den Wert 0 zu, damit ist der Keller leer. Die Prozeduren *Push*, *Pop*, *Voll* bzw. *Leer* entsprechen mit geringen Modifikationen den entsprechenden Prozeduren im Beispiel 2-2. Die Modifikationen beziehen sich auf den Zugriff zur Datenstruktur des Kellers. So kann im Beispiel 2-2 ein Element der als Feld definierten Datenstruktur *DerKeller* durch

```
DerKeller [AktTiefe]
```

ausgewählt werden. Hier ist das Feld *DerKeller* bzw. AktTiefe nur über die Zeigervariable *K* (vom Typ Keller) erreichbar:

```
K^.DerKeller [K^.AktTiefe]
```

Anstelle des formalen Parameters *W* (der vom Typ *WerteTyp* ist) für die im Keller zu speichernden Werte im Beispiel 2-2 wird hier der formale Parameter *A* (vom Typ ADDRESS) verwendet.

Im folgenden Beispiel wird gezeigt, wie unter Verwendung des abstrakten Datentyps "Keller" ein abstrakter Datentyp "Keller für ganze Zahlen" entworfen werden kann.

Beispiel 2-6

Aufgabenstellung

Unter Nutzung des universellen Kellerspeichers aus dem Beispiel 2-5 ist ein Kellerspeicher als abstrakter Datentyp zu entwerfen, der ganze Zahlen als Werte aufnimmt. Es sind die gleichen Kelleroperationen wie im Beispiel 2-5 zu implementieren.

Entwurf

```
DEFINITION MODULE IntKeller;

  IMPORT UniKeller;

  CONST
    Keller ::= UniKeller.Keller;
    Init   ::= UniKeller.Init;
    Leer   ::= UniKeller.Leer;
    Voll   ::= UniKeller.Voll;

  PROCEDURE Zerstoeren (VAR K : Keller);
  PROCEDURE Push       (K : Keller; I : INTEGER);
  PROCEDURE Pop        (K : Keller; VAR I : INTEGER);
  PROCEDURE Top        (K : Keller; VAR I : INTEGER);
  PROCEDURE Loeschen   (K : Keller);

END IntKeller.
```

Aus dem Modul *UniKeller* werden die Konstante *MaxTiefe*, der versteckte Datentyp *Keller* und alle Prozeduren importiert.

Durch Verwendung der Alias-Definition

```
Keller ::= UniKeller.Keller
```

(in TopSpeed Modula-2 möglich!) kann anstelle des Bezeichners *UniKeller.Keller* für den abstrakten Typ *Keller* aus dem Modul *UniKeller* der kürzere Bezeichner *Keller* im Modul *IntKeller* verwendet werden.

Die Prozeduren *Init*, *Leer* und *Voll* können aus dem Modul *UniKeller* unverändert übernommen werden, da sie keinen Bezug auf die in dem Keller zu speichernden Werte haben. Durch Verwendung von Alias-Definitionen wird der Aufruf dieser Prozeduren im Modul *IntKeller* ebenfalls vereinfacht.

Die Prozeduren *Zerstoeren* bzw. *Loeschen* müssen im Modul *IntKeller* neudefiniert werden, da außer dem *Zerstören* bzw. *Löschen* der Datenstruktur des Kellerexemplars (das erfolgt mit der entsprechenden Prozedur aus *UniKeller*) zusätzlich die Elemente, welche die INTEGER-Werte aufnehmen, gelöscht werden müssen bzw. ihr Speicherplatz freigegeben werden muß.

Die Prozeduren *Push*, *Pop* und *Top* werden neudefiniert, weil in ihrer Parameterliste Parameter für die vom Keller aufzunehmenden INTEGER-Werte enthalten sein müssen.

Implementierung

Die Elemente zur Aufnahme der Werte werden dynamisch erzeugt und über die in der Datenstruktur *UniKeller* enthaltenen Verweise *A* vom Typ ADDRESS in die Datenstruktur eingebunden.

```
IMPLEMENTATION MODULE IntKeller;

  FROM Storage IMPORT ALLOCATE,DEALLOCATE;
  FROM IO      IMPORT WrStr,WrLn;

  CONST Fehler = 'FEHLER *** Keller ist leer';

  TYPE IntZeiger = POINTER TO INTEGER;

  PROCEDURE Zerstoeren (VAR K : Keller);
    BEGIN
      Loeschen (K);
      UniKeller.Zerstoeren (K)
    END Zerstoeren;

  PROCEDURE Push (K : Keller; I : INTEGER);
    VAR P : IntZeiger;
    BEGIN
      NEW (P); P^ := I;
      UniKeller.Push (K,P)
    END Push;

  PROCEDURE Pop (K : Keller; VAR I : INTEGER);
    VAR P : IntZeiger;
    BEGIN
      UniKeller.Pop (K,P);
      IF P = NIL THEN
        WrLn; WrStr (Fehler); HALT
      END (* IF *);
      I := P^; DISPOSE (P)
    END Pop;

  PROCEDURE Top (K : Keller; VAR I : INTEGER);
    VAR P : IntZeiger;
    BEGIN
      UniKeller.Top (K,P);
      IF P = NIL THEN
        WrLn; WrStr (Fehler); HALT
      END (* IF *);
      I := P^
    END Top;

  PROCEDURE Loeschen (K : Keller);
    VAR I : INTEGER;
    BEGIN
      WHILE NOT Leer (K) DO
        Pop (K,I)
      END (* WHILE *)
    END Loeschen;

END IntKeller.
```

Ein Element besteht aus einem Wert vom Typ INTEGER. Um die Elemente dynamisch erzeugen zu können, wird der Zeigertyp *IntZeiger* definiert. In der Prozedur *Push* erfolgt die Generierung eines Elements durch den Aufruf *NEW(P).* Dem Element wird der im Prozedurkopf übergebene Wert *I* zugewiesen: P^ := I. Durch den Aufruf *UniKeller.Push (K,P)* erfolgt das Einketten des Elementverweises *P* in die Datenstruktur des Kellerexemplars K.

In der Prozedur Pop wird durch den Aufruf *UniKeller.Pop(K,P)* ein Elementverweis *P* aus dem Keller *K* entnommen. Falls *P* gleich NIL ist, das heißt, der Keller leer ist, erfolgt eine Fehlerausschrift. Andernfalls wird der Wert des Elements an den formalen Parameter *I* übergeben und durch *DISPOSE(P)* der Speicherplatz des Elements freigegeben.

Innerhalb der Prozedur *Loeschen* wird *Pop* verwendet, um den Speicherplatz aller im Kellerexemplar *K* enthaltenen Elemente freizugeben. Die Prozedur *Zerstoeren* besteht aus zwei Teilen. Durch die Anweisung *Loeschen(K)* wird der Speicherplatz aller im Keller enthaltenen Elemente freigegeben. Der Prozeduraufruf *UniKeller.Zerstoeren (K)* gibt den Speicherplatz der Datenstruktur *Keller* frei.

2.3 Objektbasierte Programmierung

Bei der objektbasierten Programmierung erfolgt die Strukturierung eines Programmes durch eine *Sammlung von Objekten*, die zusammenarbeiten. Jedes *Objekt* besitzt spezifische *Merkmale* und ein *Verhalten.* Die *Identität* eines Objektes wird durch den Objektnamen festgelegt; er dient zur Unterscheidung des Objektes von allen anderen Objekten.

Jedes *Merkmal* ist durch einen Namen charakterisiert. Dem Merkmal kann ein aktueller Wert aus einer festgelegten Wertemenge zugewiesen werden. Der *Zustand* eines Objektes ist durch die Menge seiner aktuellen Werte festgelegt. Das *Verhalten* eines Objektes wird durch *Operationen* beschrieben. Der Zugriff auf die Merkmalswerte ist nur über Operationen möglich. Durch sie kann auch der Zustand eines Objektes, das heißt, seine aktuellen Werte, verändert werden. Die Zusammenarbeit zwischen Objekten erfolgt durch *Nachrichtenaustausch*: Ein Objekt A sendet eine Nachricht an ein Objekt B, und die Nachricht löst im Objekt B eine Operation aus.

Bei der objektbasierten Programmierung werden die Objekte durch Exemplare abstrakter Datentypen repräsentiert; man spricht deshalb auch von Programmierung mit abstrakten Datentypen. Der abstrakte Datentyp entspricht einer Klasse, aus der Objekte als Exemplare, die durch gleiche Merkmale und gleiches Verhalten gekennzeichnet sind, abgeleitet werden können. Die Exemplarbildung, auch Generierung genannt, erfolgt mit einer Konstruktions-Operation. Eine Datenkapsel kann als ein Objekt betrachtet werden, dessen Klasse nur ein einziges Exemplar besitzt.

Die Implementierung der Merkmale eines Objektes erfolgt durch eine dem Nutzer verborgene (abstrakte) Datenstruktur. Die Operationen werden als Prozeduren bzw. Funktionsprozeduren beschrieben. Im Gegensatz zur objektorientierten Programmierung bilden die Klassen keine Hierarchie mit Vererbungsbeziehungen.

Der Objektbegriff im Sinne der objektbasierten Programmierung wird bei der Modellierung von Daten in Datenbanksystemen angewendet [10]. Datenbanken stellen gute Beispiele für die Anwendung der objektbasierten Programmierung dar [1].

In den folgenden Beispielen werden einige Objekte, die an Universitäten eine Rolle spielen, und ihre gegenseitigen Beziehungen betrachtet.

Beispiel 2-7

Aufgabenstellung

An einer Universität können Studenten, Dozenten und Kurse als Objekte betrachtet werden. Ein bestimmter Student ist ein Vertreter (ein "Exemplar") einer Klasse STUDENT; die Klasse beschreibt die gemeinsamen Eigenschaften (Merkmale und Verhalten) aller Studenten. Das gilt analog auch für die Klasse DOZENT und die Klasse KURSUS.

Welche Merkmale und Operationen sollen den genannten Klassen zugeordnet werden? Zuerst betrachten wir die Klasse STUDENT.

Studenten können durch die Merkmale Familien- und Vorname, den akademischen Grad, die Adresse und die Telefonnummer beschrieben werden. Die Merkmalswerte werden durch Datentypen charakterisiert:

```
TYPE String  = ARRAY [1..40] OF CHAR;
     GradTyp = (Graduiert,Nichtgraduiert);
```

Damit lassen sich die Merkmale der Klasse STUDENT folgendermaßen beschreiben:

Klasse STUDENT
Merkmale
Name : String;

Grad : GradTyp;
Adresse : String;
Telefon : String;

Das Zusammenfassen von Merkmalen zur Spezifizierung einer speziellen Klasse wird *Aggregation* genannt.

Welche Operationen, die das Verhalten von Objekten der Klasse STUDENT beschreiben, sollen vorgesehen werden?

STUD_Eintragen – Erzeugen eines Objektes
STUD_Austragen – Streichen eines Objektes
STUD_Eingeben – Eintragen von Werten für alle Merkmale eines Objektes
STUD_Ausgeben – Ausgeben der Werte aller Merkmale eines Objektes
STUD_AendAdr – Ändern der Adresse eines Objektes
STUD_AendTel – Ändern der Telefonnummer eines Objektes
STUD_AendGrad – Ändern des Grades eines Objektes

Die spezifischen Eigenschaften der Klasse STUDENT, das heißt, ihre Merkmale und Operationen, können nun zusammengefaßt dargestellt werden (Bild 2-7):

Klasse :	**STUDENT**
Operationen :	*Merkmale :*
– STUD_Eintragen	– Name
– STUD_Austragen	– Grad
– STUD_Eingeben	– Adresse
– STUD_Ausgeben	– Telefon
– STUD_AendAdr	
– STUD_AendGrad	
– STUD_AendTel	

Bild 2-7 Klasse STUDENT

Im Hinblick auf die Implementierung sei noch einmal hervorgehoben: Da Klassen als abstrakte Datentypen implementiert werden, ist der Zugriff auf die Merkmalswerte von Objekten bzw. ihre Veränderung nicht direkt, sondern nur durch Operationen der Klasse möglich.

Die Klassen DOZENT bzw. KURSUS werden durch die in Bild 2-8 bzw. Bild 2-9 aufgeführten Merkmale und Operationen beschrieben:

Klasse : **DOZENT**	
Operationen :	*Merkmale :*
– DOZ_Eintragen	– Name
– DOZ_Austragen	– Rang
– DOZ_Eingeben	– Gebiet
– DOZ_Ausgeben	
– DOZ_AendRang	
– DOZ_AendGebiet	

Bild 2-8 Klasse DOZENT

Als Rang eines Dozenten ist ordentlicher Professor, außerordentlicher Professor und Assistenz-Professor vorzusehen. Lehrgebiete sind Betriebssysteme, Compiler, Datenbanken und Rechnerarchitektur.

Klasse : **KURSUS**	
Operationen :	*Merkmale :*
– KURS_Eintragen	– Titel
– KURS_Austragen	– Stufe
– KURS_Eingeben	– Personen
– KURS_Ausgeben	
– KURS_AendStufe	
– KURS_AendPersonen	

Bild 2-9 Klasse KURSUS

Der Titel eines Kursus wird durch eine Zeichenkette dargestellt. Als Stufe eines Kursus wird die Zuordnung zum Grundstudium oder zum Hauptstudium verstanden. Die Anzahl der eingeschriebenen Personen wird durch eine Kardinalzahl spezifiziert.

Entwurf

Die Klasse STUDENT kann durch folgenden Definitionsmodul beschrieben werden:

```
DEFINITION MODULE STUDENT;

   TYPE String  = ARRAY [1..40] OF CHAR;
        GradTyp = (Graduiert,Nichtgraduiert);
        STUDTyp;  (* Versteckter Typ *)

        (* STUDTyp = POINTER TO StudRec;
           StudRec = RECORD
```

```
            Name     : String;
            Grad     : GradTyp;
            Adresse  : String;
            Telefon  : String
          END; *)

  PROCEDURE STUD_Eintragen () : STUDTyp;
  PROCEDURE STUD_Austragen (VAR S : STUDTyp)
  PROCEDURE STUD_Eingeben  (S : STUDTyp);
  PROCEDURE STUD_Ausgeben  (S : STUDTyp);
  PROCEDURE STUD_AendAdr   (S : STUDTyp; Adresse : ARRAY OF CHAR);
  PROCEDURE STUD_AendTel   (S : STUDTyp; Telefon : ARRAY OF CHAR);
  PROCEDURE STUD_AendGrad  (S : STUDTyp; Grad : GradTyp);

END STUDENT.
```

Der abstrakte Datentyp *STUDTyp* repräsentiert die Merkmale der Klasse STUDENT. Die Definitionsmodule für die Klassen DOZENT bzw. KURSUS sind analog aufgebaut.

Implementierung

Die Objekte der Klasse STUDENT werden dynamisch erzeugt.

```
IMPLEMENTATION MODULE STUDENT;

  FROM Storage IMPORT ALLOCATE,DEALLOCATE;

  TYPE STUDTyp = POINTER TO StudRec;
       StudRec = RECORD
         Name    : String;
         Grad    : GradTyp;
         Adresse : String;
         Telefon : String
       END;

  (* Implementierung der Prozeduren *)

END STUDENT.
```

Beispiel 2-8

Aufgabenstellung

Die entsprechend Beispiel 2-7 aus der Klasse STUDENT erzeugten Objekte, das sind einzelne Studenten mit "gleichen" Eigenschaften, sollen als Menge zusammengefaßt und durch eine Klasse *Studenten* beschrieben werden.

Gleichermaßen können unter Verwendung der Klassen DOZENT bzw. KURSUS eine Klasse *Dozenten* und eine Klasse *Kurse* implementiert werden.

Entwurf

Da alle zu implementierenden Klassen auf einer Datenstruktur Menge beruhen, wird zuerst eine Klasse *UniMenge* (universelle Menge) mit "leeren" Elementen als abstrakter Datentyp entworfen (analog zum Beispiel 2-5). Diese soll als Grundlage für die Implementierung von Mengen mit speziellen Elementen dienen. Die als Elemente der Menge aufzunehmenden Werte werden bezüglich ihres Typs nicht festgelegt; stattdessen werden Verweise (Zeiger) vorgesehen, die zur Zuordnung der Werte dienen können (analog zum Beispiel 2-5).

Anschließend wird unter Verwendung der Klasse *UniMenge* die Klasse *Studenten*, die einzelne Objekte aus der Klasse STUDENT als Menge zusammenfaßt, entworfen. *UniMenge* kann durch folgenden Definitionsmodul beschrieben werden:

```
DEFINITION MODULE UniMenge;

 TYPE String = ARRAY [1..40] OF CHAR;
      IdTyp  = ARRAY [1..10] OF CHAR;
      Menge;   (* Versteckter Typ *)

      PROCEDURE InitMenge    () : Menge;
      PROCEDURE Enthalten    (M : Menge; A : ADDRESS) : BOOLEAN;
      PROCEDURE Eintragen    (M : Menge; A : ADDRESS);
      PROCEDURE Entfernen    (M : Menge; A : ADDRESS);
      PROCEDURE Ruecksetzen  (M : Menge);
      PROCEDURE Naechster    (M : Menge) : ADDRESS;
      PROCEDURE Zerstoeren   (VAR M : Menge);

END UniMenge.
```

Der Definitionsmodul enthält den versteckten Datentyp *Menge*; die Datenstruktur zur Aufnahme der Mengenelemente ist für den Nutzer nicht sichtbar. Der formale Parameter *M* dient zur Spezifizierung der Menge, auf die die betreffende Operationen angewendet werden soll. Anstelle von speziellen, durch einen Datentyp gekennzeichneten Werten, nehmen die Elemente einen Verweis in Form eines Zeigers vom Typ ADDRESS auf. Neben den von Listen bekannten Operationen *Init*, *Eintragen*, *Entfernen* (Streichen), *Enthalten* bzw. *Zerstoeren* (Loeschen) gibt es die speziellen Operationen *Ruecksetzen* und *Naechster*. Sie bieten die Möglichkeit, alle Elemente der Menge nacheinander zu durchlaufen und dabei zu bearbeiten. *Ruecksetzen* initialisiert das Durchlaufen, und *Naechster* gibt die den Elementen zugeordneten Verweise nacheinander zurück.

Für die Klasse *Studenten* werden folgende Operationen eingeführt:

Stud_Eintragen – Erzeugen eines Objektes der Klasse *STUDENT*, Festlegen seines Identifikators und Eintragen in die Menge der Studenten

Stud_Austragen – Streichen eines durch seinen Identifikator bezeichneten Objektes

Stud_Existiert – Prüfen, ob ein durch den Identifikator bezeichnetes Objekt existiert

Stud_Eingeben – Eintragen von Werten für alle Merkmale eines durch einen Identifikator bezeichneten Objektes

Stud_Ausgeben – Ausgeben der Werte aller Merkmale eines durch einen Identifikator bezeichneten Objektes

Stud_SucheStud – Ermitteln des Identifikators eines durch einen Namen spezifizierten Objektes

Stud_AendAdr – Ändern der Adresse eines durch einen Identifikator bezeichneten Objektes

Stud_AendTel – Ändern der Telefonnummer eines durch einen Identifikator bezeichneten Objektes

Stud_AendGrad – Ändern des Grades eines durch einen Identifikator bezeichneten Objektes

Der wesentliche Unterschied gegenüber den in der Klasse STUDENT enthaltenen Operationen besteht darin, daß sie sich auf eine Menge von Objekten (Studenten) beziehen und nicht auf ein einzelnes Objekt (wie im Beispiel 2-7).

Jedem Objekt wird außerdem als weiteres Merkmal ein Identifikator *StudId* zugeordnet. Der Identifikator dient als Schlüssel, um die Objekte eindeutig zu identifizieren bzw. um Beziehungen zu Objekten einer anderen Klasse herstellen zu können (siehe Beispiel 2-9).

Die spezifischen Eigenschaften der Klasse *Studenten*, das heißt, ihre Merkmale und Operationen, können nun zusammengefaßt dargestellt werden (Bild 2-10):

Klasse : **Studenten**	
Operationen :	*Merkmale :*
– STUD_Eintragen	– StudId
– STUD_Austragen	– Name
– STUD_Existiert	– Grad
– STUD_Eingeben	– Adresse
– STUD_Ausgeben	– Telefon
– STUD_SucheStud	
– STUD_AendAdr	
– STUD_AendGrad	
– STUD_AendTel	

Bild 2-10 Klasse Studenten

Die Klasse *Studenten* wird als Datenkapsel implementiert. Der entsprechende Definitionsmodul ist

```
DEFINITION MODULE Stud;

  FROM UniMenge IMPORT String,IdTyp;

  TYPE GradTyp = (Graduiert,Nichtgraduiert);
       StudTyp;   (* Versteckter Typ *)

       (* StudTyp = POINTER TO StudRec;
          StudRec = RECORD
            StudId  : IdTyp;
            Name    : String;
            Grad    : GradTyp;
            Adresse : String;
            Telefon : String
          END; *)

  PROCEDURE Stud_Eintragen (StudId : IdTyp) : StudTyp;
  PROCEDURE Stud_Austragen (StudId : IdTyp);
  PROCEDURE Stud_Eingeben  (S : StudTyp);
  PROCEDURE Stud_Ausgeben  (S : StudTyp);
  PROCEDURE Stud_Existiert (StudId : IdTyp) : BOOLEAN;
  PROCEDURE Stud_SucheStud (Name : ARRAY OF CHAR;
                             VAR StudId : IdTyp);
  PROCEDURE Stud_AendAdr   (StudId : IdTyp;
                             Adresse : ARRAY OF CHAR);
  PROCEDURE Stud_AendTel   (StudId : IdTyp;
                             Telefon : ARRAY OF CHAR);
  PROCEDURE Stud_AendGrad  (StudId : IdTyp);

  TYPE FehlerTyp = (KeinFehler,IdDoppelt,NichtGefunden);

  PROCEDURE Stud_Fehler () : FehlerTyp;

END Stud.
```

Implementierung

Die Klasse *UniMenge* wird als abstrakter Datentyp implementiert. Ihr wird als Datenstruktur für die aus Elementen bestehende Menge eine einfach verkettete Liste mit dynamisch erzeugten Elementen (analog zur Liste in Beispiel 2-2) zugrundegelegt .

```
IMPLEMENTATION MODULE UniMenge;

  FROM Storage IMPORT ALLOCATE,DEALLOCATE;

  TYPE ElZeiger = POINTER TO ElRec;
       ElRec    = RECORD
         Inhalt : ADDRESS;
         Nach   : ElZeiger
       END (* ElRec *);
```

```
        Menge = POINTER TO MRec;
        MRec  = RECORD
          Kopf : ElZeiger;
          Iter : ElZeiger
        END (* MRec *);

   PROCEDURE Enthalten (M : Menge; A : ADDRESS) : BOOLEAN;
     VAR P,Q : ElZeiger;
     BEGIN
       P := M^.Kopf; Q := NIL;
       WHILE (P # NIL) & (P^.Inhalt # A) DO
         Q := P; P := P^.Nach
       END (* WHILE *);
       IF (P # NIL) & (Q # NIL) THEN
         Q^.Nach := P^.Nach;
         P^.Nach := M^.Kopf;
         M^.Kopf := P
       END (* IF *);
       RETURN P # NIL
     END Enthalten;

   PROCEDURE Eintragen (M : Menge; A : ADDRESS);
     VAR P : ElZeiger;
     BEGIN
       IF A # NIL THEN
         NEW (P); P^.Inhalt := A;
         P^.Nach := M^.Kopf;
         M^.Kopf := P
       END (* IF *)
     END Eintragen;

 END UniMenge.
```

Die Klasse *Studenten* wird als Datenkapsel implementiert. Die Operationen (Prozeduren) zur Generierung bzw. Manipulierung von Objekten der Klasse STUDENT (Modul STUDENT) werden in den Implementationsmodul *Studenten* integriert. Die als Basisstruktur verwendete Datenstruktur *UniMenge* bzw. ihre Operationen werden von dem Implementationsmodul *Studenten* importiert. Die Klasse *Studenten* stellt eine Spezialisierung der Klasse *UniMenge* dar. Sie basiert auf der Datenstruktur der Klasse *UniMenge* (Bild 2-11), diese wird durch Hinzufügen von Datenstrukturen (Objekten) aus der Klasse STUDENT spezialisiert (Bild 2-12).

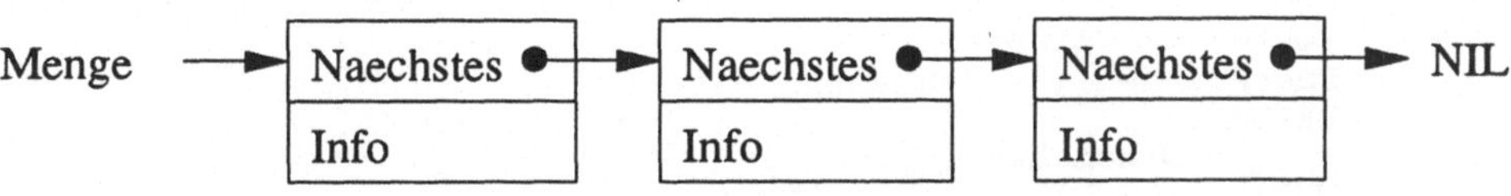

Bild 2-11 Datenstruktur der Klasse UniMenge

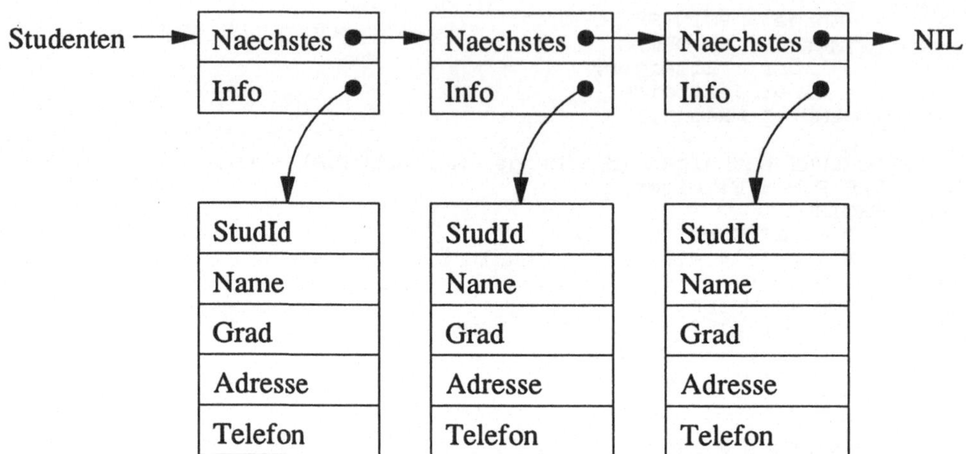

Bild 2-12 Datenstruktur der Klasse Studenten

```
IMPLEMENTATION MODULE Stud;

  FROM Storage  IMPORT ALLOCATE,DEALLOCATE;
  FROM Str      IMPORT Compare,Copy,Delete;
  FROM IO       IMPORT WrStr,RdChar;
  FROM UniMenge IMPORT Menge,Eintragen,Entfernen,Ruecksetzen,
                       Naechster,InitMenge;

  TYPE StudTyp = POINTER TO StudRec;
       StudRec = RECORD
         StudId  : IdTyp;
         Name    : String;
         Grad    : GradTyp;
         Adresse : String;
         Telefon : String
       END (* StudRec *);

  VAR Fehler    : FehlerTyp;
      Studenten : Menge;

  PROCEDURE SucheStud (StudId : IdTyp) : StudTyp;
    VAR P : StudTyp;
    BEGIN
      Fehler := KeinFehler;
      Ruecksetzen (Studenten);
      REPEAT
        P := Naechster (Studenten)
      UNTIL (P = NIL) OR (P^.StudId = StudId);
      RETURN P
    END SucheStud;

  PROCEDURE Stud_Eintragen (StudId : IdTyp) : StudTyp;
    VAR S : StudTyp;
    BEGIN
      IF NOT Stud_Existiert (StudId) THEN
        NEW (S); Stud_Eingeben (S);
```

```
          Eintragen (Studenten,S)
        ELSE
          Fehler := IdDoppelt
        END (* IF *);
        RETURN S
      END Stud_Eintragen;

    PROCEDURE Stud_Existiert (StudId : IdTyp) : BOOLEAN;
      VAR P : StudTyp;
      BEGIN
        P := SucheStud (StudId);
        RETURN P # NIL
      END Stud_Existiert;

    PROCEDURE Stud_AendAdr (StudId : IdTyp;
                            Adresse : ARRAY OF CHAR);
      VAR P : StudTyp;
      BEGIN
        P := SucheStud (StudId);
        IF P # NIL
          THEN Copy (P^.Adresse,Adresse)
          ELSE Fehler := NichtGefunden
        END (* IF *)
      END Stud_AendAdr;

  BEGIN
    Fehler    := KeinFehler;
    Studenten := InitMenge ()
  END Stud.
```

Beispiel 2-9

Aufgabenstellung

Zur Erfassung der an einer Universität stattfindenden Vorlesungen ist eine Klasse *Vorlesungen* zu entwerfen. Jede Vorlesung soll durch ein Objekt der Klasse KURSUS, ein Objekt der Klasse DOZENT (siehe Beispiel 2-7) und ein Merkmal *Ort* gekennzeichnet werden. Das Merkmal *Ort* soll außer dem Raum noch den Wochentag und die Zeit für den Vorlesungsbeginn enthalten. Alle aus der Klasse KURSUS erzeugten Objekte werden als Menge zusammengefaßt und durch die Klasse *Kurse* beschrieben (analog Beispiel 2-8). Entsprechend beschreibt die Klasse *Dozenten* die Menge aller Objekte aus der Klasse DOZENT. Für die Definition der neuen Klasse *Vorlesungen* bietet sich deshalb eine Aggregation der Merkmale eines Objektes aus der Klasse *Kurse*, eines Objektes aus der Klasse *Dozenten* und dem Merkmal *Ort* an.

Entwurf

Die Klassen *Dozenten* bzw. *Kurse* werden durch die im Bild 2-13 und Bild 2-14 enthaltenen Merkmale und Operationen beschrieben:

Klasse : **Dozenten**	
Operationen :	*Merkmale :*
– Doz_Eintragen	– DozId
– Doz_Austragen	– Name
– Doz_Eingeben	– Rang
– Doz_Ausgeben	– Gebiet
– Doz_Existiert	
– Doz_SucheDoz	
– Doz_AendRang	
– Doz_AendGebiet	

Bild 2-13 Klasse Dozenten

Klasse : **Kurse**	
Operationen :	*Merkmale :*
– Kurs_Eintragen	– KursId
– Kurs_Austragen	– Titel
– Kurs_Eingeben	– Stufe
– Kurs_Ausgeben	– Personen
– Kurs_Existiert	
– Kurs_SucheTitel	
– Kurs_AendStufe	
– Kurs_AendPers	

Bild 2-14 Klasse Kurse

Die Merkmale *DozId* bzw. KursId werden als Identifikatoren der betreffenden Objekte eingeführt, um die Aggregation der Merkmale von Objekten dieser Klasse vorzunehmen.

Die Merkmale und Operationen der Klasse *Vorlesungen* sind im Bild 2-15 dargestellt.

Die Aggregation wird durch Aufnahme der Merkmale *KursId*, *DozId* und *Ort* in die Merkmale der Klasse *Vorlesungen* realisiert. Die Aufnahme des Identifikators *VorlId* als Merkmal dient als Basis für den Aufbau von Beziehungen zwischen Objekten der Klasse *Vorlesungen* und Objekten anderer Klassen.

Der Datentyp des Merkmals *Ort* wird, um die Anforderungen der Aufgabenstellung zu erfüllen, folgendermaßen definiert:

```
TYPE OrtsTyp = RECORD
       Tag  : (Mo,Di,Mi,Do,Fr,Sa,So);
       Zeit : [9..16];
       Raum : String;
     END;
```

Klasse : **Vorlesungen**	
Operationen :	*Merkmale :*
– Vorl_Eintragen	– VorlId
– Vorl_Entfernen	– KursId
– Vorl_Eingeben	– DozId
– Vorl_Ausgeben	– Ort
– Vorl_Existiert	
– Vorl_Selektieren	
– Vorl_Verschieben	
– Vorl_KursLoeschen	
– Vorl_NeuerDoz	
– Vorl_ErsetzeDoz	
– Vorl_DozVerplant	
– Vorl_KursGeplant	
– Vorl_RaumFrei	

Bild 2-15 Klasse Vorlesungen

Der die Klasse *Vorlesungen* beschreibende Definitionsmodul enthält außer den Operationen dieser Klasse auch die Operationen der zur Aggregation verwendeten Klassen *Kurse* und *Dozenten.*

```
DEFINITION MODULE Vorl;

  FROM UniMenge IMPORT String,IdTyp;

  (* KLASSE Dozenten: *)

  TYPE RangTyp = (AssProf,AoProf,OrdProf);
       GebTyp  = (Betriebssyst,Compiler,Datenbank,Rechnerarch);
       DozTyp;    (* Versteckter Typ *)

       (* DozTyp = POINTER TO DozRec;
          DozRec = RECORD
            DozId  : IdTyp;
            Name   : String;
            Rang   : RangTyp;
            Gebiet : GebTyp;
          END; *)
```

```
     FehlerTyp = (KeinFehler,IdDoppelt,KeinDoz,KeinKurs,
                  NichtGefunden,NichtAnwendbar,RaumBelegt);

PROCEDURE Doz_Eintragen    (DozId : IdTyp) : DozTyp;
PROCEDURE Doz_Austragen    (DozId : IdTyp);
PROCEDURE Doz_Eingeben     (D : DozTyp);
PROCEDURE Doz_Ausgeben     (D : DozTyp);
PROCEDURE Doz_Existiert    (DozId : IdTyp) : BOOLEAN;
PROCEDURE Doz_SucheDoz     (Name : ARRAY OF CHAR;
                            VAR DozId : IdTyp);
PROCEDURE Doz_SucheGebiet  (Gebiet  : GebTyp;
                            VAR DozId : IdTyp);
PROCEDURE Doz_AendRang     (DozId : IdTyp; Rang : RangTyp);


(* KLASSE Kurse: *)

TYPE KursTyp;  (* Versteckter Typ *)

     (* KursTyp = POINTER TO KursRec;
        KursRec = RECORD
          KursId   : IdTyp;
          Titel    : String;
          Stufe    : String;
          Personen : CARDINAL
        END; *)

PROCEDURE Kurs_Eintragen   (KursId : IdTyp) : KursTyp;
PROCEDURE Kurs_Austragen   (KursId : IdTyp);
PROCEDURE Kurs_Eingeben    (K : KursTyp);
PROCEDURE Kurs_Ausgeben    (K : KursTyp);
PROCEDURE Kurs_Existiert   (KursId : IdTyp) : BOOLEAN;
PROCEDURE Kurs_SucheTitel  (Titel : ARRAY OF CHAR;
                            VAR KursId : IdTyp);
PROCEDURE Kurs_AendStufe   (KursId : IdTyp;
                            Stufe : ARRAY OF CHAR);
PROCEDURE Kurs_AendPers    (KursId : IdTyp;
                            Personen : CARDINAL);


(* KLASSE Vorlesungen: *)

TYPE OrtsTyp = RECORD
       Tag  : (Mo,Di,Mi,Do,Fr);
       Zeit : [9..16];
       Raum : String
     END (* OrtsTyp *);

     VorlTyp;    (* Versteckter Typ *)

     (* VorlTyp = POINTER TO VorlRec;
        VorlRec = RECORD
          VorlId  : IdTyp;
          KursId  : IdTyp;
          DozId   : IdTyp;
          Ort     : OrtsTyp
        END; *)

PROCEDURE Vorl_Eintragen    (VorlId : IdTyp) : VorlTyp;
PROCEDURE Vorl_Austragen    (VorlId : IdTyp);
PROCEDURE Vorl_Eingeben     (V : VorlTyp);
```

```
    PROCEDURE Vorl_Ausgeben      (V : VorlTyp);
    PROCEDURE Vorl_Existiert     (VorlId : IdTyp) : BOOLEAN;
    PROCEDURE Vorl_Selektieren   (VAR VorlId : IdTyp);
    PROCEDURE Vorl_Verschieben   (VorlId : IdTyp; Ort : OrtsTyp);
    PROCEDURE Vorl_KursLoeschen  (KursId : IdTyp);
    PROCEDURE Vorl_ErsetzeDoz    (AlterDoz,NeuerDoz : IdTyp);
    PROCEDURE Vorl_DozVerplant   (DozId : IdTyp) : BOOLEAN;
    PROCEDURE Vorl_KursGeplant   (KursId : IdTyp) : BOOLEAN;
    PROCEDURE Vorl_NeuerDoz      (KursId,DozId : IdTyp);
    PROCEDURE Vorl_RaumFrei      (Ort : OrtsTyp) : BOOLEAN;

    PROCEDURE Vorl_Fehler        () : FehlerTyp;

  END Vorl.
```

Implementierung

Die Implementierung der Klassen *Kurse* und *Dozenten* als Menge von Objekten erfolgt in völliger Analogie zu der Klasse *Studenten* (Beispiel 2-8). Die Implementierung der Klasse *Vorlesungen* ist auszugsweise dargestellt, der vollständige Quelltext ist auf der Programmdiskette enthalten.

```
  IMPLEMENTATION MODULE Vorl;

    FROM Storage  IMPORT ALLOCATE,DEALLOCATE;
    FROM Str      IMPORT Compare,Copy,Delete,Length;
    FROM IO       IMPORT WrStr,RdChar;
    FROM UniMenge IMPORT Menge,Eintragen,Entfernen,Ruecksetzen,
                         Naechster,InitMenge;

    (* KLASSE Dozenten: *)

    TYPE DozTyp = POINTER TO DozRec;
         DozRec = RECORD
           DozId  : IdTyp;
           Name   : String;
           Rang   : RangTyp;
           Gebiet : GebTyp;
         END;

    VAR  Fehler   : FehlerTyp;
         Dozenten : Menge;

    PROCEDURE Doz_Eintragen (DozId : IdTyp) : DozTyp;
      VAR P : DozTyp;
      BEGIN
        IF NOT Doz_Existiert (DozId) THEN
          NEW (P); Doz_Eingeben (P);
          Eintragen (Dozenten,D)
        ELSE
          Fehler := IdDoppelt
        END (* IF *)
      END Doz_Eintragen;

    (* KLASSE Kurse: *)

    TYPE KursTyp = POINTER TO KursRec;
```

```
     KursRec = RECORD
       KursId    : IdTyp;
       Titel     : String;
       Stufe     : String;
       Personen : CARDINAL
     END;

VAR  Kurse : Menge;

PROCEDURE Kurs_AendPers (KursId : IdTyp;
                         Personen : CARDINAL);
  VAR P : KursTyp;
  BEGIN
    P := SucheKurs (KursId);
    IF P # NIL
      THEN P^.Personen := Personen
      ELSE Fehler := NichtGefunden
    END (* IF *)
  END Kurs_AendPers;

(* KLASSE Vorlesungen: *)

TYPE VorlTyp = POINTER TO VorlRec;
     VorlRec = RECORD
       VorlId  : IdTyp;
       KursId  : IdTyp;
       DozId   : IdTyp;
       Ort     : OrtsTyp
     END;

VAR  Vorlesungen : Menge;

PROCEDURE SucheVorl (VorlId : IdTyp) : VorlTyp;
  VAR P : VorlTyp;
  BEGIN
    Fehler := KeinFehler;
    Ruecksetzen (Vorlesungen);
    REPEAT
      P := Naechster (Vorlesungen)
    UNTIL (P = NIL) OR (P^.VorlId = VorlId);
    RETURN P
  END SucheVorl;

PROCEDURE Vorl_Existiert (VorlId : IdTyp) : BOOLEAN;
  VAR P : VorlTyp;
  BEGIN
    P := SucheVorl (VorlId);
    RETURN P # NIL
  END Vorl_Existiert;

PROCEDURE Vorl_NeuerDoz (KursId,DozId : IdTyp);
  VAR P : VorlTyp;
  BEGIN
    Ruecksetzen (Vorlesungen);
    P := Naechster (Vorlesungen);
    WHILE P # NIL DO
      IF P^.KursId = KursId
        THEN P^.DozId := DozId
      END (* IF *);
      P := Naechster (Vorlesungen)
    END (* WHILE *)
```

```
    END Vorl_NeuerDoz;

BEGIN
  Fehler       := KeinFehler;
  Dozenten     := InitMenge ();
  Kurse        := InitMenge ();
  Vorlesungen := InitMenge ()
END Vorlesungen.
```

Als weiteres Beispiel für die objektbasierte Programmierung werden Objekte, die mit der Buchung von Flügen zu tun haben und zwischen denen bestimmte Beziehungen bestehen, untersucht.

Beispiel 2-10

Aufgabenstellung

Folgende Objekte sind bei der Buchung Flügen von Bedeutung: Passagiere, Flüge, Abflüge und Buchungen. Objekte sollen als Exemplare der entsprechenden Klassen erzeugt werden. Klassen sind:

- **PASSAGIER** – charakterisiert durch Name, Adresse, Telefon, Anzahl der Buchungen
- **FLUG** – charakterisiert durch den Abflugs- und Ankunftsort sowie die Tage, an denen Flüge stattfinden
- **ABFLUG** – charakterisiert durch den Flug, das Flugdatum, Abflugs- und Ankunftszeit und das Flugzeug
- **BUCHUNG** – charakterisiert durch einen Passagier, einen Abflug, den Status und das Verfallsdatum

Zur Beschreibung der Beziehungen innerhalb des Programmes wird jeder Klasse ein Identifikator zugeordnet.

Objekte der Klasse ABFLUG enthalten Merkmale eines Objektes aus der Klasse FLUG (Aggregation) und Objekte der Klasse BUCHUNG Merkmale von Objekten aus den Klassen PASSAGIER und ABFLUG (Aggregation).

Die zwischen den Klassen aufgrund ihrer Merkmale bestehenden Beziehungen können graphisch dargestellt werden (Bild 2-16).

Alle aus einer Klasse PASSAGIER erzeugten Objekte werden als eine Menge zusammengefaßt und durch die Klasse *Passagiere* beschrieben. Entsprechend werden die Objekte aus den Klassen FLUG, ABFLUG bzw. BUCHUNG durch die Klassen *Fluege*, *Abfluege* und *Buchungen* charakterisiert.

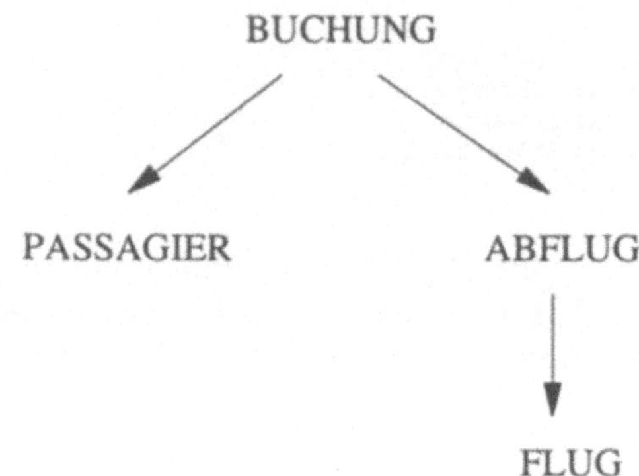

Bild 2-16 Beziehungen zwischen Klassen

Bei der Durchführung von Buchungen sind komplexe Operationen mit Objekten aus der Klasse *Buchungen* durchzuführen. Diese führen gegebenenfalls zum Zugriff auf bzw. zur Veränderung des Zustandes von Objekten aus den Klassen *Passagiere*, *Fluege*, *Abfluege* bzw. *Buchungen.* Dazu müssen sowohl die beteiligten Objekte ausgewählt als auch die komplexen Operationen auf einfachere Operationen zurückgeführt werden. Einige Beispiele für komplexe Operationen sind (in Klammern sind die beteiligten Objekte angegeben):

1. Auswahl einer Vorbestellung für einen vorgegebenen Passagier und einen vorgegebenen Abflug (*Passagiere, Buchungen, Abfluege*)
2. Eintragen einer Vorbestellung für einen vorgegebenen Passagier und einen vorgegebenen Abflug (*Passagiere, Buchungen, Abfluege*)
3. Streichen (Entfernen) einer Vorbestellung für einen vorgegebenen Passagier und einen vorgegebenen Abflug (*Passagiere, Buchungen, Abfluege*)
4. Verändern einer Vorbestellung für einen vorgegebenen Passagier und einen vorgegebenen Abflug (*Passagiere, Buchungen, Abfluege*)
5. Streichen (Entfernen) eines Abflugs (*Abfluege, Buchungen, Passagiere*)
6. Streichen (Entfernen) eines Fluges (*Fluege, Abfluege, Buchungen,Passagiere*)
7. Ausgeben einer Liste der Passagiere für einen vorgegebenen Abflug (*Abfluege, Buchungen, Passagiere*)

Als Beispiel dafür, wie sich eine komplexe Operation auf die verschiedenen beteiligten Objekte auswirkt, wird die Operation 6 betrachtet:

1. Flug streichen ⟶ ein Objekt der Klasse *Fluege* entfernen

2. Streichen aller Abflüge mit diesem Flug → Objekte der Klasse *Abfluege* entfernen

3. Streichen aller Vorbestellungen mit diesen Abflügen → Objekte der Klasse *Buchungen* entfernen

4. Bei allen Passagieren mit dieser Vorbestellung die Anzahl der Buchungen um 1 verringern, alle Passagiere mit keiner Buchung streichen → Objekte der Klasse *Passagiere* verändern, gegebenenfalls entfernen

Weiterhin muß bei Veränderung des Zustandes von Objekten durch Operationen gesichert werden, daß keine Konsistenzverletzungen, das heißt, keine Widersprüche zwischen den durch das Programm erzeugten Zuständen (Merkmalswerten) und dem realen Buchungsvorgang, auftreten.

Entwurf

Die Klassen *Passagiere*, *Fluege*, *Abfluege* und *Buchungen* werden durch die in dem folgenden Definitionsmodul enthaltenen Operationen und den als Kommentar dargestellten Merkmalen spezifiziert:

```
DEFINITION MODULE Flughafen;

  FROM UniMenge IMPORT String,IdTyp;

  TYPE TagTyp   = (Mo,Di,Mi,Do,Fr,Sa,So);
       TagMenge = SET OF TagTyp;

       FehlerTyp = (KeinFehler,NichtGefunden,IdDoppelt,KeinAbfl,
                    KeinPass,KeinFlug);

  (* KLASSE Fluege: *)

  TYPE FlugTyp;    (* Versteckter Typ *)

       (* FlugTyp = POINTER TO FlugRec;
          FlugRec  = RECORD
            FlugId : IdTyp;
            Start  : String;
```

```
        Ziel    : String;
        Tage    : TagMenge
      END; *)

    FlugSel  = PROCEDURE (FlugTyp) : BOOLEAN;

PROCEDURE Flug_Eintragen (FlugId : IdTyp) : FlugTyp;
PROCEDURE Flug_Austragen (FlugId : IdTyp);
PROCEDURE Flug_Eingeben  (F : FlugTyp);
PROCEDURE Flug_Ausgeben  (F : FlugTyp);
PROCEDURE Flug_Existiert (FlugId : IdTyp) : BOOLEAN;
PROCEDURE Flug_SucheFlug (Proz : FlugSel; VAR FlugId : IdTyp);
PROCEDURE Flug_AendTage  (FlugId : IdTyp; Tage : TagMenge);

(* Klasse Abfluege: *)

TYPE AbflTyp;   (* Versteckter Typ *)

    (* AbflTyp = POINTER TO AbflRec;
       AbflRec  = RECORD
         AbflId   : IdTyp;
         FlugId   : IdTyp;
         Flugzeug : String;
         Datum    : String;
         AbZeit   : String;
         AnZeit   : String
       END; *)

    AbflSel = PROCEDURE (AbflTyp) : BOOLEAN;

PROCEDURE Abfl_Eintragen    (AbflId : IdTyp) : AbflTyp;
PROCEDURE Abfl_Austragen    (AbflId : IdTyp);
PROCEDURE Abfl_Eingeben     (A : AbflTyp);
PROCEDURE Abfl_Ausgeben     (A : AbflTyp);
PROCEDURE Abfl_Existiert    (AbflId : IdTyp) : BOOLEAN;
PROCEDURE Abfl_SucheAbfl    (Proz : AbflSel;
                             VAR AbflId : IdTyp);
PROCEDURE Abfl_AendDatum    (AbflId : IdTyp;
                             Datum : ARRAY OF CHAR);
PROCEDURE Abfl_AendZeit     (AbflId : IdTyp;
                             Ab,An : ARRAY OF CHAR);
PROCEDURE Abfl_FlugLoeschen (FlugId : IdTyp);

(* KLASSE Passagiere: *)

TYPE PassTyp;   (* Versteckter Typ *)

    (* PassTyp = POINTER TO PassRec;
       PassRec  = RECORD
         PassId  : IdTyp;
         Name    : String;
         Adresse : String;
         Telefon : String;
         AnzBuch : INTEGER
       END; *)

    PassSel = PROCEDURE (PassTyp) : BOOLEAN;

PROCEDURE Pass_Eintragen (PassId : IdTyp) : PassTyp;
PROCEDURE Pass_Austragen (PassId : IdTyp);
PROCEDURE Pass_Eingeben  (P : PassTyp);
```

```
   PROCEDURE Pass_Ausgeben  (P : PassTyp);
   PROCEDURE Pass_Existiert (PassId : IdTyp) : BOOLEAN;
   PROCEDURE Pass_SuchePass (Proz : PassSel; VAR PassId : IdTyp);
   PROCEDURE Pass_AendAdr   (PassId : IdTyp;
                             Adresse : ARRAY OF CHAR);
   PROCEDURE Pass_AendTel   (PassId : IdTyp;
                             Telefon : ARRAY OF CHAR);
   PROCEDURE Pass_AendAnz   (PassId : IdTyp; Diff : INTEGER);

   (* Klasse Buchungen: *)

   TYPE BuchTyp;    (* Versteckter Typ *)

         (* BuchTyp = POINTER TO BuchRec;
            BuchRec  = RECORD
              BuchId  : IdTyp;
              PassId  : IdTyp;
              AbflId  : IdTyp;
              Status  : String;
              Verfall : String
            END; *)

        BuchSel = PROCEDURE (BuchTyp) : BOOLEAN;

   PROCEDURE Buch_Eintragen    (BuchId : IdTyp) : BuchTyp;
   PROCEDURE Buch_Austragen    (BuchId : IdTyp);
   PROCEDURE Buch_Eingeben     (B : BuchTyp);
   PROCEDURE Buch_Ausgeben     (B : BuchTyp);
   PROCEDURE Buch_Existiert    (BuchId : IdTyp) : BOOLEAN;
   PROCEDURE Buch_SucheBuch    (Proz : BuchSel;
                                VAR BuchId : IdTyp);
   PROCEDURE Buch_AendStatus   (BuchId : IdTyp;
                                Status  : ARRAY OF CHAR);
   PROCEDURE Buch_AendVerfall  (BuchId : IdTyp;
                                Verfall : ARRAY OF CHAR);
   PROCEDURE Buch_AendPass     (BuchId : IdTyp; Neuer : IdTyp);
   PROCEDURE Buch_AbflLoeschen (AbflId : IdTyp);
   PROCEDURE Buch_PassLoeschen (PassId : IdTyp);

   PROCEDURE Flughafen_Fehler () : FehlerTyp;

 END Flughafen.
```

Jede Klasse enthält, um die Objekte der Klasse eindeutig identifizieren zu können, einen Klassenidentifikator. Die Merkmale *FlugId*, *AbflugId*, *PassId*, *BuchId* dienen als Klassenidentifikatoren.

Die Beziehung zwischen einem Objekt der Klasse *Fluege* und einem Objekt der Klasse *Abfluege* wird durch Aufnahme des Klassenidentifikators von Fluege, *FlugId*, als Merkmal in die Klasse Abfluege hergestellt. Zur Beschreibung von Beziehungen sind in der Klasse *Buchungen* als Merkmale *PassId* und *AbflugId* enthalten.

Implementierung

Die Implementierung ist auszugsweise dargestellt, der vollständige Quelltext ist auf der Programmdiskette enthalten.

```
IMPLEMENTATION MODULE Flughafen;

  FROM Storage  IMPORT ALLOCATE,DEALLOCATE;
  FROM Str      IMPORT Copy,Delete;
  FROM UniMenge IMPORT Menge,Eintragen,Entfernen,Ruecksetzen,
                       Naechster,InitMenge;

  (* KLASSE Fluege: *)

  TYPE FlugTyp = POINTER TO FlugRec;
       FlugRec  = RECORD
         FlugId : IdTyp;
         Start  : String;
         Ziel   : String;
         Tage   : TagMenge
       END (* FlugRec *);

  VAR Fehler : FehlerTyp;
      Fluege : Menge;

  PROCEDURE SucheFlug (FlugId : IdTyp) : FlugTyp;
    VAR P : FlugTyp;
    BEGIN
      Fehler := KeinFehler;
      Ruecksetzen (Fluege);
      REPEAT
        P := Naechster (Fluege)
      UNTIL (P = NIL) OR (P^.FlugId = FlugId);
      RETURN P
    END SucheFlug;

  PROCEDURE Flug_Tage (FlugId : IdTyp; Tage : TagMenge);
    VAR P : FlugTyp;
    BEGIN
      P := SucheFlug (FlugId);
      IF P # NIL
        THEN P^.Tage := Tage
        ELSE Fehler  := NichtGefunden
      END (* IF *)
    END Flug_Tage;

  (* KLASSE Abfluege: *)

  TYPE AbflTyp = POINTER TO AbflRec;
       AbflRec  = RECORD
         AbflId   : IdTyp;
         FlugId   : IdTyp;
         Flugzeug : String;
         Datum    : String;
         AbZeit   : String;
         AnZeit   : String
       END (* AbflRec *);
```

```
VAR Abfluege : Menge;

PROCEDURE Abfl_Suchen (Proz : AbflSel; VAR AbflId : IdTyp);
  VAR P : AbflTyp;
  BEGIN
    Fehler := KeinFehler;
    Delete (AbflId,0,10);
    Ruecksetzen (Abfluege);
    REPEAT
      P := Naechster (Abfluege)
    UNTIL (P = NIL) OR Proz (P);
    IF P # NIL
      THEN AbflId := P^.AbflId
      ELSE Fehler := NichtGefunden
    END (* IF *)
  END Abfl_Suchen;

(* KLASSE Passagiere: *)

TYPE PassTyp  = POINTER TO PassRec;
     PassRec  = RECORD
       PassId  : IdTyp;
       Name    : String;
       Adresse : String;
       Telefon : String;
       AnzBuch : INTEGER
     END (* PassRec *);

VAR Passagiere : Menge;

PROCEDURE Pass_Eintragen (PassId : IdTyp) : PassTyp;
  VAR P : PassTyp;
  BEGIN
    IF NOT Pass_Existiert (PassId) THEN
      NEW (P); Pass_Eingeben (P);
      Eintragen (Passagiere,P)
    ELSE
      Fehler := IdDoppelt
    END (* IF *)
  END Pass_Eintragen;

(* KLASSE Buchungen: *)

TYPE BuchTyp  = POINTER TO BuchRec;
     BuchRec  = RECORD
       BuchId  : IdTyp;
       PassId  : IdTyp;
       AbflId  : IdTyp;
       Status  : String;
       Verfall : String
     END (* BuchRec *);

VAR Buchungen : Menge;

PROCEDURE Buch_Eintragen (BuchId : IdTyp) : BuchTyp;
  VAR P : BuchTyp;
  BEGIN
    IF Buch_Existiert (BuchId) THEN
      Fehler := IdDoppelt
    ELSE
      NEW (P); Buch_Eingeben (P);
```

```
          IF NOT Pass_Existiert (P^.PassId) THEN
            Fehler := KeinPass
          ELSIF NOT Abfl_Existiert (P^.AbflId) THEN
            Fehler := KeinAbfl
          END (* IF *);
          IF Fehler = KeinFehler THEN
            Eintragen (Buchungen,P);
            Pass_AendAnz (P^.PassId,+1)
          ELSE
            DISPOSE (P)
          END (* IF *)
        END (* IF *)
      END Buch_Eintragen;

    PROCEDURE Flughafen_Fehler () : FehlerTyp;
      BEGIN
        RETURN Fehler
      END Flughafen_Fehler;

  BEGIN
    Fehler     := KeinFehler;
    Fluege     := InitMenge ();
    Abfluege   := InitMenge ();
    Passagiere := InitMenge ();
    Buchungen  := InitMenge ()
  END Buchungen.
```

2.4 Zusammenfassung

- Eine Datenkapsel dient zur Aufbewahrung von Daten.

- Ein Datenkapselmodul stellt Operationen in Form von Prozeduren bzw. Funktionsprozeduren bereit. Mit den Operationen kann der Zugriff auf die dem Nutzer verborgene abstrakte Datenstruktur erfolgen. Durch Schreiboperationen können Werte in die Datenstruktur eingetragen werden; die enthaltenen Werte definieren einen Zustand. Durch Leseoperationen werden der Zustand bzw. die eingetragenen Werte ermittelt.

- Ein Datentypmodul stellt Operationen zur Erzeugung von Exemplaren eines abstrakten Datentyps und Zugriffsoperationen für die Exemplare zur Verfügung. Die Exemplare sind Datenkapseln; ihnen liegt die gleiche, durch den abstrakten Datentyp festgelegte abstrakte Datenstruktur zugrunde. Die Zugriffsoperationen ermöglichen die Arbeit mit der abstrakten Datenstruktur.

- Typische Anwendungen von Datenkapseln bzw. von abstrakten Datentypen sind Software-Realisierungen von Speichern unterschiedlicher Organisationsformen und endliche abstrakte Automaten.

- Listen sind ein grundlegendes Konzept zur Implementierung von Speichern. Eine lineare Liste ist eine verkettete Folge von Elementen. Jedes Element ist Träger eines bzw. mehrerer Datenwerte. Die Verkettung der Elemente erfolgt durch Verweise (Zeiger). In einfach verketteten Listen enthält jedes Element nur einen einzigen Verweis auf das Nachfolgeelement, in mehrfach verketteten Listen hat jedes Element Verweise auf mehr als ein Nachfolgeelement. Listenoperationen dienen zum Eintragen, Streichen, Suchen bzw. Umordnen von Werten in Listen.

- Auf der Grundlage des Listenkonzepts können auch andere Speicher wie Keller, Schlange bzw. Baum als Datenkapsel bzw. abstrakter Datentyp implementiert werden.

- Datenkapseln bzw. abstrakte Datentypen werden auf der Grundlage des Modulkonzeptes entworfen und implementiert; sie stellen wiederverwendbare Programmbausteine dar.

- Bei der objektbasierten Programmierung wird in der Analyse- und Entwurfsphase von Software der Problembereich als eine Sammlung von zusammenarbeitenden Objekten betrachtet. Jedes Objekt besitzt spezifische Merkmale (Daten) und ein Verhalten (Operationen). Die Merkmalswerte definieren einen Objektzustand, der durch die Operationen ermittelt bzw. verändert werden kann. Die Strukturierung bzw. Implementierung des Programmes erfolgt auf der Grundlage der Objekte.

- Da die Objekte durch Exemplare abstrakter Datentypen implementiert werden, wird anstelle *objektbasierter Programmierung* auch von *Programmierung mit abstrakten Datentypen* gesprochen. Der abstrakte Datentyp beschreibt eine Klasse, aus der Objekte, die durch gleiche Merkmale und gleiches Verhalten gekennzeichnet sind, abgeleitet werden können.

- Im Gegensatz zur objekt*orientierten* Programmierung sind bei der objekt*basierten* Programmierung keine Klassenhierarchien mit Vererbungsbeziehungen bildbar. Auch die Konzepte des dynamischen Bindens bzw. des Polymorphismus sind mit abstrakten Datentypen nicht realisierbar.

- Die Methodik des objektbasierten Entwurfs und der objektbasierten Programmierung ist eine Weiterentwicklung der prozeduralen bzw. modularen Methodik bei der Softwareentwicklung.

2.5 Übungsaufgaben

1. In den Beispielen 2-1 bis 2-6 werden Datenkapseln bzw. abstrakte Datentypen mit ihren Operationen spezifiziert.

a) Entwickeln Sie zu den in den Beispielen vorgegebenen Definitionsmodulen die zugehörigen Implementationsmodule mit folgenden internen Datenstrukturen:

Beispiel 2-1 : Statische Datenstruktur
Beispiel 2-2 : Dynamische Datenstruktur
Beispiel 2-3 : 1. Statische Datenstruktur
2. Geordnete Liste als dynamische Datenstruktur
Beispiel 2-4 : Geordneter binärer Baum als dynamische Datenstruktur [8, S. 263 ff.]
Beispiel 2-5 : Dynamische Datenstruktur
Beispiel 2-6 : Dynamische Datenstruktur

b) In den Beispielen 2-1, 2-2, 2-3 bzw. 2-6 sollen als Werte

1. Komplexe Zahlen
2. Werte eines Aufzählungstyps

verwendet werden. Modifizieren Sie die Definitionsmodule und entwickeln Sie die zugehörigen Implementationsmodule mit statischer bzw. dynamischer Datenstruktur.

2. a) Es ist ein abstrakter Datentyp UniMenge mit "leeren" Elementen und folgenden Mengenoperationen zu implementieren [8, S. 86 ff.]: *Init_Menge*, *Element_Eintragen*, *Element_Entfernen*, *Element_enthalten_in_M*, *M_Vereinigung*, *M_Differenz*, *M_Durchschnitt*, *M_Symm_Differenz*, *M_Gleichheit*, *M_Ungleichheit*, *M_enthalten_in_M*, *M_enthaelt_M*.

b) Unter Verwendung des abstrakten Datentyps UniMenge und den Mengenoperationen sind abstrakte Datentypen und Mengenoperationen für Mengen mit folgenden Elementewerten zu entwicklen:

1. Positive ganze Zahlen
2. Komplexe Zahlen
3. Werte eines Aufzählungstyps

3. Für eine Bibliothek ist ein Programm zu entwicklen, mit dem Kataloge (Autoren-Werk-Verzeichnisse) auf der Grundlage eines abstrakten Datentyps angelegt und verändert werden können [8, S. 257 ff.].

Jedes Verzeichnis besteht aus einer Liste von Autoren (Name und Vorname jedes Autors). Die Namen sollen lexikographisch geordnet sein. Die Autoren-Liste ist als abstrakter Datentyp zu implementieren. Für jeden Autor ist eine Liste seiner Werke vorzusehen. Jedes Werk soll einen Verweis auf seinen (ersten) Autor enthalten. Wenn ein Werk mehrere Autoren hat, so sind diese dem Werk als Liste mit Verweisen auf die Autoren anzufügen. Die Angaben zum Werk sind wie in Bibliographien aufzunehmen. Die Werkliste ist als abstrakter Datentyp zu implementieren.

Folgende Operationen sind vorzusehen:

- Erzeugen eines leeren Verzeichnisses
- Einfügen eines Autors
- Suchen nach einem vorgegebenen Autor
- Einfügen eines Autors und seines Werks
- Ausgeben aller Werke eines Autors
- Streichen eines Werks eines Autors
- Streichen eines Autors und seiner Werke
- Suchen eines vorgegebenen Werks
- Ausgabe des Autors zu einem vorgegebenen Werk
- Ausgeben des Verzeichnisses
- Ermitteln der Anzahl der enthaltenen Autoren
- Ermitteln der Anzahl der Werke eines Autors
- Ermitteln der Anzahl der enthaltenen Werke

4. Es ist ein Programm für die Arbeit mit Katalogen in einer Bibliothek zu entwickeln. Dabei sollen die Methoden der objektbasierten Programmierung verwendet werden. Als Klassen sind vorzusehen:

- Verzeichnisse (als Menge) mit den Merkmalen VerzId, WerkId, AutorId.
- Werke (als Menge) mit den Merkmalen WerkId, Titel, Verlag, Ort und Jahr.
- Autoren (als Menge) mit den Merkmalen AutorId, Name, Adresse und Telefon

Für die einzelnen Klassen sind unter anderem folgende Operationen zu implementieren:

Objekt_existiert, Objekt_eintragen, Objekt_entfernen, Objekt_suchen, Objekt_eingeben, Objekt_ausgeben, Objekt_loeschen, Suche_Werktitel, Suche_Autorname, Objekt_editieren, Anzahl_Autoren, Anzahl_Werke.

Hinweis: Orientieren Sie sich bei der Entwicklung des Programmes an den Beispielen 2-7, 2-8 und 2-9.

3 Grundlagen der objektorientierten Programmierung

In diesem Kapitel werden die grundlegenden Konzepte der objektorientierten Programmierung erläutert. Dabei werden geometrische Figuren als Objekte und TopSpeed Modula-2 als Implementierungswerkzeug exemplarisch zugrunde gelegt.

3.1 Objekte

Als anschauliche Beispiele für Objekte dienen im folgenden geometrische Figuren wie Punkte, Strecken, Vielecke, Kreise und Ellipsen. Zum Manipulieren der Figuren werden die Operationen Initialisieren, Zeichnen, Einschalten und Ausschalten vorgesehen.

Objekt	Ein Objekt ist eine Zusammenfassung von • *Merkmalen* mit zugeordneten Werten (Daten) • *Methoden* (Operationen) zur Manipulation seiner Daten

Die Merkmale und Methoden bezeichnen wir als *Eigenschaften* des Objektes. Die *Merkmale* einer geometrischen Figur sind beispielsweise ihre *Gestalt*, die *Lage* in einem Koordinatensystem und ihre *Sichtbarkeit* auf dem Bildschirm. Durch die *Methode Initialisieren* kann eine Figur mit bestimmten Merkmalen definiert werden. Die Methode *Einschalten* macht die Figur auf dem Bildschirm sichtbar, die Methode *Ausschalten* macht sie unsichtbar. Dazu verwenden die beiden letztgenannten Methoden die Methode *Zeichnen.*

Jedes Objekt besitzt einen Zustand, ein Verhalten und eine Identität. Der *Zustand* ist durch die Werte seiner Merkmale festgelegt. Sein *Verhalten* wird durch Methoden beschrieben. Sein Zustand kann nur durch eine *Nachricht* an das Objekt verändert werden; die Nachricht veranlaßt das Ausführen einer Methode. Die *Identität* eines

Objektes wird durch den Objektnamen festgelegt; er dient der Unterscheidung dieses Objektes von allen anderen Objekten.

Als Beispiele für Objekte wollen wir ein Dreieck mit dem Namen *Dreieck1*, einen Punkt mit dem Namen *P1* und einen weiteren Punkt mit dem Namen *P2* betrachten. Jedes der drei Objekte soll die Methoden *Initialisieren*, *Einschalten*, *Ausschalten* und *Zeichnen* enthalten. Durch Aktivieren der Methode *Initialisieren* des Objektes *Dreieck1* wird eine Figur definiert, das heißt, den Merkmalen *Gestalt* und *Lage* dieses Objektes werden Werte zugewiesen. Durch Ausführen der Methode *Einschalten* des gleichen Objektes erhält das Merkmal *Sichtbarkeit* den Wert TRUE zugewiesen, und das Objekt wird als Dreieck an der definierten Stelle auf dem Bildschirm sichtbar. Weiterhin kann durch die Methoden *Initialisieren* und nachfolgend *Einschalten* des Objektes *P1* ein Punkt, und durch die gleichen Methoden des Objektes *P2* ein weiterer Punkt auf dem Bildschirm erzeugt werden. Die Merkmale der beiden Punkte besitzen, sofern die Punkte nicht an der gleichen Stelle positioniert sind, unterschiedliche Werte. Mit den Methoden *Ausschalten* des Objektes *Dreieck1* bzw. des Objektes *P1* bzw. *P2* können die geometrischen Figuren auf dem Bildschirm unsichtbar gemacht werden.

3.2 Klassen

Bei der objektorientierten Programmierung erfolgt die Beschreibung der Eigenschaften eines Objektes, das heißt, seiner Merkmale und Methoden, durch eine Klasse. Ein Objekt ist ein Exemplar einer Klasse. Alle Objekte einer Klasse besitzen die gleichen Eigenschaften. Sie enthalten einerseits die gleichen Merkmale und andererseits die gleichen Methoden. Sie können sich durch die *Werte* ihrer Merkmale unterscheiden, auf alle Fälle durch den Objektnamen. Bezogen auf unser Beispiel heißt das, daß alle Figuren der Art Punkt als Objekte einer Klasse *Punkt* betrachtet werden können. Die unterschiedlichen Objekte dieser Klasse unterscheiden sich durch ihre Lage im Koordinatensystem bzw. durch die Sichtbarkeit und ihre Namen. Denkbar sind weiterhin auch die Klassen Strecke, Vieleck, Kreis und Ellipse. Als Beispiel wird der Aufbau der Klasse *Punkt* betrachtet (Bild 3-1).

Klasse : Punkt	
Methoden : – Initialisieren – Zeichnen – Einschalten – Ausschalten	*Merkmale :* – Lage – Sichtbarkeit

Bild 3-1 Klasse Punkt

Die Definition der Klasse *Punkt* erfolgt in der Programmiersprache TopSpeed Modula-2 durch Deklaration eines Typs mit dem Namen *Punkt* unter Verwendung des Schlüsselwortes CLASS in der Form

```
TYPE Punkt = CLASS
       X0,Y0     : LONGREAL;
       Sichtbar : BOOLEAN;
       PROCEDURE Init    (X,Y : LONGREAL);
       PROCEDURE Zeichne ();
       PROCEDURE Ein     ();
       PROCEDURE Aus     ();
     END;
```

Klasse Eine Klasse ist dadurch gekennzeichnet, daß sie

- *Namen* und *Typ* der objektspezifischen Merkmale enthält
- die auf ihre Objekte anwendbaren *Methoden* definiert

Die Syntax der Klassendeklaration ist im Anhang A enthalten.

Ein Objekt mit dem Namen *EinPunkt* als Exemplar der Klasse *Punkt* erhält man durch die Deklaration

```
VAR EinPunkt : Punkt;
```

Dabei wird der Name des Objektes *EinPunkt* festgelegt und mit dem Klassennamen *Punkt* verbunden. Die so definierten Objekte werden statische Objekte genannt, im Gegensatz zu den im Abschnitt 4.3 behandelten dynamischen Objekten.

Analog können weitere Objekte dieser Klasse deklariert werden:

```
VAR NochEinPunkt : Punkt;
```

An Objekte kann die Zuweisung von Objekten aus der gleichen Klasse erfolgen. Weiterhin kann die Gleichheit von Objekten mit Vergleichsausdrücken geprüft werden. Objekte können als Parameter in Prozeduren sowie als Identifikatoren beim Ausführen von Methoden verwendet werden.

Bei Objekten der Klasse *Punkt* werden die objektspezifischen Merkmale durch die Namen der sogenannten Exemplarvariablen *X0*, *Y0* und *Sichtbar* und deren Werte repräsentiert. Die Werte von *X0*, *Y0* definieren die Lage eines Punktes in einem zweidimensionalen Koordinatensystem. Der Boolesche Wert von *Sichtbar* legt einen der beiden Zustände Sichtbar bzw. Unsichtbar für die Darstellung des Punktes auf dem Bildschirm fest.

Die Methoden der Klasse werden durch die Prozedurköpfe *Init*, *Zeichne*, *Ein* und *Aus* definiert. Für die Definition von Methoden können auch Funktionsprozeduren verwendet werden.

Der Zugriff auf bzw. die Veränderung der Werte der Exemplarvariablen eines Objektes sollte nicht direkt möglich sein, sondern nur indirekt durch Objektzuweisung oder durch das Ausführen einer Methode erfolgen. Dem Ausführen einer Methode liegt der gleiche Mechanismus wie dem Prozeduraufruf bei Datenkapseln zugrunde. Die Klassen verkörpern abstrakte Datentypen; Objekte sind Exemplare eines abstrakten Datentyps, sie stellen Datenkapseln dar.

Das Senden einer Nachricht an das Objekt *EinPunkt* bzw. an das Objekt *NochEinPunkt*, und damit das Ausführen einer Methode *Init* bzw. *Ein*, wird als Anweisung in folgender Notation beschrieben:

```
EinPunkt.Init (5,10);
EinPunkt.Ein ();
NochEinPunkt.Init (9,4);
```

Bevor die in einer Klasse definierten Methoden benutzt werden können, müssen die entsprechenden Prozeduren bzw. Funktionsprozeduren vollständig kodiert werden:

```
PROCEDURE Init (X,Y : LONGREAL);
  BEGIN
    X0 := X; Y0 := Y;
    Sichtbar := FALSE
  END Init;

PROCEDURE Zeichne ();
  VAR X,Y : CARDINAL;
  BEGIN
    Proj (X0,Y0,X,Y);
    IF Sichtbar
      THEN Graph.Plot (X,Y,1)
      ELSE Graph.Plot (X,Y,0)
    END (* IF *)
  END Zeichne;

PROCEDURE Ein ();
  BEGIN
    IF NOT Sichtbar THEN
      Sichtbar := TRUE;
      Zeichne ()
    END (* IF *)
  END Ein;

PROCEDURE Aus ();
  BEGIN
    IF Sichtbar THEN
```

```
      Sichtbar := FALSE;
      Zeichne ()
    END (* IF *)
  END Aus;
```

Die Wirkungen der einzelnen Methoden ergeben sich aus ihrem Kode. Alle Methoden nehmen Zugriff auf Merkmale bzw. die Exemplarvariablen *X0*, *Y0* bzw. *Sichtbar* der Klasse *Punkt*. Die in der Methode *Zeichne* enthaltene Prozedur *Proj* wandelt die reellen Werte des Weltkoordinatensystems in CARDINAL-Werte des Bildschirmkoordinatensystems um.

An den Methoden *Ein* bzw. *Aus* ist auch ersichtlich, daß ein Objekt eine Nachricht an sich selbst senden und dadurch auf seine eigenen Methoden zugreifen kann. Der Aufruf der Methode *Zeichne* ist dafür ein Beispiel.

Soll die Verwendung einer klasseneigenen Methode explizit spezifiziert werden, so kann man das Schlüsselwort *SELF* beim Aufruf der Methode voranstellen:

```
SELF.Zeichne ();
```

Die Syntax der Klassenimplementation ist im Anhang A dargestellt.

3.3 Vererbung

Vererbung	Eine neue Klasse wird von einer vorhandenen Klasse als Unterklasse abgeleitet. Dabei *erbt* die Unterklasse von der sogenannten Oberklasse alle Merkmale und Methoden Die Unterklasse kann auch durch Hinzufügen neuer Merkmale bzw. neuer Methoden *erweitert* werden. Eine von der Oberklasse vererbte Methode kann in der Unterklasse hinsichtlich ihrer Wirkung *verändert* bzw. *neudefiniert* werden.

Das Verändern bzw. Neudefinieren einer Methode erfolgt durch Ersetzen durch eine gleichnamige Methode, bzw. genauer, die Neukodierung ihres Prozedurkörpers. Da aus einer Oberklasse mehrere Unterklassen abgeleitet werden können, und jede Unterklasse wieder als Oberklasse einer neuen Unterklasse verwendet werden kann, sind *Klassenhierarchien* mit Vererbungsbeziehungen erzeugbar.

Das Konzept der Vererbung findet Anwendung, wenn eine Ähnlichkeit einer neuzuschaffenden Klasse mit einer vorhandenen Klasse existiert. Das wird durch die Ableitung einer Klasse *Strecke* aus der bereits definierten Klasse *Punkt* demonstriert.

Worin besteht die Ähnlichkeit zwischen der Klasse *Punkt* und einer Klasse *Strecke*? Dazu müssen sowohl die Methoden als auch die Merkmale betrachtet werden. Für Objekte der Klasse *Strecke* werden die gleichen Methoden wie für Objekte der Klasse *Punkt* benötigt, das heißt, die Methoden *Init*, *Zeichne*, *Ein* und *Aus*. Dabei ist aber zu bedenken, daß das Initialisieren bzw. das Zeichnen einer Strecke *auf andere Weise* als bei einem Punkt erfolgt. Geometrische Merkmale einer Strecke, die ihre Gestalt und Lage festlegen, sind zwei Punkte. Da die Klasse *Punkt* als Merkmal bereits *einen* Punkt enthält (*X0,Y0*), muß die Klasse *Strecke* um ein Merkmal Punkt erweitert werden (*X1,Y1*). Das Merkmal *Sichtbar* ist auch für die Klasse *Strecke* erforderlich. Für die Klasse *Strecke* soll eine neue Methode *Laenge* zur Berechnung der Laenge einer Strecke eingeführt werden. Nach diesen Betrachtungen kann die Klasse *Strecke* als Unterklasse der Klasse *Punkt* definiert werden:

```
TYPE Strecke = CLASS (Punkt)
        X1,Y1 : LONGREAL;
        PROCEDURE Init    (XA,YA,XB,YB : LONGREAL);
        PROCEDURE Zeichne ();
        PROCEDURE Laenge  () : LONGREAL;
      END;
```

Durch Angabe des Namens der Oberklasse *Punkt* in runden Klammern hinter dem Schlüsselwort CLASS erbt die Unterklasse *Strecke* alle Eigenschaften, das heißt, die Merkmale und Methoden ihrer Oberklasse *Punkt*. Die Klasse *Strecke* wird um die Variablen *X1, Y1* und die Methode *Laenge* erweitert. Das Hinzufügen neuer Variablen ist hier erforderlich, da Gestalt und Lage einer Strecke durch zwei Punkte (*X0,Y0*),(*X1,Y1*) bestimmt sind. Die Methode *Laenge* zur Ermittlung der Länge einer Strecke (als Funktionsprozedur) ist nur für Objekte der Klasse *Strecke*, jedoch nicht für Punkte sinnvoll. Das Aufführen der bereits in der Oberklasse enthaltenen Methoden *Init* und *Zeichne* bedeutet, daß diese in der Unterklasse *Strecke* hinsichtlich ihrer Wirkung neudefiniert werden sollen, weil das Initialisieren bzw. das Zeichnen einer Strecke anders als bei einem Punkt erfolgen muß. Aus diesem Grund unterscheidet sich auch die Anzahl der formalen Parameter bei der Methode *Init*. In der Klasse *Punkt* enthält die Prozedur *Init* für die Definition eines Punktes zwei Parameter. In der Klasse *Strecke* sind für die Definition von zwei Punkten vier Parameter erforderlich. Die Klasse *Strecke* enthält damit die Variablen *X0,Y0,X1,Y1* und *Sichtbar* sowie die Methoden *Init, Zeichne, Ein, Aus und Laenge.*

Die Syntax der Deklaration von Unterklassen ist im Anhang A enthalten.

Die Kodierung der neudefinierten Methoden ist:

```
PROCEDURE Init (XA,YA,XB,YB : LONGREAL);
  BEGIN
    X1 := XB; Y1 := YB;
    Punkt.Init (XA,YA)
  END Init;

PROCEDURE Zeichne ();
  VAR XA,YA,XB,YB : CARDINAL;
  BEGIN
    Proj (X0,Y0,XA,YA);
    Proj (X1,Y1,XB,YB);
    IF Sichtbar
      THEN Graph.Line (XA,YA,XB,YB,1)
      ELSE Graph.Line (XA,YA,XB,YB,0)
    END (* IF *)
  END Zeichne;

PROCEDURE Laenge () : LONGREAL;
  VAR XDiff,YDiff : LONGREAL;
  BEGIN
    XDiff := X1-X0; YDiff := Y1-Y0;
    RETURN MATHLIB.Sqrt (XDiff*XDiff+YDiff*YDiff)
  END Laenge;
```

Bemerkenswert an der Prozedur *Init* ist, daß in ihr die Methode *Init* aus der Oberklasse *Punkt* verwendet wird. Das wird durch Voranstellen des Namens der Oberklasse gekennzeichnet:

```
Punkt.Init (XA,YA);
```

Der Vererbungsmechanismus birgt aber auch ein Problem in sich, das zu Fehlern beim Aktivieren von ererbten Methoden führen kann. Wir betrachten dazu den Aufruf der Methode *Ein* aus der Klasse *Strecke*:

```
Strecke.Ein ();
```

Die Methode *Ein* wurde von der Klasse *Punkt* geerbt; ihre Aktivierung in der Klasse *Strecke* führt deshalb zum Aufruf der Prozedur *Ein* aus der Klasse *Punkt*. Die Prozedur *Ein* enthält einen Aufruf der Prozedur *Zeichne*; dabei wird die Prozedur *Zeichne* aus der gleichen Klasse *Punkt* abgearbeitet. Richtig wäre, daß durch *Strecke.Ein()* die Prozedur *Zeichne* aus der Klasse Strecke, durch *Punkt.Ein()* die Prozedur *Zeichne* aus der Klasse *Punkt* aufgerufen wird. Das gleiche Problem tritt bei der Methode *Aus* auf. Eine Beseitigung der Fehler ist durch Neudefinieren der Methoden *Ein* und *Aus* in der Klasse *Strecke* möglich. Damit würde jedoch die Wirksamkeit des Vererbungsmechanismus wesentlich eingeschränkt. Eine bessere Möglichkeit stellt die Verwendung virtueller Methoden dar. Diese werden im folgenden Abschnitt behandelt.

Außer der einfachen Vererbung, bei der eine Unterklasse aus einer einzigen Oberklasse abgeleitet wird, gibt es in einigen objektorientierten Programmiersprachen das Konzept der Mehrfachvererbung (in TopSpeed Modula-2 ab Version 3.0). Mehrfachvererbung ist die Fähigkeit, eine Unterklasse zu definieren, die Merkmale und Methoden aus zwei oder mehr Oberklassen erbt. Dabei können in der Unterklasse Konfliktsituationen bei solchen Exemplarvariablen bzw. Methoden auftreten, die unter dem gleichen Namen in mehreren Oberklassen enthalten sind. Ihre Namen werden automatisch unsichtbar gemacht; bei Bedarf müssen sie neu definiert werden.

3.4 Polymorphismus und virtuelle Methoden

Polymorphismus oder "Vielgestaltigkeit" bedeutet, daß eine Methode unter dem gleichen Namen mit unterschiedlichen Implementierungen in verschiedenen Klassen einer Klassenhierarchie enthalten ist.

Bei einer derartigen Methode wird erst zur Laufzeit des Programmes entschieden, welche Implementierung der Methode aufgerufen wird (dynamisches Binden). Solche Methoden werden *virtuelle Methoden* genannt und durch das Schlüsselwort VIRTUAL hinter dem Prozedurkopf gekennzeichnet. Eine notwendige Voraussetzung für die Anwendung virtueller Methoden ist, daß ihre Prozedurköpfe bzw. Funktionsprozedurköpfe übereinstimmen.

Das im Abschnitt 3.3 behandelte Problem beim Aufruf der Methoden *Ein* bzw. *Aus* kann dadurch gelöst werden, daß die Methode *Zeichne* als virtuelle Methode definiert wird:

```
TYPE Punkt = CLASS
       X0,Y0    : LONGREAL;
       Sichtbar : BOOLEAN;
       PROCEDURE Init    (X,Y : LONGREAL);
       PROCEDURE Zeichne (); VIRTUAL;
       PROCEDURE Ein     ();
       PROCEDURE Aus     ();
     END (* Punkt *);

     Strecke = CLASS (Punkt)
       X1,Y1 : LONGREAL;
       PROCEDURE Init    (XA,YA,XB,YB : LONGREAL);
       PROCEDURE Zeichne (); VIRTUAL;
       PROCEDURE Laenge  () : LONGREAL;
     END (* Strecke *);
```

Beim Aktivieren der Methode *Ein* durch *Strecke.Ein ()* wird, da die in *Ein* enthaltene Methode *Zeichne* als virtuell gekennzeichnet ist, erst zur Laufzeit die Methode *Zeichne* aus der Klasse *Strecke* gebunden und ausgeführt. Entsprechend erfolgt bei *Punkt.Ein* ein dynamisches Binden der Methode *Zeichne* aus der Klasse *Punkt.*

Virtuelle Methoden gestatten es, Operationen mit dem gleichen Namen auf Objekte aus verschiedenen Klassen anzuwenden. Sie ermöglichen, den einer Methode zugeordneten Algorithmus möglichst hoch in der Klassenhierarchie, allgemeingültig und unabhängig von später zu definierenden Unterklassen bzw. Objekten dieser Unterklasse zu beschreiben. Bei der Definition von Unterklassen werden dann virtuelle Methoden durch Neudefinition klassenspezifisch festgelegt. Erst zur Laufzeit wird unmittelbar bei Anwendung einer virtuellen Methode auf ein Objekt entschieden, welche konkrete, objektspezifische Methode auszuführen ist.

Bei der Verwendung virtueller Methoden ist zu beachten:

- Wenn für eine virtuelle Methode in einer Unterklasse die Neudefinition dieser Methode erfolgt, so muß sie ebenfalls als virtuell gekennzeichnet werden.

- Die Parameterlisten der virtuellen Methoden mit dem gleichen Namen müssen übereinstimmen.

3.5 Ein einfaches Anwendungsbeispiel

Die bereits definierten Klassen *Punkt* und *Strecke* werden durch eine Klasse *Kreis* ergänzt. Die Deklaration der drei Klassen erfolgt in einem Definitionsmodul:

```
DEFINITION MODULE GeomFiguren;

  TYPE Punkt = CLASS
         X0,Y0     : LONGREAL;
         Sichtbar : BOOLEAN;
         PROCEDURE Init    (X,Y : LONGREAL);
         PROCEDURE Zeichne (); VIRTUAL;
         PROCEDURE Ein     ();
         PROCEDURE Aus     ();
       END (* Punkt *);

       Strecke = CLASS (Punkt)
         X1,Y1 : LONGREAL;
         PROCEDURE Init    (XA,YA,XB,YB : LONGREAL);
         PROCEDURE Zeichne (); VIRTUAL;
         PROCEDURE Laenge  () : LONGREAL;
       END (* Strecke *);

       Kreis = CLASS (Punkt)
         Radius : LONGREAL;
```

```
        PROCEDURE Init    (X,Y,R : LONGREAL);
        PROCEDURE Zeichne (); VIRTUAL;
        PROCEDURE Flaeche () : LONGREAL;
      END (* Kreis *);

  PROCEDURE InitProj ();

END GeomFiguren.
```

Zum Definitionsmodul *GeomFiguren* gehört ein Implementationsmodul gleichen Namens, in dem die Implementierung der Methoden als Prozeduren bzw. Funktionsprozeduren erfolgt. Hier ein Ausschnitt:

```
IMPLEMENTATION MODULE GeomFiguren;

  IMPORT Graph;

  CONST FarbeEin = 1;
        FarbeAus = 0;
        Pi       = 3.14159;

  TYPE Punkt = CLASS
         X0,Y0     : LONGREAL;
         Sichtbar : BOOLEAN;

         PROCEDURE Init (X,Y : LONGREAL);
           BEGIN
             X0 := X; Y0 := Y;
             Sichtbar := FALSE
           END Init;

         PROCEDURE Zeichne (); VIRTUAL;
           VAR X,Y : CARDINAL;
           BEGIN
             Proj (X0,Y0,X,Y);
             IF Sichtbar
               THEN Graph.Plot (X,Y,FarbeEin)
               ELSE Graph.Plot (X,Y,FarbeAus)
             END (* IF *)
           END Zeichne;

         PROCEDURE Ein ();
           BEGIN
             IF NOT Sichtbar THEN
               Sichtbar := TRUE;
               Zeichne ()
             END (* IF *)
           END Ein;
           ...
       END (* Punkt *);

       Strecke = CLASS (Punkt)
         X1,Y1 : LONGREAL;

         PROCEDURE Init (XA,YA,XB,YB : LONGREAL);
           BEGIN
             X1 := XB; Y1 := YB;
             Punkt.Init (XA,YA)
           END Init;
```

```
            PROCEDURE Zeichne (); VIRTUAL;
              VAR XA,YA,XB,YB : CARDINAL;
              BEGIN
                Proj (X0,Y0,XA,YA);
                Proj (X1,Y1,XB,YB);
                IF Sichtbar
                  THEN Graph.Line (XA,YA,XB,YB,FarbeEin)
                  ELSE Graph.Line (XA,YA,XB,YB,FarbeAus)
                END (* IF *)
              END Zeichne;
              ...
          END (* Strecke *);

          Kreis = CLASS (Punkt)
            Radius : LONGREAL;

            PROCEDURE Init (X,Y,R : LONGREAL);
              BEGIN
                Radius := R;
                Punkt.Init (X,Y)
              END Init;

            PROCEDURE Flaeche () : LONGREAL;
              BEGIN
                RETURN ABS (Pi*Radius*Radius)
              END Flaeche;
              ...
          END (* Kreis *);
          ...
  END GeomFiguren.
```

Unter Verwendung der drei Klassen wird ein Kreis mit einem Fadenkreuz, das aus zwei sich im Kreismittelpunkt schneidenden horizontalen bzw. vertikalen Strecken besteht, auf dem Bildschirm gezeichnet. Nachfolgend die Kodierung wesentlicher Teile des Programmes:

```
MODULE DEMO;

  IMPORT IO,GeomFiguren;

  VAR K : GeomFiguren.Kreis;
      H : GeomFiguren.Strecke;
      V : GeomFiguren.Strecke;
      C : CHAR;

BEGIN
  K.Init (100.0,100.0,40.0);
  H.Init (-10.0,0.0,10.0,0.0);
  V.Init (0.0,-10.0,0.0,10.0);
  H.Ein (); V.Ein (); K.Ein ();
  C := IO.RdCharDirect ();
  H.Aus (); V.Aus (); K.Aus ();
END DEMO.
```

Im Programm werden die Objekte *K* (der Klasse *Kreis*), *H* und *V* (der Klasse *Strecke*) deklariert. Der dabei verwendete Typ

```
GeomFiguren.Kreis
```

wird durch den Namen des Moduls *GeomFiguren*, aus dem die Klasse *Kreis* importiert wird, qualifiziert; nach einem Punkt schließt sich der Name der Klasse *Kreis* an.

Durch Aktivieren der Methode *Init* für jedes der drei Objekte werden ein Kreis *K*, eine horizontale Strecke *H* und eine vertikale Strecke *V* in einem zweidimensionalen Koordinatensystem definiert. Das Ausführen der Methode *Ein* für die drei Objekte macht diese auf dem Bildschirm sichtbar. Nach Eingabe eines Zeichens über die Tastatur werden die Objekte durch die Methode *Aus* vom Bildschirm gelöscht.

Der vollständige Programmkode einschließlich des IMPLEMENTATION MODULE *GeomFiguren* ist auf der zu diesem Buch gehörenden Programmdiskette enthalten. Auf ihr sind auch die Programme EBENE und DREH als weitere Anwendungen der drei Klassen zu finden. EBENE erzeugt ein Rad auf dem Bildschirm, das eine geneigte Ebene hinunterrollt. DREH stellt drei rotierende Räder mit unterschiedlichen Radien und Speichenzahlen dar.

3.6 Eine Klassenhierarchie für geometrische Figuren

Beispiel 3-1

Aufgabenstellung

Für die im Abschnitt 3.1 eingeführten geometrischen Figuren können, basierend auf ihren spezifischen Eigenschaften, Klassen definiert werden. Die Ähnlichkeiten dieser Klassen legen den Gedanken nahe, Vererbungsmechanismen zu nutzen und die Klassen in einer Hierarchie zusammenzufassen. Dazu muß zunächst überlegt werden, worin die Ähnlichkeiten zwischen den Klassen dieser unterschiedlichen geometrischen Figuren bestehen, und welche Beziehungen zwischen den Klassen sich daraus ergeben.

Entwurf

Für die Objekte aller Klassen sind folgende Methoden gleichermaßen erforderlich : *Init, Zeichne, Ein* und *Aus*. Darüberhinaus wird eine Methode *Verschiebe* für alle Klassen und eine Methode *Skaliere* (zum Vergrößern bzw. Verkleinern von Objekten) für alle Klassen außer der Klasse *Punkt* eingeführt. Für alle Objekte, die Flächen repräsentieren, soll der Flächeninhalt durch eine Methode *Flaeche* ermittelt werden. Damit sind zunächst die Ähnlichkeiten von Methoden zwischen den Klassen der unterschiedlichen geometrischen Figuren analysiert worden.

Bezüglich der Ähnlichkeit von Merkmalen ergibt sich aus einer Untersuchung insbesondere der objektspezifischen geometrischen Merkmale:

- *Punkte* werden durch einen X- und einen Y-Koordinatenwert in einem zweidimensionalen Koordinatensystem definiert.

- *Strecken* werden durch zwei Punkte definiert. Deshalb kann eine Klasse *Strecke* Unterklasse der Klasse *Punkt* sein. Die Merkmale von *Strecke* werden um einen Punkt bzw. dessen beiden Koordinatenwerte erweitert.

- *Horizontale Strecken* bzw. *vertikale Strecken* werden durch einen Punkt und eine Länge in horizontaler bzw. vertikaler Richtung definiert.

- *Dreiecke* werden durch drei Punkte definiert, das heißt, die Klasse *Dreieck* kann Unterklasse der Klasse *Strecke* sein, wobei die Merkmale der Klasse *Dreieck* um einen Punkt erweitert werden müssen.

- *Rechtecke* werden unter der Voraussetzung, daß ihre Kanten parallel zur X- bzw. Y-Achse des Koordinatensystems liegen, durch zwei (nichtbenachbarte) Punkte definiert. Bei einer Klasse *Rechteck* als Unterklasse der Klasse *Strecke* ist deshalb keine Erweiterung der Merkmale erforderlich

- *Quadrate* können, da sie ein Spezialfall von Rechtecken sind, als Unterklasse der Klasse *Rechteck* eingeführt werden. Für ihre Definition genügt - unter den gleichen Voraussetzungen wie bei Rechtecken - die Angabe der Koordinatenwerte eines Punktes und der Kantenlänge.

- *Kreise* werden durch einen Punkt, der den Mittelpunkt festlegt, und den Radius definiert. Deshalb kann eine Klasse *Kreis* Unterklasse der Klasse *Punkt* sein. Die Merkmale von Punkt werden um den Radius erweitert.

- *Ellipsen* werden durch einen Punkt und zwei Radien definiert, das heißt, die Klasse *Ellipse* kann Unterklasse der Klasse *Kreis* sein, wobei die Klasse *Ellipse* um ein Merkmal Radius erweitert werden muß.

- *Polygone* werden durch ihre Eckpunkte und deren Reihenfolge definiert. Als Merkmale einer Klasse *Polygon* sind deshalb alle Eckpunktkoordinaten bzw. eine

Liste von Eckpunktkoordinaten, die auch eine Reihenfolge festlegt, sowie ihre Anzahl aufzunehmen. In der Klassenhierarchie soll sowohl eine Klasse mit einer statischen als auch eine Klasse mit einer dynamischen Implementierung der Eckpunktliste enthalten sein (*PolygonS* bzw. *PolygonD*). Die Einführung dieser beiden Klassen als Unterklassen wird im wesentlichen dadurch begründet, daß die oben genannten Methoden geerbt werden sollen. Deshalb kann die Klasse *Punkt* als Oberklasse gewählt werden.

Das Merkmal *Sichtbar* soll in allen Klassen enthalten sein.

Eine mögliche Klassenhierarchie für geometrische Figuren zeigt Bild 3-2.

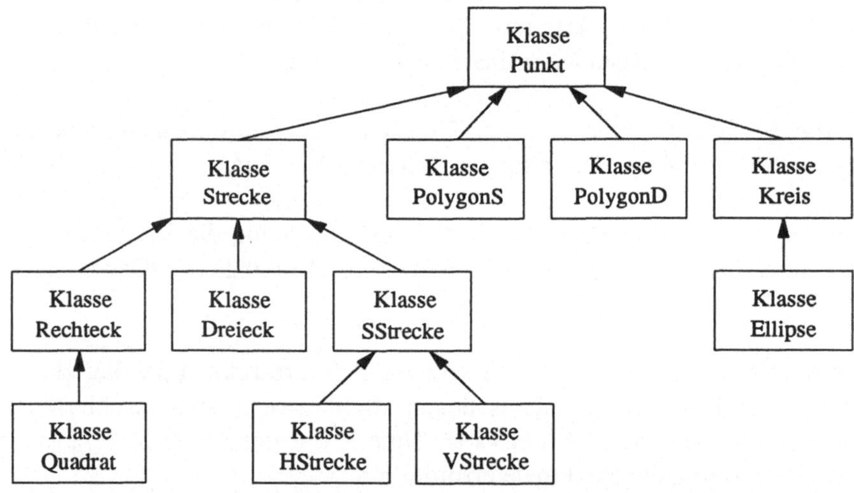

Bild 3-2 Klassenhierarchie für geometrische Figuren

Implementierung

In einem Definitionsmodul werden die Merkmale und Methoden der verschiedenen Klassen exakt definiert und gleichzeitig die Hierarchiebeziehungen zwischen den Klassen festgelegt:

```
DEFINITION MODULE GeomFiguren;

  TYPE PunktRec  = RECORD
         X,Y : LONGREAL;
       END (* PunktRec *);

       Punkt = CLASS
         P0        : PunktRec;
         Sichtbar : BOOLEAN;
         PROCEDURE Init        (X,Y : LONGREAL);
         PROCEDURE Verschiebe (X,Y : LONGREAL); VIRTUAL;
```

```
    PROCEDURE Zeichne     (); VIRTUAL;
    PROCEDURE Ein         ();
    PROCEDURE Aus         ();
  END (* Punkt *);

  Strecke = CLASS (Punkt)
    P1 : PunktRec;
    PROCEDURE Init        (XA,YA,XB,YB : LONGREAL);
    PROCEDURE Verschiebe (X,Y : LONGREAL); VIRTUAL;
    PROCEDURE Skaliere    (F : LONGREAL);
    PROCEDURE Zeichne     (); VIRTUAL;
  END (* Strecke *);

  SStrecke = CLASS (Strecke)
    PROCEDURE Laenge      () : LONGREAL;
    PROCEDURE Gleichlang (S : SStrecke) : BOOLEAN;
  END  (* SStrecke *);

  HStrecke = CLASS (SStrecke)
    PROCEDURE Init        (X,Y,Laenge : LONGREAL);
  END (* HStrecke *);

  VStrecke = CLASS (SStrecke)
    PROCEDURE Init        (X,Y,Laenge : LONGREAL);
  END (* VStrecke *);

  Dreieck = CLASS (Strecke)
    P2 : PunktRec;
    PROCEDURE Init         (XA,YA,XB,YB,XC,YC : LONGREAL);
    PROCEDURE Verschiebe   (X,Y : LONGREAL); VIRTUAL;
    PROCEDURE Skaliere     (F : LONGREAL);
    PROCEDURE Zeichne      (); VIRTUAL;
    PROCEDURE Flaeche      () : LONGREAL;
  END (* Dreieck *);

  Rechteck = CLASS (Strecke)
    PROCEDURE Zeichne     (); VIRTUAL;
    PROCEDURE Flaeche     () : LONGREAL;
  END (* Rechteck *);

  Quadrat = CLASS (Rechteck)
    PROCEDURE Init        (X,Y,Laenge : LONGREAL);
  END (* Quadrat *);

  Kreis = CLASS (Punkt)
    Radius0 : LONGREAL;
    PROCEDURE Init        (X,Y,R : LONGREAL);
    PROCEDURE Skaliere    (F : LONGREAL);
    PROCEDURE Zeichne     (); VIRTUAL;
    PROCEDURE Flaeche     () : LONGREAL;
  END (* Kreis *);

  Ellipse = CLASS (Kreis)
    Radius1 : LONGREAL;
    PROCEDURE Init        (X,Y,RA,RB : LONGREAL);
    PROCEDURE Skaliere    (F : LONGREAL);
    PROCEDURE Zeichne     (); VIRTUAL;
    PROCEDURE Flaeche     () : LONGREAL;
  END (* Ellipse *);

CONST MaxPunkte = 100;
```

```
  TYPE PktVektor; (* Versteckter Typ *)

       PolygonS  = CLASS (Punkt)
         Vek     : PktVektor;
         Anz     : CARDINAL;
         PROCEDURE Init       (PV : ARRAY OF PunktRec);
         PROCEDURE Zerstoere  ();
         PROCEDURE Verschiebe (X,Y : LONGREAL); VIRTUAL;
         PROCEDURE Skaliere   (F : LONGREAL);
         PROCEDURE Zeichne    (); VIRTUAL;
         PROCEDURE Flaeche    () : LONGREAL;
       END (* PolygonS *);

       ListenZeiger; (* Versteckter Typ *)

       PolygonD  = CLASS (Punkt)
         Wurzel  : ListenZeiger;
         Anz     : CARDINAL;
         PROCEDURE Init       (PV : ARRAY OF PunktRec);
         PROCEDURE Zerstoere  ();
         PROCEDURE Verschiebe (X,Y : LONGREAL); VIRTUAL;
         PROCEDURE Skaliere   (F : LONGREAL);
         PROCEDURE Zeichne    (); VIRTUAL;
         PROCEDURE Flaeche    () : LONGREAL;
       END (* PolygonD *);

  PROCEDURE InitProj ();

END GeomFiguren.
```

Zum leichteren Verständnis dieses Beispiels werden einige Erläuterungen gegeben. Die Beschreibung der Koordinatenwerte eines Punktes erfolgt durch einen Datentyp *PunktRec*. Folgende neuen Methoden werden eingeführt:

- *Verschiebe* um die Distanz (X,Y)
- *Skaliere*, das heißt Vergrößern bzw. Verkleinern mit dem Faktor F
- *Gleichlang* zum Vergleich der Längen von zwei speziellen Strecken
- *Flaeche* zur Berechnung der Fläche

SStrecke ist eine Hilfsklasse für spezielle Strecken, aus der die Unterklassen *HStrecke* für horizontale Strecken bzw. *VStrecke* für vertikale Strecken abgeleitet werden. Sie ermöglicht, daß die Methoden *Laenge* und *Gleichlang*, die in den Unterklassen Verwendung finden, nur ein einziges Mal definiert werden müssen. Die Klasse *PolygonS* beschreibt die Eigenschaften von Vielecken. Die Eckpunkte werden intern durch eine statische Datenstruktur, die Variable *Vek* vom Datentyp *PktVektor*, dargestellt; die Konstante *MaxPunkte* legt ihre maximale Anzahl fest. Dagegen ist bei der Klasse *PolygonD* keine Begrenzung der Eckpunktzahl vorgegeben. Ihre Eckpunkte werden intern durch eine dynamisch erweiterbare Datenstruktur beschrieben, wobei die Elemente dieser Datenstruktur unter Verwendung des versteckten Datentyps *ListenZeiger* erzeugt werden. Die Methode *Zerstoere* gibt den für die Speicherung der Eckpunktwerte benötigten Speicherplatz wieder frei. Die in dem Definitionsmodul enthaltene Prozedur *InitProj* dient zur Vermeidung von Verzerrungen bei der Darstellung geometrischer Figuren auf dem Bildschirm, die in Abhängigkeit vom verwendeten Grafiksystem auftreten können. Sie muß im Anwendungsprogramm nach dem Einschalten des Grafikmodus zur Initialisierung aufgerufen werden.

Die Methoden *Zeichne* bzw. *Verschiebe* stellen typische Anwendungsfälle virtueller Methoden dar. Es sind Methoden, die auf geometrische Figuren aus verschiedenen Klassen angewendet werden können. Unabhängig von der Klasse wird zum Beispiel einheitlich der Name Zeichne für das Darstellen einer geometrischen Figur auf dem Bildschirm verwendet. Da Objekte aus unterschiedlichen Klassen eine unterschiedliche Gestalt haben, ist die Implementierung der Methode klassenspezifisch. Dem Nutzer muß jedoch nur der Name bekannt sein; die richtige Implementierung wird automatisch aufgerufen. Ein Vorzug virtueller Methoden liegt darin, daß sie eine höhere Abstraktion realisieren.

Anwendung

Mit dem Programm GESICHT wird die Arbeit mit verschiedenen geometrischen Figuren aus der Klassenhierarchie demonstriert.

```
MODULE GESICHT;
   ...
   TYPE Gesicht = CLASS (Kreis)
          (* Zusaetzliche Merkmale *)
          Auge : ARRAY [0..1] OF Ellipse;
          Iris : ARRAY [0..1] OF Kreis;
          Nase : Dreieck;
          Mund : Strecke;

          (* Neudefinierte Methode *)
          PROCEDURE Zeichne (); VIRTUAL;
            (* Erzeugen des Gesichts auf dem Bildschirm *)
            ...
            END Zeichne;
        END (* Gesicht *);

   VAR G : Gesicht;
       X : LONGREAL;

   BEGIN
     X := -12.0;
     G.Init (0.0,0.0,100.0);
     G.Ein ();
     REPEAT
       G.Iris[0].Verschiebe (X,0.0);
       G.Iris[1].Verschiebe (X,0.0);
       Lib.Delay (100);
       G.Iris[0].Verschiebe (-X,0.0);
       G.Iris[1].Verschiebe (-X,0.0);
```

```
      Lib.Delay (100);
      X := -X
    UNTIL IO.KeyPressed ();
END GESICHT.
```

In dem Programm-Modul wird eine Klasse *Gesicht* als Unterklasse von *Kreis* definiert. Bemerkenswert ist, daß bei den in *Gesicht* zusätzlich aufgenommenen Merkmalen *Auge*, *Iris*, *Nase* bzw. *Mund* als Datentyp die Klassen *Ellipse*, *Kreis*, *Dreieck* bzw. *Strecke* aus der Klassenhierarchie verwendet werden. Bei den Merkmalen *Auge* bzw. *Iris* sind die Klassen sogar Bestandteile strukturierter Datentypen. Grundlage dafür ist der Import dieser Klassen aus dem Modul, in dem sie definiert worden sind. Die Verwendung der Klassen in dieser Form dient zur Deklaration von Objekten dieser Klassen als Exemplarvariablen, und nicht zur Ableitung von Unterklassen.

Der Aufruf von Methoden des Objektes *G* der Klasse *Gesicht* wird durch die Anweisungen

```
G.Init (0.0,0.0,100.0)      bzw.
G.Ein ()
```

demonstriert. Beide Methoden sind von der Klasse *Kreis* ererbt. Ein Beispiel für die Aktivierung einer Methode aus einer importierten Klasse ist

```
G.Iris[0].Verschiebe(X,0.0);
```

Verschiebe ist eine Methode des Objektes *Iris* (einem Feld) der Klasse Kreis. Das Objekt *Iris* ist Exemplarvariable der Klasse *Gesicht*. Die Aktivierung der Methode *Verschiebe* erfolgt durch Angabe des Objektnamens *G*, des Exemplarvariablennamens *Iris*[0] (ebenfalls ein Objektname!) und des Namens der Methode *Verschiebe*.

Das Programm erzeugt ein "Gesicht" auf dem Bildschirm, bei dem sich beide Augen bewegen.

Die vollständigen Quelltexte aller Module des Demonstrationsprogrammes sind auf der Programmdiskette enthalten.

3.7 Abstrakte Klassen

In einer Klassenhierarchie können abstrakte Klassen auftreten. Das sind Klassen, von denen keine Objekte gebildet werden können. Sie enthalten mindestens eine Methode, die zwar definiert, aber erst in einer Unterklasse der abstrakten Klasse implementiert ist. Der Prozedur- bzw. Funktionskörper dieser Methode ist leer.

Abstrakte Klassen werden benutzt, um auf einer möglichst hohen Ebene in der Klassenhierarchie bereits Merkmale bzw. Methoden einzuführen, die erst in abgeleiteten Klassen implementiert werden können. Sie erlauben die einmalige Definition von Merkmalen bzw. Methoden, die in mehreren Unterklassen verwendet werden, in einer Oberklasse; damit entfällt die mehrmalige Definition in den Unterklassen.

Ein Beispiel für eine abstrakte Klasse ist die Wurzelklasse *Koerper* einer Klassenhierarchie für unterschiedliche geometrische Körper, deren Volumen berechnet werden soll. Aus der Oberklasse Koerper werden die Unterklassen *Quader*, (reguläres) *Prisma* und *Zylinder* abgeleitet. Die Körper werden durch die Gestalt ihrer Basisfläche und ihre Höhe definiert. Das Volumen wird als Produkt von Basisfläche und Höhe berechnet. In der Wurzelklasse werden das Merkmal *Hoehe* sowie die Methoden

- **Init** – zur Definition eines Körpers durch Festlegen von Werten für seine charakteristischen Merkmale,
- **Flaeche** – zur Berechnung der Basisfläche,
- **Volumen** – zur Berechnung des Volumens

festgelegt. Die vollständige Implementierung der Methode *Init* bzw. *Flaeche* kann erst in den Unterklassen erfolgen, da die Merkmale bzw. die Gestalt der Basisfläche vom konkreten Körper abhängen. Und diese werden erst in der Unterklasse *Quader*, *Prisma* bzw. *Zylinder* spezifiziert.

Die Klassenhierarchie ist folgendermaßen definiert:

```
TYPE Koerper = CLASS
       Hoehe : LONGREAL;
       PROCEDURE Init    (H : LONGREAL);
       PROCEDURE Flaeche () : LONGREAL; VIRTUAL;
       PROCEDURE Volumen () : LONGREAL; VIRTUAL;
     END (* Koerper *);

     Quader = CLASS (Koerper)
       Breite : LONGREAL;
       Tiefe  : LONGREAL;
       PROCEDURE Init    (H, B, T : LONGREAL);
       PROCEDURE Flaeche () : LONGREAL; VIRTUAL;
     END (* Quader *);

     Prisma = CLASS (Koerper)
       LaengeSeite   : LONGREAL;
       AnzahlSeiten : CARDINAL;
       PROCEDURE Init    (Seiten : CARDINAL; H, L : LONGREAL);
       PROCEDURE Flaeche () : LONGREAL; VIRTUAL;
     END (* Prisma *);

     Zylinder = CLASS (Koerper)
       Radius : LONGREAL;
       PROCEDURE Init    (H, R : LONGREAL);
```

```
      PROCEDURE Flaeche () : LONGREAL; VIRTUAL;
    END (* Zylinder *);
```

Zum Definitionsmodul *Volumen* gehört ein Implementationsmodul, in dem die Methoden als Prozeduren- bzw. Funktionsprozeduren implementiert werden.

```
CONST PI = 3.1415926536;

TYPE  Koerper = CLASS
        Hoehe : LONGREAL;

        PROCEDURE Init (H : LONGREAL);
          BEGIN
            Hoehe := H
          END Init;

        PROCEDURE Flaeche () : LONGREAL; VIRTUAL;
          CONST Err = 'Koerper.Flaeche ist nicht implementiert';
          BEGIN
            WrLn; WrStr (Err); WrLn; HALT;
            RETURN 0.0
          END Flaeche;

        PROCEDURE Volumen () : LONGREAL; VIRTUAL;
          BEGIN
            RETURN Hoehe * Flaeche ()
          END Volumen;

      END (* Koerper *);

      Quader = CLASS (Koerper)
        Breite : LONGREAL;
        Tiefe  : LONGREAL;

        PROCEDURE Init (H, B, T : LONGREAL);
          BEGIN
            Koerper.Init (H);
            Breite := B;
            Tiefe  := T
          END Init;

        PROCEDURE Flaeche () : LONGREAL; VIRTUAL;
          BEGIN
            RETURN Breite * Tiefe
          END Flaeche;

      END (* Quader *);

      Prisma = CLASS (Koerper)
        LaengeSeite  : LONGREAL;
        AnzahlSeiten : CARDINAL;

        PROCEDURE Init (Seiten : CARDINAL; H, L : LONGREAL);
          BEGIN
            Koerper.Init (H);
            LaengeSeite  := L;
            AnzahlSeiten := Seiten
          END Init;
```

```
    PROCEDURE Flaeche () : LONGREAL; VIRTUAL;
      VAR E : LONGREAL;
      BEGIN
        E := LONGREAL (AnzahlSeiten);
        RETURN LaengeSeite*LaengeSeite*E/(4.0*Tan(PI/E))
      END Flaeche;

  END (* Prisma *);

  Zylinder = CLASS (Koerper)
    Radius : LONGREAL;

    PROCEDURE Init (H, R : LONGREAL);
      BEGIN
        Koerper.Init (H);
        Radius := R
      END Init;

    PROCEDURE Flaeche () : LONGREAL; VIRTUAL;
      BEGIN
        RETURN PI*Radius*Radius
      END Flaeche;

  END (* Zylinder *);
```

Wie bereits erwähnt, kann die Methode *Flaeche* in der Klasse *Koerper* noch nicht implementiert und deshalb auch nicht aufgerufen werden. Für den Fall, daß die Methode trotzdem einmal aufgerufen wird, wurde in den leeren Körper ihrer Funktionsprozedur eine Fehlerausschrift aufgenommen. Durch Fehlerausschriften sollten alle Methoden, die nicht benutzt werden dürfen, markiert werden.

3.8 Zusammenfassung

- Ein Objekt ist eine Zusammenfassung von Merkmalswerten und Methoden; es ist über einen Namen identifizierbar. Die Merkmalswerte werden durch Daten dargestellt. Methoden sind Operationen zur Manipulation der Daten.

- Eine Klasse beschreibt die Eigenschaften gleichartiger Objekte. Sie enthält Merkmale und Methoden und kann über einen Namen identifiziert werden. Ein Objekt ist ein Exemplar einer Klasse. Es besitzt die Merkmale und Methoden seiner Klasse. Die Beschreibung der Merkmale erfolgt durch Exemplarvariablen, die einen Namen und einen Datentyp besitzen; sie sind Träger der Merkmalswerte. Die Methoden werden als Prozeduren bzw. Funktionsprozeduren implementiert.

- Die Deklaration einer Klasse erfolgt durch folgende Angaben : Name der Klasse in Verbindung mit dem Schlüsselwort CLASS, Namen und Typ der Exemplarvariablen, Namen der Methoden in Form von Prozedur- bzw. Funktionsprozedurköpfen. Die Klassendefinition kann im Vereinbarungsteil eines Definitionsmoduls oder eines Programm-Moduls stehen. Die Implementation einer Klasse, die gegenüber der Klassendeklaration zusätzlich die Prozedurkörper der Methoden enthält, kann im Vereinbarungsteil eines Implementationsmoduls oder eines Programm-Moduls enthalten sein.

- Die Definition eines Objektes als Exemplar einer Klasse erfolgt durch Deklaration einer Variablen mit dem Namen des Objektes in Verbindung mit dem Klassennamen als Datentyp. Klassennamen können auch als Datentyp in strukturierten Datentypen verwendet werden.

- Das Aktivieren einer Methode eines Objektes erfolgt durch das Senden einer Nachricht an das betreffende Objekt. Der Zugriff auf bzw. die Veränderung der Werte von Exemplarvariablen ist nur durch das Aktivieren einer Methode, das heißt, das Ausführen der zugeordneten Prozedur möglich.

- Das Senden einer Nachricht an ein Objekt wird durch eine Anweisung, die aus dem Objektnamen, gefolgt von einem Punkt und dem Namen der zu aktivierenden Methode besteht, beschrieben.

- Objekte dürfen als Identifikatoren beim Aufruf von Methoden sowie als Parameter von Prozeduren verwendet werden. Die Gleichheit bzw. Ungleichheit von Objekten kann getestet werden. An Objekte sind Zuweisungen von Objekten der gleichen Klasse möglich.

- Innerhalb einer Klassenimplementation kann eine Methode aus derselben Klasse aktiviert werden; das erfolgt durch einen Prozeduraufruf. Durch Voranstellen des Schlüsselwortes SELF kann die Verwendung einer klasseneigenen Methode explizit spezifiziert werden. Wird bei einer Klassenimplementation eine Methode aus einer anderen Klasse bzw. in einem Programm eine Methode aus einer beliebigen Klasse verwendet, so ist dieser Methode der Name der Klasse, zu der sie gehört, voranzustellen.

- Durch Vererbung können die Eigenschaften einer vorhandenen Klasse einer neueinzuführende Klasse zugeordnet werden; die neue Unterklasse erbt alle Merkmale und Methoden der Oberklasse. Die Unterklasse kann durch Hinzufügen neuer Merkmale bzw. Methoden erweitert werden. Die ererbten Methoden in der Unterklasse können verändert bzw. neudefiniert werden, indem die Implementierung der zugeordneten Prozedur neukodiert wird. Durch Verwenden von Unterklassen als Oberklassen, aus denen wieder Unterklassen abgeleitet werden, ist der Aufbau einer Klassenhierarchie möglich.

- Mehrfachvererbung ist die Fähigkeit, eine Unterklasse zu definieren, die Merkmale und Methoden von zwei oder mehr Oberklassen erbt.

- Bei der Deklaration einer Unterklasse wird der Name ihrer Oberklasse angegeben.

- Das Einführen von Klassenhierarchien bei der objektorientierten Softwareentwicklung ist aus mehreren Gründen vorteilhaft. Bei der Erweiterung bzw. Weiterentwicklung objektorientierter Software bringt die Ableitung neuer Klassen aus vorhandenen Klassen aufgrund von Ähnlichkeiten ihrer Merkmale bzw. Methoden eine Einsparung von Implementationsaufwand. Dazu müssen die Ähnlichkeiten zwischen den beim Entwurf eingeführten Objekten bzw. Klassen analysiert und die möglichen Beziehungen zwischen den Klassen ermittelt werden.

- Virtuelle Methoden werden durch das Schlüsselwort VIRTUAL hinter dem Prozedurkopf gekennzeichnet. Eine notwendige Voraussetzung für die Realisierung virtueller Methoden ist, daß ihre Prozedurköpfe bzw. Funktionsprozedurköpfe übereinstimmen.

- Polymorphismus bedeutet, daß eine Methode unter dem gleichen Namen mit unterschiedlichen Implementierungen in verschiedenen Klassen einer Klassenhierarchie enthalten ist. Erst zur Laufzeit wird in Abhängigkeit vom Typ des bearbeiteten Objektes entschieden, welche Implementierung der Methode aufgerufen wird (dynamisches Binden). Solche Methoden werden virtuelle Methoden genannt.

- Virtuelle Methoden gestatten es, Operationen mit dem gleichen Namen auf Objekte aus verschiedenen Klassen anzuwenden. Der Nutzer muß nur den Namen und die Parameterliste sowie ihre Wirkung kennen.

- Eine abstrakte Klasse enthält mindestens eine Methode, die erst in ihren Unterklassen implementiert wird. Deshalb können von abstrakten Klassen keine Objekte gebildet werden. Der Körper der zugeordneten Prozedur ist leer bzw. sollte eine Fehlerausschrift enthalten, die auf die nichtzulässige Anwendung der Methode hinweist.

- Abstrakte Klassen werden eingeführt, um Merkmale bzw. Methoden, die in mehreren Unterklassen verwendet werden, nur an einer einzigen Stelle in der Klassenhierarchie zu definieren, auch wenn in dieser Klasse noch nicht alle Methoden implementierbar sind.

3.9 Übungsaufgaben

1. Es ist eine Klassenhierarchie mit Methoden zur Definition und Flächenberechnung für folgende ebenen geometrischen Figuren zu entwickeln: Gleichseitiges Dreieck, Quadrat, Rechteck, regelmäßiges n-Eck (n>4), Kreis, Kreisring, Ellipse.

Implementieren Sie die Klassen und wenden Sie die Methoden auf einige Objekte an.

2. Die Operation Multiplikation ist für zwei Operanden vom gleichen Typ definiert. Als Operanden sind Zahlenwerte oder Vektoren bzw. Matrizen mit Zahlenwerten als Elemente möglich.

Entwerfen Sie eine Klassenhierarchie, deren Klassen die Methode *mul* enthalten: *mul* liefert das Produkt von zwei Operanden, die der Klasse als Merkmale zugeordnet sind. Eine Methode *OpdEingabe* in jeder Klasse dient zur Wertzuweisung an die beiden Operanden. Die Hierarchie soll Klassen für die folgenden Operandentypen enthalten; in Klammer ist jeweils angegeben, ob die Methode als Funktionsprozedur oder als Prozedur zu implementieren ist:

- ganze Zahlen (Funktionsprozedur)
- reelle Zahlen (Funktionsprozedur)
- komplexe Zahlen mit reellen Komponenten (Prozedur)
- Vektoren mit ganzzahligen Elementen (Funktionsprozedur)
- Vektoren mit reellwertigen Elementen (Funktionsprozedur)
- Vektoren mit komplexen Zahlenelementen (Prozedur)
- Matrizen mit ganzzahligen Elementen (Prozedur)
- Matrizen mit reellwertigen Elementen (Prozedur)
- Matrizen mit komplexen Zahlenelementen (Prozedur)

Beim Entwurf sind nach Möglichkeit virtuelle Methoden zu verwenden.

Die entworfene Klassenhierarchie ist zu implementieren und auf einige Objekte anzuwenden.

3. Verzeichnisse können als Feld von Verzeichniselementen implementiert werden:

```
CONST MaxElem  = 100;
VAR   VerzName : ARRAY [1..MaxElem] OF VerzElem;
```

Die Elemente sind die Träger von Daten. Die Auswahl eines bestimmten Elements erfolgt unter Verwendung eines Index:

```
VAR VerzIndex : [1..MaxElem];
    Element   : VerzElem;

BEGIN
  (* Eingabe von Werten für VerzName *)
  (* Festlegen eines Wertes für VerzIndex  *)

  Element := VerzName [VerzIndex];
```

Wenn die Verzeichniselemente mit ihren Zugriffsoperationen als Klassen definiert werden, dann kann für ähnliche Elemente eine Klassenhierarchie entworfen werden.

Entwickeln Sie für die nachfolgend vorgegebenen Verzeichnisse und Elementmerkmale eine Klassenhierarchie:

Namenverzeichnis	–	Name, Vorname
Adressverzeichnis	–	Name, Vorname, Anschrift
Telefonverzeichnis	–	Name, Vorname, Anschrift, Telefonnummer
Werkverzeichnis	–	Name, Vorname, Titel, Ort, Verlag, Jahr
Materialverzeichnis	–	Name, Bestellnummer, Menge, Einheit

Die Klassen sollen Methoden zum Eintragen bzw. Entnehmen von Merkmalswerten enthalten.

4. Erweitern Sie die im Abschnitt 3.7 entwickelte Klassenhierarchie zur Volumenberechnung von geometrischen Körpern um Klassen für folgende Körper:

- Würfel (Spezialfall eines Prismas)
- Pyramide (gleiche Basisfläche wie ein Prisma)
- Tetraeder (Spezialfall einer Pyramide)
- Pyramidenstumpf (Spezialfall einer Pyramide)
- Kegel (gleiche Basisfläche wie ein Zylinder)
- Kegelstumpf (Spezialfall eines Kegels)

Berücksichtigen Sie bei der Volumenberechnung:

- Das Volumen einer Pyramide beträgt 1/3 des Volumens eines Prismas mit gleicher Basisfläche und gleicher Höhe.
- Das Volumen eines Kegelstumpfes beträgt 1/3 des Volumens eines Kegels mit gleicher Grundfläche und gleicher Höhe.

- Das Volumen eines Pyramidenstumpfes mit der Höhe Hoehe ergibt sich als Differenz der Volumen einer Pyramide mit der Höhe GHoehe und der (abgeschnittenen) Pyramide mit der Höhe (GHoehe - Hoehe).
- Das Volumen eines Kegelstumpfes wird in Analogie zu dem eines Pyramidenstumpfes berechnet.

Entwickeln Sie zu der erweiterten Klassenhierarchie einen Implementationsmodul.

4 Dynamische Objekte

In diesem Kapitel wird die Erzeugung und Anwendung dynamischer Objekte behandelt. Das erfolgt am Beispiel verschiedener Arten von Kellerspeichern.

4.1 Vorbetrachtungen zu Kellerspeichern

Kellerspeicher bewahren Daten nach dem Stapelprinzip auf. Im allgemeinen enthält ein Keller nur Datenwerte eines einzigen Typs. Durch eine Operation *Push* wird ein Wert in den Keller eingetragen, mit einer Operation *Pop* kann der zuletzt in den Keller eingetragene Wert entnommen werden. Wiederholte Ausführung von *Pop* führt zur Entnahme von Werten in der gegenüber dem Eintragen umgekehrten Reihenfolge.

Die Implementierung von Kellerspeichern als Datenkapsel bzw. abstrakter Datentyp wurde im Kapitel 2 behandelt. Ein Keller kann als Liste von Elementen realisiert werden. Jedes Element nimmt einen Wert auf. Die Operation *Push* fügt im Keller ein Element an; *Pop* entnimmt das zuletzt angefügte Element, das heißt, der Keller wird um dieses Element kürzer. Weitere auf einen Keller anwendbare Operationen sind *Leer* zum Prüfen, ob der Keller *kein* Element enthält, bzw. *Voll* zum Feststellen, ob eine vorgegebene maximale Elementeanzahl im Keller enthalten ist. Die Elemente eines Kellers werden entweder statisch als Elemente eines Feldes (ARRAY) oder dynamisch als Elemente einer durch Zeiger verketteten Liste realisiert.

Bei einer Analyse der Operationen stellt man fest, daß es einerseits Operationen gibt, die vom Typ der im Keller zu speichernden Daten abhängig sind, wie zum Beispiel *Push* und *Pop*, und andererseits Operationen wie *Leer* bzw. *Voll*, die unabhängig davon sind. Vergleicht man Kellerspeicher, die sich nur durch den Typ ihrer Daten unterscheiden, miteinander, so ergibt sich: Die Organisationsstruktur der verschiedenen Keller, das heißt, die Beziehungen zwischen den Elementen, ist unabhängig vom Typ der Daten; die sich darauf beziehenden Teile der Implementierung sind deshalb völlig identisch. Das gilt auch für die Operationen *Leer* bzw. *Voll*. Die

Elemente als Träger der Datenwerte und natürlich die Operationen *Push* und *Pop* weisen Unterschiede auf. Die Ähnlichkeit von Kellerspeichern für unterschiedliche Datenwerte legt den Gedanken nahe, bei der Implementierung einen von den speziellen Daten unabhängigen, universell nutzbaren Kern zu schaffen. Entsprechend dem Typ der Daten ist dann die Implementierung des Kellers nur um die datenabhängigen Teile zu erweitern. Bei dieser Vorgehensweise kann Implementierungsaufwand eingespart werden. Ein Mangel der Konzepte Datenkapsel bzw. abstrakter Datentyp besteht darin, daß diese Vorgehensweise nicht realisierbar ist (eine gewisse Ausnahme ergibt sich durch Alias-Deklarationen, wie das entsprechende Beispiel im Abschnitt 2.2 zeigt). Für Keller mit unterschiedlichem Typ ihrer Daten ist jeweils eine vollständig neue Implementierung als Definitions- und Implementationsmodul erforderlich.

4.2 Objektorientierter Entwurf von homogenen Kellerspeichern

Die Konzepte der objektorientierten Programmierung, insbesondere das der Vererbung, bilden eine gute Grundlage dafür, den Implementierungsaufwand von Kellerspeichern für unterschiedliche Datenwerte zu verringern. Ein Keller, der nur Werte eines einzigen Typs aufnimmt, wird homogener Keller genannt.

Beispiel 4-1

Aufgabenstellung

Es sind zwei Arten von Kellerspeichern, einer für ganze Zahlen und der andere für komplexe Zahlen, mit den Mitteln der objektorientierten Programmierung zu entwerfen und zu implementieren.

Welche Anforderungen werden an einen Kellerspeicher bezüglich seiner Eigenschaften gestellt? Für jeden Keller soll die maximale Anzahl seiner Elemente festlegbar sein. Als Kelleroperationen sind vorzusehen:

Init	– Erzeugen eines leeren Kellers und Festlegen der maximalen Elementeanzahl
Push	– Eintragen eines Wertes
Pop	– Entnehmen eines Wertes (und Löschen des Elements)
Top	– Lesen des letzten eingetragenen Wertes (ohne Löschen des Elements)
Leer	– Prüfen, ob der Keller leer ist
Voll	– Prüfen, ob der Keller die maximale Elementeanzahl enthält

AktTiefe – Ermitteln der Anzahl der eingetragenen Werte
MaxTiefe – Ermitteln der maximalen Elementeanzahl
Loeschen – Löschen aller eingetragenen Werte

Entwurf

Es liegt nahe, Keller in Abhängigkeit vom Typ ihrer Daten als separate Klassen einzuführen; hier sind das die Klassen *IntKeller* und *KomplexKeller*. Diejenigen Eigenschaften, das heißt, diejenigen Merkmale und Methoden, die für alle Keller gleich sind, werden in einer gesonderten Klasse *UniKeller* zusammengefaßt; diese beschreibt die Eigenschaften eines universellen Kellers. *UniKeller* bildet die Wurzel einer Klassenhierarchie, aus der die Klassen für spezielle Keller als Unterklassen abgeleitet werden (Bild 4-1).

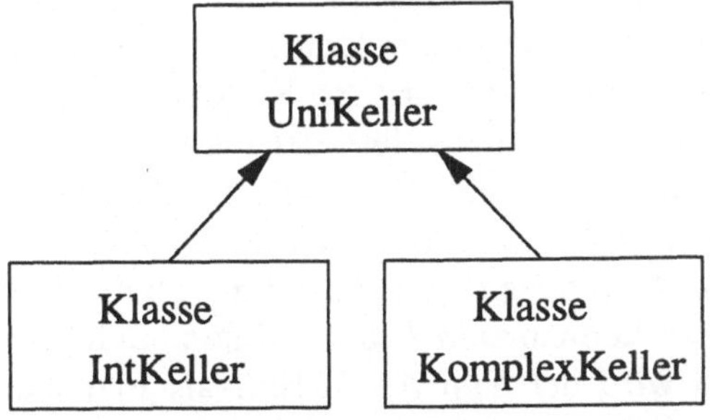

Bild 4-1 Klassenhierarchie für Keller

Welche Merkmale und welche Methoden sind der Klasse *UniKeller* zuzuordnen?

Als Merkmale kommen infrage

- die maximale Anzahl von Elementen, die der Keller aufnimmt (*MaxElem*)
- die aktuelle Anzahl von Elementen des Kellers (*AnzElem*)
- die im Keller enthaltenen Elemente (*Elemente*)

Die Methoden sind die oben eingeführten Kelleroperationen. Mit diesen Merkmalen und Methoden wird die Wurzelklasse *UniKeller* folgendermaßen definiert:

```
DEFINITION MODULE Keller;

  TYPE ElementZeiger;                    (* Versteckter Typ *)

       UniKeller = CLASS
```

```
            MaxElem   : CARDINAL;
            AnzElem   : CARDINAL;
            Elemente : ElementZeiger;
            PROCEDURE Init     (Tiefe : CARDINAL);
            PROCEDURE Push     (A : ADDRESS);
            PROCEDURE Pop      () : ADDRESS;
            PROCEDURE Top      () : ADDRESS;
            PROCEDURE Leer     () : BOOLEAN;
            PROCEDURE Voll     () : BOOLEAN;
            PROCEDURE AktTiefe () : CARDINAL;
            PROCEDURE MaxTiefe () : CARDINAL;
            PROCEDURE Loeschen ();
        END (* UniKeller *);

END Keller.
```

Einige Erläuterungen sind erforderlich. Die Exemplarvariable *Elemente* dient zur Aufnahme der Liste von Elementen. Wir wollen dafür eine *dynamische Datenstruktur* verwenden, das heißt, die Elemente sollen dynamisch erzeugt und über Zeiger zu einer Liste verkettet werden. Aus diesem Grund wird für *Elemente* der Datentyp *ElementZeiger* gewählt; er ist als versteckter Typ deklariert, da sein Aufbau für eine Anwendung der Klasse ohne Bedeutung ist. Mit der Methode *Init* wird die Verwendung *generischer Parameter* demonstriert; der Parameter *Tiefe* ermöglicht, für jedes Objekt der Klasse die maximale Elementeanzahl individuell festzulegen. Die Methoden *Push*, *Pop* und *Top* zeichnen sich durch die Verwendung des Datentyps ADDRESS aus. Diese Methoden dienen zur Manipulation der Elemente des Kellers. In der Klasse *UniKeller* können zum Typ der Daten noch keine Festlegungen getroffen werden. Deshalb wird der Typ ADDRESS als Platzhalter für die erst in den Unterklassen zu spezifizierenden Daten vorgesehen. ADDRESS ist ein Zeigertyp, der zu jedem beliebigen Zeigertyp kompatibel ist. Seine Verwendung ist die Grundlage dafür, daß *UniKlasse* als Wurzelklasse für Keller mit unterschiedlichem Typ der Daten eingeführt werden kann.

Bevor die Implementierung der Klasse *UniKeller* vorgenommen wird, sind einige Überlegungen zur Realisierung der Elemente des Kellers erforderlich. Sie nehmen die Daten des Kellers auf und sollen zu einer Liste verkettet werden. Die Exemplarvariable *Elemente* der Klasse *UniKeller* enthält einen Verweis auf diese Liste.

Die Elemente müssen eine solche Struktur haben, daß

- ihre Verkettung zu einer Liste erfolgen kann,
- ihnen ein Wert in Abhängigkeit vom Typ der Daten zugeordnet werden kann.

Mit folgender Struktur der Elemente bzw. der Liste sind diese Anforderungen erfüllbar (Bild 4-2).

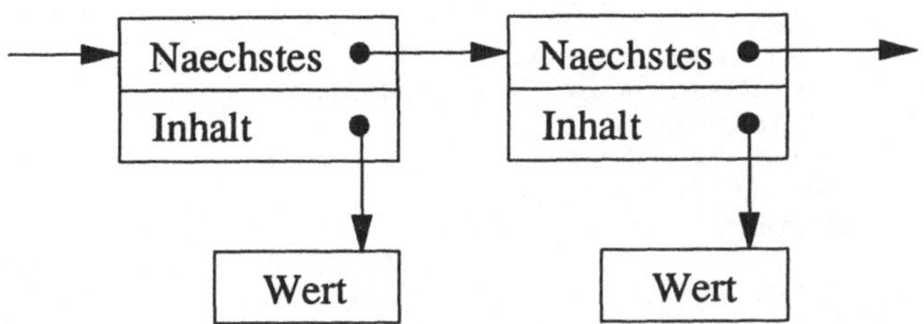

Bild 4-2 Kellerstruktur

Jedes Element des Kellers besteht intern aus zwei Teilelementen, die wir als Listenelement (es enthält die Felder *Naechstes* und *Inhalt*) bzw. Datenelement (es enthält den eigentlichen Wert) bezeichnen wollen. *Inhalt* nimmt einen Verweis auf das dem Listenelement zugeordnete Datenelement auf, *Naechstes* (vom Typ *ElementZeiger*) dient zur Verkettung der Listenelemente.

Die Listenelemente, das heißt, ihre Erzeugung und Verkettung, können in die Klasse *UniKeller* aufgenommen werden, da sie vom Typ der Daten unabhängig sind. Die dynamische Erzeugung der Datenelemente erfolgt, da sie vom Typ der Daten abhängig sind, in der Unterklasse *IntKeller* bzw. *KomplexKeller*.

Implementierung

Die Implementation der Klasse *UniKeller* ist im nachfolgenden Modul enthalten:

```
IMPLEMENTATION MODULE Keller;

  FROM Storage IMPORT ALLOCATE; DEALLOCATE;

  TYPE ElementZeiger = POINTER TO ElementRec;
       ElementRec = RECORD
          Naechstes : ElementZeiger;
          Inhalt    : ADDRESS;
       END (* ElementRec *);

       UniKeller = CLASS
          MaxElem   : CARDINAL;
          AnzElem   : CARDINAL;
          Elemente  : ElementZeiger;

          PROCEDURE Init (Tiefe : CARDINAL);
            BEGIN
              MaxElem  := Tiefe;
              AnzElem  := 0;
              Elemente := NIL
            END Init;

          PROCEDURE Push (A : ADDRESS);
            VAR P : ElementZeiger;
            BEGIN
              IF NOT Voll () & (A # NIL) THEN
```

```
        NEW (P);
        P^.Inhalt := A;
        P^.Naechstes := Elemente;
        Elemente:= P;
        INC (AnzElem)
      END (* IF *)
    END Push;

  PROCEDURE Pop () : ADDRESS;
    VAR A : ADDRESS; P : ElementZeiger;
    BEGIN
      A := NIL;
      IF NOT Leer () THEN
        P := Elemente;
        Elemente := P^.Naechstes;
        A := P^.Inhalt;
        DEC (AnzElem);
        DISPOSE (P)
      END (* IF *);
      RETURN A
    END Pop;

  PROCEDURE Top () : ADDRESS;
    BEGIN
      IF NOT Leer () THEN
        RETURN Elemente^.Inhalt
      END (* IF *);
      RETURN NIL
    END Top;

  PROCEDURE Leer () : BOOLEAN;
    BEGIN
      RETURN AnzElem = 0
    END Leer;

  PROCEDURE Voll () : BOOLEAN;
    BEGIN
      RETURN (MaxTiefe()>0) & (MaxTiefe()=AktTiefe())
    END Voll;

  PROCEDURE AktTiefe () : CARDINAL;
    BEGIN
      RETURN AnzElem
    END AktTiefe;

  PROCEDURE MaxTiefe () : CARDINAL;
    BEGIN
      RETURN MaxElem
    END MaxTiefe;

  PROCEDURE Loeschen ();
    BEGIN
      WHILE NOT Leer () DO
        Pop ()
      END (* WHILE *)
    END Loeschen;

  END (* UniKeller *);

END Keller.
```

Der versteckte Datentyp *ElementZeiger* definiert ein dynamisch erzeugbares Listenelement, das die beiden Felder *Naechstes* und *Inhalt* enthält. Durch den Typ ADDRESS des Feldes *Inhalt* wird gewährleistet, daß es Verweise auf beliebige Datenelemente, die als Zeigertyp realisiert sind, aufnehmen kann.

Die Wirkungen der Methoden gehen aus ihrem Kode hervor; sie erfüllen die für die Kelleroperationen festgelegten Anforderungen. Das Einfügen eines neuen Elements mit der Methode *Push* bzw. die Entnahme eines Elements mit *Pop* erfolgt immer am Anfang der Liste. Die Exemplarvariable *Elemente* enthält den Verweis auf den Anfang der Liste bzw. auf deren erstes Element. Durch die Methode *Init* erhalten die Exemplarvariablen *AnzElem* bzw. *Elemente* einen Initialisierungswert; *MaxElem* wird der Wert des generischen Parameters *Tiefe* zugewiesen. Die Methode *Push* erzeugt dynamisch durch *NEW(P)* ein neues Listenelement und fügt es am Anfang der Liste ein (*Elemente* erhält einen neuen Wert). Das Feld *Naechstes* nimmt den Verweis auf die bereits vorhandene Liste auf. Dem Feld *Inhalt* des Listenelements wird der durch den Parameter *A* vom Typ ADDRESS übergebene Verweis auf ein Datenelement zugewiesen. Das Erzeugen und Einfügen eines neuen Listenelements erfolgt nur, wenn der Keller noch nicht voll ist. Wurde der Wert des Parameters *Tiefe* = 0 gewählt, so ist die maximale Anzahl der Elemente durch die Größe des Heap-Speichers begrenzt. Die Methode *Pop*, eine Funktionsprozedur, liefert als Wert den Verweis auf das Datenelement und streicht das erste Listenelement.

Basierend auf dieser internen Struktur der Kellerelemente können alle Kelleroperationen als Methoden der Klasse *UniKeller* implementiert werden, ohne Festlegungen bezüglich der Datenelemente treffen zu müssen. Die Datenelemente werden erst in den Unterklassen definiert; ihre Zuordnung zu den Listenelementen erfolgt durch Eintragen eines Verweises (Typ ADDRESS) in das Feld *Inhalt* des entsprechenden Listenelements.

Nun werden die Unterklassen von *UniKeller* betrachtet. In ihnen erfolgt die Spezifizierung der Datenelemente eines Kellers. Welche Merkmale und Methoden müssen in der Klasse *IntKeller* enthalten sein? Gegenüber der Klasse *UniKeller* sind keine weiteren Merkmale erforderlich. Die Methoden *Push*, *Pop* und *Top* müssen neudefiniert werden, da sie sich in der Klasse *IntKeller* auf Datenelemente vom Typ INTEGER beziehen. Außerdem ist die Neudefinition der Methode *Loeschen* notwendig, da sie bzw. die von ihr aufgerufene Prozedur *Pop* in der Klasse *UniKeller* kein Datenelement löscht. Die in *IntKeller* neudefinierte Methode *Pop* löscht das Datenelement. *Pop* als virtuelle Methode einzuführen ist infolge der unterschiedlichen Köpfe der beiden Prozeduren *Pop* nicht möglich.

Die Definition der Klasse *IntKeller* erfolgt im gleichen Definitionsmodul wie ihre Oberklasse *UniKeller*:

```
DEFINITION MODULE Keller;

  TYPE IntKeller = CLASS (UniKeller)
         PROCEDURE Push     (I : INTEGER);
         PROCEDURE Pop      () : INTEGER;
         PROCEDURE Top      () : INTEGER;
         PROCEDURE Loeschen ();
       END (* IntKeller *);

END Keller.
```

Die Implementierung der Methoden erfolgt im zugehörigen Implementationsmodul:

```
IMPLEMENTATION MODULE Keller;
  ...
  CONST Fehler = 'FEHLER *** Keller ist leer';

  TYPE IntZeiger = POINTER TO INTEGER;
       IntKeller = CLASS (UniKeller)

         PROCEDURE Push (I : INTEGER);
           VAR P : IntZeiger;
           BEGIN
             NEW (P); P^ := I;
             UniKeller.Push (P)
           END Push;

         PROCEDURE Pop () : INTEGER;
           VAR I : INTEGER; P : IntZeiger;
           BEGIN
             P := UniKeller.Pop ();
             IF (P = NIL) THEN
               WrLn; WrStr (Fehler); HALT
             END (* IF *);
             I := P^; DISPOSE (P);
             RETURN I
           END Pop;

         PROCEDURE Top () : INTEGER;
           VAR P : IntZeiger;
           BEGIN
             P := UniKeller.Top ();
             IF (P = NIL) THEN
               WrLn; WrStr (Fehler); HALT
             END (* IF *);
             RETURN P^
           END Top;

         PROCEDURE Loeschen ();
           BEGIN
             WHILE NOT Leer () DO
               SELF.Pop ()
             END (* WHILE *)
           END Loeschen;

       END (* IntKeller *);

END Keller.
```

Da die Datenelemente den Listenelementen des Kellers über einen Verweis zugeordnet werden, ist ihre Deklaration als Zeigertyp *IntZeiger* erforderlich. Die Methode *Push* erzeugt dynamisch durch *NEW(P)* ein neues Datenelement, dem der Wert des Parameters *I* zugewiesen wird. Durch Aufruf der Methode *Push* aus der Klasse *UniKeller*

```
UniKeller.Push(P)
```

wird ein Listenelement erzeugt, diesem das Datenelement über einen Verweis zugeordnet, und das Listenelement am Anfang der Liste eingefügt. Hier wird noch einmal deutlich, daß durch den Typ ADDRESS des formalen Parameters *A* in der Methode *Push* aus *UniKeller* die Kompatibilität zum Typ des Zeigers auf das Datenelement *IntZeiger* gewährleistet wird. Die Methoden *Pop* bzw. *Top* der Klasse *IntKeller* nutzen in analoger Weise zu *Push* die Methoden *Pop* bzw. *Top* aus *UniKeller*. In *Pop* bzw. *Top* wird die Ausführbarkeit der Operation geprüft; gegebenenfalls erfolgt eine Fehlermeldung in Form einer Ausschrift.

Der Kode der Methode *Loeschen* aus der Klasse *IntKeller* ist völlig identisch mit dem von *Loeschen* in *UniKeller*. Trotzdem besteht ein wesentlicher Unterschied darin, daß die beiden Methoden *Loeschen* jeweils die Methode *Pop* aus ihrer Klasse nutzen. Und die beiden Funktionsprozeduren *Pop* unterscheiden sich durch den Typ ihres Funktionswertes.

Anwendung

Die Anwendung der Klasse *UniKeller* wird an einem nichtrekursiven Quicksort-Algorithmus demonstriert (Prozedur *QuickSort*). Er arbeitet mit einem Kellerspeicher (Klasse *QuickKeller*), dessen Datenelemente jeweils zwei Werte aufnehmen. Sie dienen als Indizes zur Auswahl von Elementen in dem zu sortierenden *Feld*.

```
MODULE DEMO;

  FROM Keller   IMPORT UniKeller;
  FROM Storage  IMPORT ALLOCATE,DEALLOCATE;
  FROM Lib      IMPORT RANDOMIZE,RANDOM;
  FROM IO       IMPORT WrStr,WrCard,WrLn;

  TYPE QuickZeiger = POINTER TO QuickRec;
       QuickRec    = RECORD
         L,R : CARDINAL
       END (* QuickRec *);

       QuickKeller = CLASS (UniKeller)

         PROCEDURE Push (I,J : CARDINAL);
           VAR Z : QuickZeiger;
```

```
          BEGIN
            NEW (Z); Z^.L := I; Z^.R := J;
            UniKeller.Push (Z)
          END Push;

        PROCEDURE Pop (VAR I,J : CARDINAL);
          VAR Z : QuickZeiger;
          BEGIN
            Z := UniKeller.Pop ();
            I := Z^.L; J := Z^.R;
            DISPOSE (Z)
          END Pop;

        (* weitere Methoden *)

      END (* QuickKeller *);


      FeldTyp = ARRAY [1..100] OF CARDINAL;

  VAR Feld : FeldTyp;

  PROCEDURE Eingabe (VAR F : FeldTyp);
    ...
    END Eingabe;

  PROCEDURE Ausgabe (F : FeldTyp);
    ...
    END Ausgabe;

  PROCEDURE QuickSort (VAR F : FeldTyp);
    VAR Q : QuickKeller; L,R,I,J,X,Y : CARDINAL;
    BEGIN
      Q.Init (0); Q.Push (1,HIGH (F));
      REPEAT
        Q.Pop (L,R);
        REPEAT
          I := L; J := R; X := F[(L+R) DIV 2];
          REPEAT
            WHILE F[I] < X DO INC (I) END;
            WHILE X < F[J] DO DEC (J) END;
            IF I <= J THEN
              Y := F[I]; F[I] := F[J]; F[J] := Y;
              INC (I); DEC (J)
            END (* IF *)
          UNTIL I > J;
          IF I+J < L+R THEN
            IF I < R THEN Q.Push (I,R) END; R := J
          ELSE
            IF L < J THEN Q.Push (L,J) END; L := I
          END (* IF *)
        UNTIL L >= R
      UNTIL Q.Leer ()
    END QuickSort;


  BEGIN
    WrStr ('Initialisierung des Feldes'); WrLn ();
    Eingabe (Feld); Ausgabe (Feld);
    WrStr ('Sortieren durch QuickSort'); WrLn ();
```

```
   QuickSort (Feld); Ausgabe (Feld)
 END DEMO.
```

Variante

Am Beispiel der Unterklasse *KomplexKeller* für Keller, die komplexe Zahlen als Datenelemente enthalten, werden einige weitere methodische Vorgehensweisen bei der Implementierung komplexer Datenstrukturen erläutert.

Zuerst wird gezeigt, wie das Konzept des abstrakten Datentyps im Rahmen der objektorientierten Programmierung genutzt werden kann. Der strukturierte Datentyp *KomplexRec* zur Beschreibung komplexer Zahlen

```
TYPE KomplexRec = RECORD
       Real,Imag : REAL
     END (* KomplexRec *);
```

soll nicht im Definitionsmodul deklariert (wie zum Beispiel der strukturierte Datentyp *PunktRec* im Programm des Abschnitts 3.6), sondern als abstrakter Datentyp eingeführt werden. Der abstrakte Datentyp wird als versteckter Typ *KomplexZeiger* definiert; folgende Operationen mit den Exemplaren dieses Typs sind erforderlich:

Init – Erzeugen eines Exemplars und Zuweisen eines komplexen Wertes
Lesen – Lesen des komplexen Wertes eines Exemplars
Streichen – Löschen eines Exemplars (mit Freigabe von Speicherplatz)
Setzen – Zuweisen eines komplexen Wertes

Anhand der Definition der Unterklasse *KomplexKeller* wird auch gezeigt, wie als Definitions-/Implementationsmodulpaar vorliegende Programme in modifizierter Form wiederverwendet werden können, ohne daß sie neu implementiert werden müssen. Die Modifikation erfolgt in einer Unterklasse; diese wird in einem neuen Definitions-/Implementationsmodulpaar definiert bzw. kodiert. Durch Import einer Oberklasse werden deren Merkmale und Methoden zur Wiederverwendung in die Unterklasse eingeführt.

Nach diesen Betrachtungen kann ein Definitionsmodul, der auch die Definition der Unterklasse *KomplexKeller* enthält, spezifiziert werden:

```
DEFINITION MODULE Komplex;

  FROM Keller IMPORT UniKeller;

  TYPE KomplexZeiger ;  (* Versteckter Typ *)

  PROCEDURE Init      (R,I : REAL) : KomplexZeiger;
  PROCEDURE Lesen     (K : KomplexZeiger; VAR R,I : REAL);
  PROCEDURE Setzen    (K : KomplexZeiger; R,I : REAL);
```

```
    PROCEDURE Streichen (VAR K : KomplexZeiger);

    TYPE KomplexKeller = CLASS (UniKeller)
           PROCEDURE Push     (K : KomplexZeiger);
           PROCEDURE Pop      () : KomplexZeiger;
           PROCEDURE Top      () : KomplexZeiger;
           PROCEDURE Loeschen ();
         END (* KomplexKeller *);

  END Komplex.
```

Es wird noch einmal auf den erforderlichen Import der als Oberklasse verwendeten Klasse *UniKeller* hingewiesen. Nach der Definition des versteckten Typs *KomplexZeiger* folgen die als Prozeduren bzw. Funktionsprozedur implementierten Operationen des abstrakten Datentyps. Die Methoden der Klasse *KomplexKeller* entsprechen denen der Klasse *IntKeller* mit dem Unterschied, daß der Typ *KomplexZeiger* als abstrakter Datentyp eingeführt wird.

Nachfolgend der zugehörige Implementationsmodul:

```
  IMPLEMENTATION MODULE Komplex;
    ...
    TYPE KomplexZeiger = POINTER TO KomplexRec;

         KomplexRec  = RECORD
           Real,Imag : REAL
         END (* KomplexRec *);

    PROCEDURE Init (R,I : REAL) : KomplexZeiger;
      VAR K : KomplexZeiger;
      BEGIN
        NEW (K); Setzen (K,R,I);
        RETURN K
      END Init;

    PROCEDURE Lesen (K : KomplexZeiger; VAR R,I : REAL);
      BEGIN
        R := K^.Real; I := K^.Imag
      END Lesen;

    PROCEDURE Setzen (K : KomplexZeiger; R,I : REAL);
      BEGIN
        K^.Real := R; K^.Imag := I
      END Setzen;

    PROCEDURE Streichen (VAR K : KomplexZeiger);
      BEGIN
        DISPOSE (K)
      END Streichen;


    TYPE KomplexKeller = CLASS (UniKeller)

           PROCEDURE Push (K : KomplexZeiger);
             VAR P : KomplexZeiger;
             BEGIN
               UniKeller.Push (P)
```

```
      END Push;

    PROCEDURE Pop () : KomplexZeiger;
      BEGIN
       RETURN UniKeller.Pop ()
      END Pop;

    PROCEDURE Top () : KomplexZeiger;
      BEGIN
        RETURN UniKeller.Top ()
      END Top;

    PROCEDURE Loeschen ();
      BEGIN
        WHILE NOT Leer () DO
          Pop ()
        END (* WHILE *)
      END Loeschen;

  END (* KomplexKeller *);

END Komplex.
```

Der Modul enthält die vollständige Definition des versteckten Datentyps Die Wirkungen der einzelnen Methoden werden aus ihrer Kodierung verständlich. Das Aufrufen von importierten Methoden aus der Oberklasse erfolgt durch Voranstellen des Namens der Oberklasse:

```
UniKeller.Push ();
UniKeller.Pop  ();
UniKeller.Top  ();
```

Die syntaktische Form dieser Anweisungen, das heißt, insbesondere das Voranstellen des Namens der Oberklasse, ist einheitlich für die beiden Möglichkeiten der Verfügbarkeit der Methoden einer Oberklasse; die Oberklasse kann entweder im gleichen Modul enthalten sein, oder sie wird aus einem anderen Modul importiert. In jedem Fall wird der Name der Oberklasse, hier *UniKeller*, der verwendeten Methode vorangestellt.

Abschließend zu diesem Abschnitt soll auf eine wichtige Eigenschaft von Klassenhierarchien hingewiesen werden: Eine *Oberklasse* hat einen höheren *Abstraktionsgrad* als ihre Unterklassen, bzw. *Unterklassen* besitzen eine stärkere *Konkretisierung* als ihre Oberklasse. Das wird an dem Beispiel der Kellerspeicher besonders deutlich. Die Methoden der Oberklasse *UniKeller* beziehen sich auf Keller mit abstrakten, hinsichtlich des Typs ihrer Werte noch nicht spezifizierten Datenelementen. Dagegen ist in den Unterklassen *IntKeller* bzw. *KomplexKeller* der Typ der Werte festgelegt, und die Methoden nehmen darauf Bezug.

Die Quelltexte aller Module dieses Beispiels sind auf der Programmdiskette enthalten.

4.3 Keller mit dynamischen Objekten

Beispiel 4-2

Aufgabenstellung

Wir wollen das gleiche Problem wie im Abschnitt 4.2 lösen, eine Klassenhierarchie für Kellerspeicher zu entwickeln, aber dabei dynamische Objekte für die Implementierung der Kellerelemente einführen.

Entwurf

Für die Klassenhierarchie wird das gleiche Konzept zugrunde gelegt, das heißt, eine universelle Klasse *UniKeller* als Wurzel, aus der in Abhängigkeit vom Typ der Daten Keller wie *IntKeller* bzw. *KomplexKeller* als Unterklassen abgeleitet werden. Für die Struktur der Elemente des Kellers wird ein anderes Konzept gewählt; es erfüllt die im Abschnitt 4.2 festgelegten Anforderungen ebenfalls. Ein Merkmal jedes Elements, das unabhängig von den aufzunehmenden Daten ist, besteht darin, daß es über ein Feld *Naechstes* mit anderen Elementen zu einer Liste verkettbar sein muß (Bild 4-3).

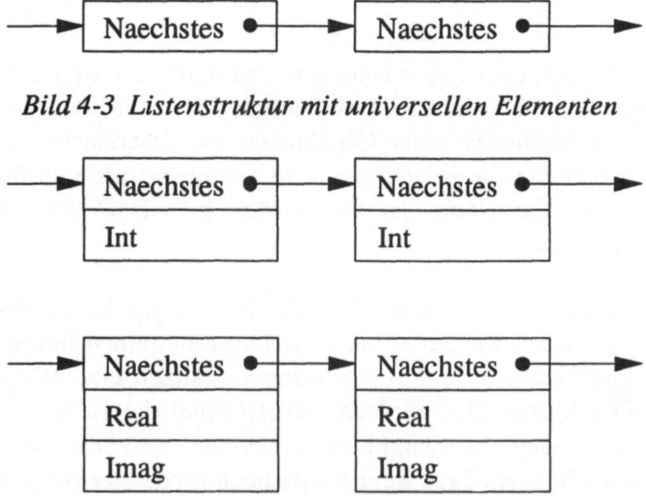

Bild 4-3 Listenstruktur mit universellen Elementen

Bild 4-4 Listenstruktur mit speziellen Elementen

Ein weiteres Merkmal der Elemente ist, daß sie einen Wert aufnehmen müssen. Dieser ist vom Typ der Daten abhängig (Bild 4-4). Wählt man die Struktur für universelle Elemente entsprechend Bild 4-3 und für die datenspezifischen Elemente entsprechend Bild 4-4, dann ergibt sich die Möglichkeit, die Elemente im Rahmen einer Klassenhierarchie zu definieren (Bild 4-5).

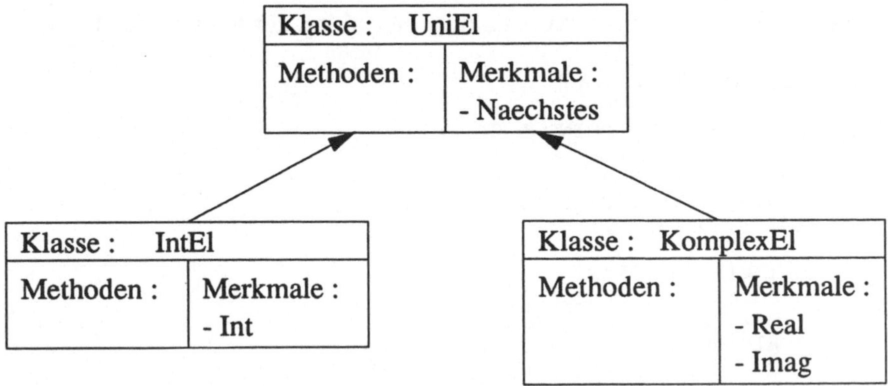

Bild 4-5 Klassenhierarchie für Kellerelemente

Universelle Elemente werden in einer Wurzelklasse mit dem Merkmal *Naechstes*, die speziellen Elemente in Unterklassen durch Erweiterung um die Merkmale *Int* (für die Werte von ganzen Zahlen) bzw. *Real* und *Imag* (für die Werte von komplexen Zahlen) spezifiziert. Um die Elemente dynamisch erzeugen zu können, werden sie als Zeigertyp *UniElZeiger* deklariert. Damit ergeben sich folgende Klassendefinitionen:

```
DEFINITION MODULE Keller;

  TYPE UniElZeiger = POINTER TO UniEl;

       UniEl = CLASS
         Naechstes : UniElZeiger;
       END (* UniEl *);

       IntElZeiger = POINTER TO IntEl;

       IntEl = CLASS (UniEl)
         Int : INTEGER;
       END (* IntEl *);

       KomplexElZeiger = POINTER TO KomplexEl;

       KomplexEl = CLASS (UniEl)
         Real,Imag : REAL;
       END (* KomplexEl *);

END Keller.
```

Die so definierten Klassen bilden die Grundlage dafür, Elemente eines Kellers als Objekte dieser Klassen dynamisch zu erzeugen.

Die Definition der Klassen *UniKeller*, *IntKeller* bzw. *KomplexKeller* erfolgt wie im Abschnitt 4.2. Damit lautet die vollständige Definition der Klassen für Keller:

```
DEFINITION MODULE Keller;

  TYPE UniElZeiger = POINTER TO UniEl;

       UniEl = CLASS
         Naechstes : UniElZeiger;
       END (* UniEl *);

       UniKeller = CLASS
         AnzElem   : CARDINAL;
         MaxElem   : CARDINAL;
         Elemente  : UniElZeiger;

         PROCEDURE Init      (Tiefe : CARDINAL);
         PROCEDURE Push      (Z : UniElZeiger);
         PROCEDURE Pop       () : UniElZeiger;
         PROCEDURE Top       () : UniElZeiger;
         PROCEDURE Voll      () : BOOLEAN;
         PROCEDURE Leer      () : BOOLEAN;
         PROCEDURE AktTiefe  () : CARDINAL;
         PROCEDURE MaxTiefe  () : CARDINAL;
         PROCEDURE Loeschen  ();
       END (* UniKeller *);

       IntElZeiger = POINTER TO IntEl;

       IntEl = CLASS (UniEl)
         Int : INTEGER;
       END (* IntEl *);

       IntKeller = CLASS (UniKeller)
         PROCEDURE Push (I : INTEGER);
         PROCEDURE Pop  () : INTEGER;
         PROCEDURE Top  () : INTEGER;
       END (* IntKeller *);

       KomplexElZeiger = POINTER TO KomplexEl;

       KomplexEl = CLASS (UniEl)
         Real,Imag : REAL;
       END (* KomplexEl *);

       KomplexKeller = CLASS (UniKeller)
         PROCEDURE Push (R,I : REAL);
         PROCEDURE Pop  (VAR R,I : REAL);
         PROCEDURE Top  (VAR R,I : REAL);
       END (* KomplexKeller *);

END Keller.
```

Neu an dieser Vorgehensweise gegenüber den bisher behandelten Beispielen ist, daß in der Beschreibung zwei Klassenhierarchien enthalten sind. Jede Klassenhierarchie wird separat und unabhängig von der anderen definiert. Eine Beziehung zwischen beiden existiert infolge der Verwendung des Typs *UniElZeiger*, der auf die Klasse *UniEl* verweist, in einigen Methoden der Klasse *UniKeller*. Weitere Beziehungen ergeben sich bei der Implementierung der Klassen.

Auf folgende Unterschiede gegenüber der Klassendefinition im Abschnitt 4.2 muß noch hingewiesen werden. Hier können die Datentypen *UniElZeiger*, *IntElZeiger* bzw. *KomplexElZeiger* zur Beschreibung der Elemente nicht als versteckte Datentypen deklariert werden, da sie für die Verwendung bzw. Erweiterungen in Unterklassen benötigt werden (im Gegensatz zu den Typen *ElementZeiger*, *IntZeiger* bzw. *KomplexZeiger* im Abschnitt 4.2). In der Klasse *UniKeller* wird der Typ *UniElZeiger* bei der Deklaration der Exemplarvariablen *Elemente* bzw. der Methoden *Push*, *Pop* und *Top* verwendet - anstelle der Typen *ElementZeiger* bzw. *ADDRESS* im Abschnitt 4.2. Außerdem ist in den Unterklassen die Methode *Loeschen* nicht mehr enthalten, das heißt, ihre Neudefinition ist nicht erforderlich.

Die Unterschiede werden bei der Betrachtung der Implementierung der Klassen verständlich.

Implementierung

```
IMPLEMENTATION MODULE Keller;
  ...
  CONST Fehler = 'FEHLER *** Keller ist leer';

  TYPE UniEl = CLASS
         Naechstes : UniElZeiger;
       END (* UniEl *);

       UniKeller = CLASS
         AnzElem   : CARDINAL;
         MaxElem   : CARDINAL;
         Elemente  : UniElZeiger;

         PROCEDURE Init (Tiefe : CARDINAL);
           BEGIN
             MaxElem  := Tiefe;
             AnzElem  := 0;
             Elemente := NIL
           END Init;

         PROCEDURE Push (Z : UniElZeiger);
           BEGIN
             IF NOT Voll () & (Z # NIL) THEN
               INC (AnzElem);
               Z^.Naechstes := Elemente;
               Elemente := Z
             END (* IF *)
           END Push;
```

```
    PROCEDURE Pop () : UniElZeiger;
      VAR Z : UniElZeiger;
      BEGIN
        Z := NIL;
        IF NOT Leer () THEN
          Z := Elemente;
          Elemente := Z^.Naechstes;
          DEC (AnzElem)
        END (* IF *);
        RETURN Z
      END Pop;

    PROCEDURE Top () : UniElZeiger;
      BEGIN
        RETURN Elemente
      END Top;

    PROCEDURE Voll () : BOOLEAN;
      BEGIN
        RETURN (MaxTiefe()>0) & (AktTiefe()=MaxTiefe())
      END Voll;

    PROCEDURE Leer () : BOOLEAN;
      BEGIN
        RETURN AktTiefe () = 0
      END Leer;

    PROCEDURE AktTiefe () : CARDINAL;
      BEGIN
        RETURN AnzElem
      END AktTiefe;

    PROCEDURE MaxTiefe () : CARDINAL;
      BEGIN
        RETURN MaxElem
      END MaxTiefe;

    PROCEDURE Loeschen ();
      VAR P : UniElZeiger;
      BEGIN
        WHILE Elemente # NIL DO
          P := Elemente;
          Elemente := P^.Naechster;
          DISPOSE (P)
        END (* WHILE *);
        AnzElem := 0
      END Loeschen;

  END (* UniKeller *);

  IntEl = CLASS (UniEl)
    Int : INTEGER;
  END (* IntEl *);

  IntKeller = CLASS (UniKeller)

    PROCEDURE Push (I : INTEGER);
      VAR Z : IntElZeiger;
      BEGIN
        NEW (Z); Z^.Int := I;
```

```
      UniKeller.Push (Z)
    END Push;

  PROCEDURE Pop () : INTEGER;
    VAR Z : IntElZeiger; I : INTEGER;
    BEGIN
      Z := IntElZeiger (UniKeller.Pop ());
      IF Z = NIL THEN
        WrLn; WrStr (Fehler); HALT
      END (* IF *);
      I := Z^.Int;
      DISPOSE (Z);
      RETURN I
    END Pop;

  PROCEDURE Top () : INTEGER;
    VAR Z : IntElZeiger;
    BEGIN
      Z := IntElZeiger (UniKeller.Top ());
      IF Z = NIL THEN
        WrLn; WrStr (Fehler); HALT
      END (* IF *);
      RETURN Z^.Int
    END Top;

END (* IntKeller *);

KomplexEl = CLASS (UniEl)
  Real,Imag : REAL;
END (* KomplexEl *);

KomplexKeller = CLASS (UniKeller)

  PROCEDURE Push (R,I : REAL);
    VAR Z : KomplexElZeiger;
    BEGIN
      NEW (Z);
      Z^.Real := R; Z^.Imag := I;
      UniKeller.Push (Z)
    END Push;

  PROCEDURE Pop (VAR R,I : REAL);
    VAR Z : KomplexElZeiger;
    BEGIN
      Z := KomplexElZeiger (UniKeller.Pop ());
      IF Z = NIL THEN
        WrLn; WrStr (Fehler); HALT
      END (* IF *);
      R := Z^.Real; I := Z^.Imag;
      DISPOSE (Z)
    END Pop;

  PROCEDURE Top (VAR R,I : REAL);
    VAR Z : KomplexElZeiger;
    BEGIN
      Z := KomplexElZeiger (UniKeller.Top ());
      IF Z = NIL THEN
        WrLn; WrStr (Fehler); HALT
      END (* IF *);
      R := Z^.Real; I := Z^.Imag
    END Top;
```

```
      END (* KomplexKeller *);

  END Keller.
```

In der Klasse *UniKeller* dient die Exemplarvariable *Elemente* zur Aufnahme der Liste von Elementen, die hier vom Typ UniElZeiger sind. Bei der Implementierung der Methode *Loeschen* wird nicht die Methode *Pop* verwendet, denn daraus resultierten im Abschnitt 4.2 gewisse Probleme. Das Streichen eines Elements bzw. Freigeben seines Speicherplatzes erfolgt durch die Prozedur *DISPOSE. Loeschen* wird auf Elemente unterschiedlicher Struktur bzw. Größe angewendet und braucht in den Unterklassen nicht neu definiert zu werden (wie das bei der Aufgabe 4.1 erforderlich war).

Das dynamische Erzeugen von Objekten einer Klasse wird in der Methode *Push* der Klasse *IntKeller* angewendet; es wird ein neues Element für die Klasse *IntKeller* durch *NEW(Z)* als Objekt der Klasse *IntEl* generiert. In der Methode *Push* der Klasse *IntKeller* wird auch die Methode *Push* aus der Oberklasse *UniKeller* aufgerufen:

```
  UniKeller.Push(Z);
```

Z ist vom Typ *IntElZeiger*. Der formale Parameter der Methode *Push* in der Oberklasse *UniKeller* ist vom Typ *UniElZeiger*, im Abschnitt 4.2 wurde dafür die Verwendung des Typs ADDRESS begründet. Daß die hier vorgestellte Lösung korrekt ist, liegt in der Kompatibilität der Datentypen *UniElZeiger* und *IntElZeiger* begründet. Beide sind Zeigertypen, die auf eine Klassendefinition verweisen.

Unter Nutzung der in diesem Beispiel für Kellerspeicher mit ganzen Zahlen bzw. komplexen Zahlen als Elemente verwendeten Methoden kann die Klassenhierarchie auch um Unterklassen für andere Datenelemente erweitert werden.

Anwendung

Als Beispiel für die Verwendung eines Kellerspeichers als Objekt der Klasse *IntKeller* dient die Tabellierung von Werten für Binomialkoeffizienten. Die Berechnung eines Koeffizientenwertes erfolgt nach der Formel

$$\binom{n}{k} = \begin{cases} 1 & \text{, für k=0 oder k=n} \\ \binom{n-1}{k-1} + \binom{n-1}{k} & \text{, sonst} \end{cases}$$

durch die Prozedur *Bin*. Dabei wird ein Kellerspeicher *BinKeller* als Objekt der Klasse *IntKeller* verwendet. Für die Tabellierung werden n=10 und k im Bereich 0..10 zugrundegelegt.

```
MODULE DEMO;

  FROM Keller IMPORT IntKeller;
  FROM IO     IMPORT WrStr,WrInt,WrLn;

  VAR BinKeller : IntKeller;
      Index     : INTEGER;

  PROCEDURE Bin (N,K : INTEGER) : INTEGER;
    VAR Resultat : INTEGER;
    BEGIN
      IF (K < 0) OR (N < K) THEN
        WrStr (' => Bedingung N >= K >= 0 wurde verletzt !');
        HALT
      END (* IF *);
      Resultat := 0;
      BinKeller.Push (N);
      BinKeller.Push (K);
      REPEAT
        K := BinKeller.Pop ();
        N := BinKeller.Pop ();
        IF (K = 0) OR (K = N) THEN
          INC (Resultat)
        ELSE
          BinKeller.Push (N-1);
          BinKeller.Push (K-1);
          BinKeller.Push (N-1);
          BinKeller.Push (K)
        END (* IF *)
      UNTIL BinKeller.Leer ();
      RETURN Resultat
    END Bin;

BEGIN
  WrStr ('Berechnung von Binomialkoeffizienten'); WrLn ();
  WrStr ('N ueber K mit N = 10 und K = 0 .. 10'); WrLn ();
  BinKeller.Init (0);
  FOR Index := 0 TO 10 DO
    WrStr ('   Bin (10,'); WrInt (Index,2);  WrStr (') = ');
    WrInt (Bin (10,Index),0); WrLn ()
  END (* FOR *)
END DEMO.
```

Die vollständigen Quelltexte aller Module dieses Beispiels sind auf der Programmdiskette enthalten.

4.4 Ein heterogener Keller

Bei diesem Beispiel finden alle Konzepte der objektorientierten Programmierung einschließlich virtueller Methoden Anwendung.

Beispiel 4-3

Aufgabenstellung

Auf der Grundlage der im Abschnitt 4.3 verwendeten Methoden zur Definition von Kellerspeichern soll ein heterogener Keller, der Daten von unterschiedlichem Typ aufnimmt, entworfen und implementiert werden.

Entwurf

Für die dynamisch erzeugbaren Elemente des Kellers wird prinzipiell die gleiche Struktur wie im Abschnitt 4.3 verwendet, das heißt, ein universelles Element (Bild 4-6)

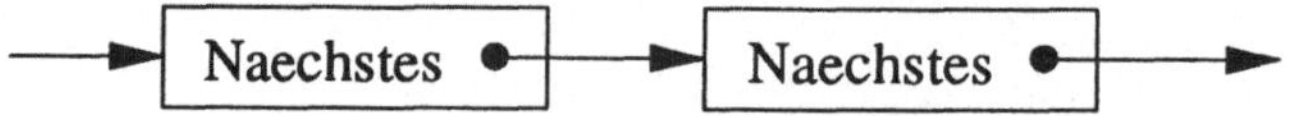

Bild 4-6 Universelles Kellerelement

und für die Daten die speziellen Elemente (Bild 4-7).

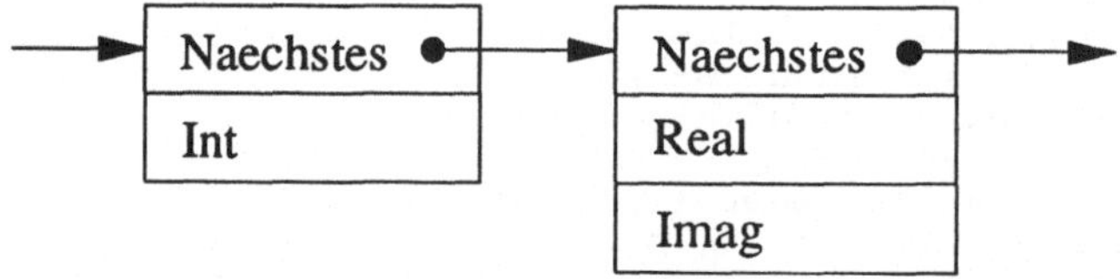

Bild 4-7 Spezielle Kellerelemente

Die im Abschnitt 4.3 definierte Klasse *UniEl* wird jedoch um eine Unterklasse *MultiEl* ergänzt, um eine Möglichkeit zu haben, den Elementen solche Merkmale bzw. Methoden zuzuordnen, die für alle Elemente des Kellers, unabhängig von ihrem Wertetyp, vorhanden sein sollen. Um das zu demonstrieren, wird hier die Klasse *MultiEl* um eine virtuelle Methode *Ausgabe* erweitert. Sie dient zur Ausgabe des einem Element zugeordneten Wertes. Da der Datentyp dieser Werte unterschiedlich sein kann, muß die Methode *Ausgabe* für jedes spezielle Element *IntEl* bzw. *KomplexEl* neudefiniert und beim Aufruf der Methode *Ausgabe* automatisch die richtige ausgewählt werden. Deshalb wird *Ausgabe* als virtuelle Methode eingeführt.

Die Klassenhierarchie der Elemente des Kellers hat folgende Struktur (Bild 4-8).

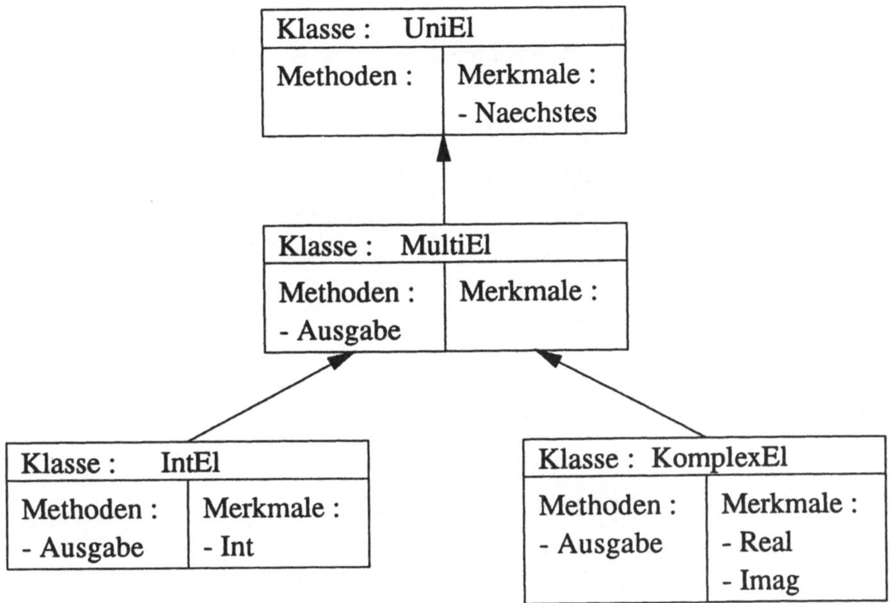

Bild 4-8 Klassenhierarchie für Kellerelemente

Die Möglichkeit, die Klasse *MultiEl* um virtuelle Methoden zu erweitern, ist für heterogene Keller von besonderer Bedeutung, da die Verarbeitung der Kellerelemente in einem Anwendungsprogramm vom Typ des zugeordneten Wertes abhängen kann.

Bei den bisher behandelten Beispielen weisen die Daten des Kellers eine einfache Struktur auf. Bei Problemen aus der Praxis kann ein vom Keller aufzunehmender Wert weitaus komplexer sein bzw. aus einer umfangreichen Wertemenge bestehen. Es können beispielsweise die Inhalte von Speicherbereichen unterschiedlicher Länge sein, die im Keller aufbewahrt werden müssen. Sie können als unterschiedliche Datentypen betrachtet werden, bzw. das entsprechende Kellerelement kann um ein weiteres Merkmal *Laenge* erweitert werden.

Die in den vorhergehenden Abschnitten verwendete Klassenhierarchie von Kellern wird dadurch vereinfacht, daß anstelle der verschiedenen Klassen für unterschiedliche Daten eine einzige Klasse *MultiKeller* eingeführt wird. In *UniKeller* werden die Methoden zur Organisation des Kellers zusammengefaßt. Mit der Unterklasse *MultiKeller* wird demonstriert, wie die Funktionalität des in *UniKeller* definierten Kellers erweitert werden kann, indem die neuen Merkmale *AnzElem* und *MaxElem* sowie die neuen Methoden *Voll*, *Leer*, *AktTiefe*, *MaxTiefe* und *Ausgabe* aufgenommen und die Methoden *Init*, *Push*, *Pop*, *Top* und *Loeschen* neudefiniert werden. Die Methode *Ausgabe* veranlaßt die Ausgabe aller im Keller enthaltenen Werte.

Es wird folgende vereinfachte Klassenhierarchie von Kellern verwendet (Bild 4-9).

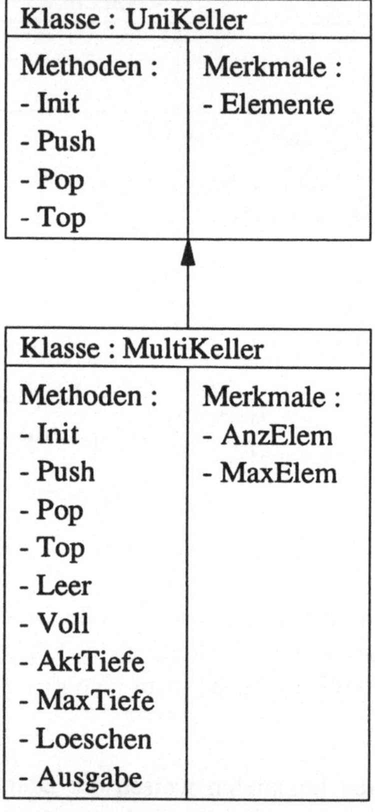

Bild 4-9 Klassenhierarchie für heterogene Keller

Nachfolgender Definitionsmodul enthält alle für die Verarbeitung von Objekten der Art "Heterogener Keller für ganze und komplexe Zahlen" erforderlichen Klassen:

```
DEFINITION MODULE Keller;

  TYPE UniElZeiger = POINTER TO UniEl;

       UniEl = CLASS
         Naechstes : UniElZeiger;
       END (* UniEl *);

       UniKeller = CLASS
         Elemente : UniElZeiger;
         PROCEDURE Init      ();
         PROCEDURE Push      (Z : UniElZeiger);
         PROCEDURE Pop       () : UniElZeiger;
         PROCEDURE Top       () : UniElZeiger;
```

```
      PROCEDURE Loeschen ();
    END (* UniKeller *);


    MultiElZeiger = POINTER TO MultiEl;

    MultiEl = CLASS (UniEl)
      PROCEDURE Ausgabe  (); VIRTUAL;
    END (* MultiEl *);

    MultiKeller = CLASS (UniKeller)
      AnzElem : CARDINAL;
      MaxElem : CARDINAL;
      PROCEDURE Init     (Tiefe : CARDINAL);
      PROCEDURE Push     (Z : MultiElZeiger);
      PROCEDURE Pop      () : MultiElZeiger;
      PROCEDURE Top      () : MultiElZeiger;
      PROCEDURE Voll     () : BOOLEAN;
      PROCEDURE Leer     () : BOOLEAN;
      PROCEDURE AktTiefe () : CARDINAL;
      PROCEDURE MaxTiefe () : CARDINAL;
      PROCEDURE Loeschen ();
      PROCEDURE Ausgabe  ();
    END (* MultiKeller *);


    IntElZeiger = POINTER TO IntEl;

    IntEl = CLASS (MultiEl)
      Int : INTEGER;
      PROCEDURE Ausgabe  (); VIRTUAL;
    END (* IntEl *);


    KomplexElZeiger = POINTER TO KomplexEl;

    KomplexEl = CLASS (MultiEl)
      Real,Imag : REAL;
      PROCEDURE Ausgabe  (); VIRTUAL;
    END (* KomplexEl *);

END Keller.
```

Die Erweiterung des Kellers um neue Wertetypen erfolgt durch Definition weiterer Unterklassen der Klasse *MultiEl*.

Implementierung

Nachfolgend ein Ausschnitt aus dem Implementationsmodul für heterogene Keller:

```
IMPLEMENTATION MODULE Keller;
  ...
  CONST Fehler = 'FEHLER *** Keller ist leer';

  TYPE UniEl = CLASS
         Naechstes : UniElZeiger;
        END (* UniEl *);
```

```
UniKeller = CLASS
  Elemente : UniElZeiger;

  PROCEDURE Init ();
    BEGIN
      Elemente := NIL
    END Init;

  PROCEDURE Push (Z : UniElZeiger);
    BEGIN
      IF Z # NIL THEN
        Z^.Naechstes := Elemente;
        Elemente := Z
      END (* IF *)
    END Push;

  (* ... *)

  PROCEDURE Loeschen ();
    VAR P : UniElZeiger;
    BEGIN
      WHILE Elemente # NIL DO
        P := Elemente;
        Elemente := P^.Naechstes;
        DISPOSE (P)
      END (* WHILE *)
  END Loeschen;

END (* UniKeller *);


MultiEl = CLASS (UniEl)

  PROCEDURE Ausgabe (); VIRTUAL;
    BEGIN
      WrLn; WrStr ('Keine Implementation'); WrLn
    END Ausgabe;

END (* MultiEl *);

MultiKeller = CLASS (UniKeller)
  AnzElem : CARDINAL;
  MaxElem : CARDINAL;

  PROCEDURE Init (Tiefe : CARDINAL);
    BEGIN
      UniKeller.Init ();
      AnzElem := 0;
      MaxElem := Tiefe
    END Init;

  PROCEDURE Push (Z : MultiElZeiger);
    BEGIN
      IF NOT Voll () & (Z # NIL) THEN
        UniKeller.Push (Z);
        INC (AnzElem)
      END (* IF *)
    END Push;

  (* ... *)
```

```
    PROCEDURE Loeschen ();
      BEGIN
        UniKeller.Loeschen ();
        AnzElem := 0
      END Loeschen;

    PROCEDURE Ausgabe ();
      VAR Z : MultiElZeiger;
      BEGIN
        Z := MultiElZeiger (Elemente);
        WHILE Z # NIL DO
          Z^.Ausgabe ();
          Z := MultiElZeiger (Z^.Naechstes)
        END (* WHILE *)
    END Ausgabe;

  END (* MultiKeller *);


  IntEl = CLASS (MultiEl)
    Int : INTEGER;

    PROCEDURE Ausgabe (); VIRTUAL;
      BEGIN
        WrStr ('Integer   ');
        WrInt (Int,6); WrLn
      END Ausgabe;

  END (* IntEl *);


  KomplexEl = CLASS (MultiEl)
    Real,Imag : REAL;

    PROCEDURE Ausgabe (); VIRTUAL;
      BEGIN
        WrStr ('Komplex   ');
        WrReal (Real,5,10); WrStr ('    ');
        WrReal (Imag,5,10); WrLn
      END Ausgabe;

  END (* KomplexElRec *);

END Keller.
```

Die enthaltenen Methoden wurden hinsichtlich ihrer Wirkungen in den vorhergehenden Beispielen bereits behandelt bzw. ergeben sich aus ihrem Kode.

Die Methode *Ausgabe* in der Klasse *MultiKeller* veranlaßt die Ausgabe aller im Keller enthaltenen Werte. Sie verwendet dabei die gleichnamige Methode *Ausgabe* aus der Klasse *MultiEl* bzw. aus den Klassen *IntEl* bzw. *KomplexEl*, die den Wert eines einzigen Elements ausgibt. Trotz des gleichen Namens ist die Verwendung der Methoden *Ausgabe* eindeutig; die eine Methode wird auf Objekte der Klasse *MultiKeller*, die andere auf Objekte der Klasse *MultiEl* angewandt.

Es wird noch einmal auf die Kompatibilität der unter anderem in der Methode *Push* der Klasse *MultiKeller* verwendeten Datentypen *UniElZeiger* (formaler Parameter der Methode *Push* aus der Klasse *UniKeller*) und *MultiElZeiger* (formaler Parameter der Methode *Push* in der Klasse *MultiKeller*) hingewiesen; sie ist dadurch gewährleistet, daß beide Zeigertypen auf Klassendefinitionen (*UniEl*, *MultiEl*) verweisen.

Anwendung

Die Anwendung eines heterogenen Kellers wird mit dem Objekt *BspKeller* der Klasse *MultiKeller* demonstriert. Abhängig vom Wert einer Zufallszahl wird entweder eine komplexe Zahl oder eine ganze Zahl in den Keller eingetragen (die Werte dieser Zahlen sind ebenfalls Zufallszahlen). Anschließend erfolgt die Ausgabe des gesamten Kellerinhaltes.

```
MODULE DEMO;

  FROM Keller IMPORT MultiKeller,KomplexElZeiger,IntElZeiger;
  FROM Lib    IMPORT RAND,RANDOM,RANDOMIZE,Delay;
  ...

  VAR BspKeller : MultiKeller;
      Integer   : IntElZeiger;
      Komplex   : KomplexElZeiger;

BEGIN
  RANDOMIZE ();
  BspKeller.Init (20);
  WrStr ('Heterogener Keller wird mit Elementen belegt'); WrLn;
  WHILE NOT BspKeller.Voll () DO
    IF RANDOM (2) = 0 THEN
      NEW (Komplex);
      Komplex^.Real := RAND ();
      Komplex^.Imag := RAND ();
      BspKeller.Push (Komplex)
    ELSE
      NEW (Integer);
      Integer^.Int := RANDOM (30000);
      BspKeller.Push (Integer)
    END (* IF *)
  END (* WHILE *);
  WrStr ('Anzeige des Inhalts (Methode Ausgabe)'); WrLn;
  BspKeller.Ausgabe ();
  BspKeller.Loeschen ()
END DEMO.
```

Variante

Die Verarbeitung im Keller gespeicherter Daten ist von ihrem Datentyp abhängig. Eine Möglichkeit, dem Rechnung zu tragen, ist die Definition virtueller Methoden, die alle den gleichen Namen, jedoch unterschiedliche Implementierungen besitzen. Eine weitere Möglichkeit, die Verarbeitung durch Fallunterscheidung in Abhängigkeit vom Typ der Daten zu steuern, soll noch erwähnt werden. Dazu wird die Klasse

MultiEl um ein Merkmal *ElTyp* erweitert; der Typ dieses Merkmals ist ein Aufzähltyp mit Namen zur Kennzeichnung aller auftretenden Wertetypen. Ein Beispiel:

```
DEFINITION MODULE Keller;
  ...
  TYPE MultiElTyp = (Integer, Komplex);

       MultiElZeiger = POINTER TO MultiEl;

       MultiEl = CLASS (UniEl)
         ElTyp : MultiElTyp;
         PROCEDURE Ausgabe  (); VIRTUAL;
         PROCEDURE AktElTyp (): MultiElTyp;
       END (* MultiEl *);

       MultiKeller = CLASS (UniKeller)
       ...
END Keller.
```

Der Wert der Exemplarvariablen *ElTyp*, der für jedes Element den Typ des zugeordneten Wertes kennzeichnet, kann mit Hilfe der Methode *AktElTyp* ermittelt und zur Auswahl der richtigen Verarbeitungsprozedur für den zugeordneten Wert genutzt werden.

Ein Nachteil dieser Vorgehensweise ist, daß die Typen aller auftretenden Werte bereits bei der Definition der Klasse *MultiEl* festgelegt werden müssen (Aufzähltyp *MultiElTyp*), das heißt, eine Erweiterung um neue Typen ohne Veränderung der Implementierung ist nicht möglich.

4.5 Zusammenfassung

- Das Einführen von Klassenhierarchien beim objektorientierten Programmentwurf führt zu einer Verringerung des Implementierungsaufwandes. Klassenhierarchien bilden auch die Grundlage für die Wiederverwendung bzw. Weiterentwicklung von abgeschlossenen Programmen.

- Komplexe Datenstrukturen besitzen folgende Eigenschaften: Die Träger der Werte sind die sogenannten Elemente. Die Elemente werden in einer internen, für den Anwender nicht sichtbaren Datenstruktur zusammengefaßt. Es gibt einerseits Operationen, die sich auf die Organisation der internen Datenstruktur, und andererseits Operationen, die sich auf die Elemente bzw. ihre Werte beziehen.

- Komplexe Datenstrukturen eignen sich aufgrund ihrer spezifischen Eigenschaften besonders gut für die Anwendung objektorientierter Konzepte (Vererbung in Klassenhierarchien, virtuelle Methoden). Das wurde in diesem Kapitel am Beispiel von Kellerspeichern demonstriert.

- Kellerspeicher bewahren Daten nach dem Stapelprinzip auf. Ihre Organisationsstruktur ist unabhängig vom Typ der gespeicherten Daten. Die sich darauf beziehenden Teile der Implementierung sind für alle Arten von Kellerspeichern gleich. Das legt nahe, eine universell nutzbare Menge von Operationen für Kellerspeicher zu implementieren, und diese in Abhängigkeit vom Datentyp der aufzunehmenden Werte um spezifische Operationen zu erweitern.

- In einer Wurzelklasse (hier: UniKeller) werden die Merkmale und Methoden zusammengefaßt, die für alle Arten von Kellerspeichern einheitlich sind. Es sind Merkmale für die Zusammenfassung der Elemente, für die maximale Anzahl von Elementen (MaxElem) und für die aktuelle Anzahl enthaltener Elemente (AnzElem). Die entsprechenden Methoden sind Init, Leer, Voll, AktTiefe und MaxTiefe.

- Durch die Verwendung des generischen Parameters Tiefe in der Prozedur Init können Objekte der Klasse Keller mit unterschiedlicher Kellertiefe erzeugt werden.

- Als interne Struktur des Kellerspeichers wird eine dynamische Liste verwendet. In der Wurzelklasse wird ein universelles Element definiert, das einen Verweis auf das nachfolgende (Listen-)Element und einen Verweis (Typ ADDRESS) auf den noch nicht spezifizierten Elementewert enthält. Der Zugriff auf die Elemente erfolgt über einen Zeigertyp ElementZeiger. Die Elemente werden dynamisch erzeugt. Die Methoden Push, Pop, Top und Loeschen werden in die Wurzelklasse aufgenommen, wobei die entsprechenden Elemente über einen formalen Parameter vom Typ ADDRESS spezifiziert werden müssen.

- Die Spezifizierung des Typs der in den Keller einzutragenden Werte erfolgt in den Unterklassen von UniKeller (hier: IntKeller). In den Unterklassen müssen die Methoden Push, Pop, Top und Loeschen neudefiniert werden; der formale Parameter von Push, Pop bzw. Top dient zur Übergabe der Werte vom Typ INTEGER.

- Die den Elementen zuzuordnenden Werte können als abstrakter Datentyp (KomplexZeiger) mit Operationen zum Initialisieren, Streichen, Setzen bzw. Lesen eingeführt werden. Die Methoden Push, Pop bzw. Top in der Unterklasse KomplexKeller enthalten in diesem Fall einen formalen Parameter von dem abstrakten Datentyp.

- Die in einem Definitions-/Implementationsmodulpaar vorliegenden Klassendefinitionen können zur Ableitung von Unterklassen in anderen Modulpaaren genutzt werden. Dazu ist ein Import der Oberklasse, das heißt, ihrer Merkmale und Methoden erforderlich.

- Die Definition der Elemente von komplexen Datenstrukturen kann ebenfalls in einer Klassenhierarchie, die aus einer Wurzelklasse und Unterklassen besteht, erfolgen (dynamische Objekte). In die Wurzelklasse (UniEl) werden die Merkmale, die zur Zusammenfassung der Elemente in einer Datenstruktur erforderlich sind, aufgenommen. Da als Datenstruktur eine (dynamische) Liste gewählt wird, ist das Merkmal der Verweis auf das nächste Listenelement. Die Elemente werden dynamisch erzeugt. In den Unterklassen (IntEl, KomplexEl) werden Merkmale zur Aufnahme der Elementewerte sowie gegebenenfalls Operationen über den Elementen hinzugefügt.

- Durch Anwendung der beschriebenen Konzepte können heterogene Datenstrukturen, die Daten von unterschiedlichem Typ aufnehmen, definiert werden. Das wurde an einem heterogenen Keller demonstriert.

- Bei dem heterogenen Keller werden die Elemente der Datenstruktur in einer Klassenhierarchie definiert. Ausgehend von einer Wurzelklasse (UniEl) werden in einer Unterklasse (MultiEl) abstrakte virtuelle Methoden, die sich auf die Verarbeitung der Elemente beziehen, eingeführt (zum Beispiel Ein- bzw. Ausgabeoperationen). In nachfolgenden Unterklassen (IntEl, KomplexEl) werden entsprechend dem Typ der Daten die Elementewerte spezifiziert und die virtuellen abstrakten Methoden implementiert. In einer zweiten Klassenhierarchie werden die Merkmale und Methoden zur Organisation des Kellerspeichers definiert (UniKeller, MultiKeller). Charakteristisch für die heterogenen Datenstrukturen bzw. Kellerspeicher ist, daß die formalen Parameter der Methoden Push, Pop bzw. Top vom Zeigertyp (Verweise auf die speziellen Elemente) sind.

- Aus den behandelten Klassenhierarchien wird eine wichtige Eigenschaft sichtbar: Eine Oberklasse hat einen höheren Abstraktionsgrad als ihre Unterklassen, bzw. Unterklassen besitzen eine stärkere Konkretisierung als ihre Oberklasse.

4.6 Übungsaufgaben

1. Erweitern Sie die in den Beispielen 4-1, 4-2 bzw. 4-3 entwickelten Klassenhierarchien für Kellerspeicher um Klassen mit folgenden Kellerelementen:

- Reelle Zahlen
- Reellwertige Vektoren
- Name und Vorname (Namenkeller)

- Name, Vorname und Anschrift (Adressenkeller)

Welchen Einfluß hätte die Einbeziehung von Kellerelementen mit reellen Zahlen auf die Struktur der Klassenhierarchie in den Beispielen 4-1, 4-2 bzw. 4-3 gehabt?

2. a) Entwickeln Sie eine Klassenhierarchie für Mengen mit den Elementewerten

- Positive ganze Zahlen
- Komplexe Zahlen mit ganzzahligen Komponentenwerten
- Werte eines Aufzählungstyps

und den Operationen

- Initialisieren einer Menge
- Eintragen eines Elements
- Entfernen eines Elements
- Enthaltensein eines Elements
- Löschen aller Elemente
- ist die Menge leer
- ist die Menge voll
- Anzahl der enthaltenen Elemente

b) Unter Verwendung der Operationen sind für Mengen (M) mit Elementewerten eines Aufzählungstyps folgende zweistelligen Operationen zu implementieren:

- M_Vereinigung
- M_Differenz
- M_Durchschnitt
- M_Symm_Differenz
- M_Gleichheit
- M_Ungleichheit
- M_enthalten_in_M
- M_enthält_M

3. Eine Schlange ist eine linear geordnete Folge von Elementen. Jedes Element ist Träger eines Datenwertes. Das Eintragen eines neuen Elements erfolgt am Ende, das Entnehmen eines Elements am Anfang der Schlange (first in, first out).
Entwerfen Sie eine Klassenhierarchie für Schlangen mit den Elementewerten

- ganze Zahlen
- reelle Zahlen

- reellwertige komplexe Zahlen
- Zeichenketten

und den Operationen

- Init
- Eintragen eines Elements
- Entnehmen eines Elements
- Voll
- Leer
- AktAnzahl von Elementen
- Löschen

Implementieren Sie die Klassen und wenden Sie die Methoden auf einige Objekte an.

5 Objektorientierter Entwurf von Datenstrukturen

In diesem Kapitel wird der objektorientierte Entwurf von Listen und Mengen behandelt. Dabei finden dynamische Objekte Anwendung.

5.1 Lineare Listen

Eine lineare Liste ist eine verkettete Folge von Elementen. Jedes Element ist Träger eines Datenwertes. Die Anzahl der in einer Liste enthaltenen Elemente wird Länge der Liste genannt. Eine leere Liste hat die Länge Null.

Die Verkettung der Elemente erfolgt durch Verweise (Zeiger). In einfach verketteten Listen enthält jedes Element einen Verweis auf das Nachfolgeelement. In doppelt verketteten Listen enthält jedes Element einen Verweis auf ein Nachfolgeelement und einen Verweis auf ein Vorgängerelement. Dadurch ist, von einem bestimmten Element ausgehend, nicht nur ein Übergang zu nachfolgenden, sondern auch zu vorangehenden Elementen möglich. Bei einfach verketteten Listen muß bei einem Zugriff auf ein vorangehendes Element immer vom Listenanfang ausgegangen werden.

Die Operationen über Listen können in Gruppen zusammengefaßt werden:

- *Zugriffsoperationen*, zum Beispiel das Ermitteln der Länge der Liste bzw. das Ermitteln des ersten Elements, des letzten Elements, des Nachfolgeelements, des Vorgängerelements, oder des Wertes eines Elements bzw. das Enthaltensein eines vorgegebenen Wertes.

- *Aktualisierungsoperationen*, zum Beispiel das Einfügen eines Elements, das Entfernen eines Elements, die Wertzuweisung an ein Element, das Sortieren der Elemente nach ihren Werten, das Löschen der Werte bzw. aller Elemente.

- *Iterationsoperationen*: Jede Liste besitzt einen Iterator, der ein Element der Liste markiert (Verweis auf das Element). Er wird verwendet, um Wiederholungsanweisungen über einer Liste zu implementieren, bei denen eine bestimmte Operation auf jedes einzelne Listenelement angewendet wird. Operationen mit dem Iterator sind zum Beispiel das Ermitteln seines aktuellen Wertes, das Setzen auf ein Element, das Bewegen auf das Nachfolge- bzw. Vorgängerelement, das Bewegen über alle Elemente.

- *Operatoren*, zum Beispiel das Erzeugen und Initialisieren einer leeren Liste oder das Kopieren einer Liste.

Die Implementierung von Listen als Datenkapsel bzw. als abstrakter Datentyp wurde im Kapitel 2 behandelt. Hier wird die Anwendung objektorientierter Methoden beim Entwurf und bei der Implementierung von Listen dargestellt.

Beispiel 5-1

Aufgabenstellung

Als Wurzelklasse einer Klassenhierarchie für unterschiedliche Arten von Listen ist eine Klasse *UniListe* zu entwickeln. Die Elemente der universellen Liste sollen keine Datenwerte enthalten. Als Listenoperationen sind vorzusehen:

Init	– Initialisieren einer leeren Liste
Leer	– Prüfen, ob eine Liste leer ist
AktLaenge	– Ermitteln der Anzahl der Elemente einer Liste
Anfang	– Ermitteln des ersten Elements
Ende	– Ermitteln des letzten Elements
Nachfolger	– Ermitteln des nachfolgenden Elements zu einem ausgewählten Element
Enthalten	– Prüfen, ob ein vorgegebenes Element in der Liste enthalten ist
Rang	– Ermitteln, an welcher Stelle in der Liste ein ausgewähltes Element steht
Eintragen	– Eintragen eines Elements als Nachfolger eines vorgegebenen Elements
Anfügen	– Eintragen eines Elements als letztes Element
Push	– Eintragen eines Elements als erstes Element
Pop	– Ermitteln des ersten Elements und dessen Streichen
Loeschen	– Streichen aller Elemente der Liste

Entwurf

Der Entwurf der Klasse *UniListe* kann analog zum Entwurf der Klasse *UniKeller* im Abschnitt 4.2 erfolgen.

Als Merkmale der Klasse *UniListe* werden vorgesehen:

- die aktuelle Anzahl von Elementen in der Liste (*AnzElem*)
- der Verweis auf das erste Element (*Erstes*)
- der Verweis auf das letzte Element (*Letztes*)

Methoden der Klasse sind die vorgegebenen Operationen. Klassen für spezielle Listen, die aus der Wurzelklasse *UniListe* abgeleitet werden, erben alle Merkmale und Methoden; sie können bei Bedarf um weitere Merkmale bzw. Methoden erweitert werden.

Welche Struktur ist für die Elemente einer universellen Liste zu wählen? Um eine (einfache) Verkettung der Elemente zu ermöglichen, muß jedes Element einen Verweis auf das nachfolgende Element enthalten (Bild 5-1).

Bild 5-1 Einfach verkettete universelle Liste

Der Verweis auf ein Element kann gleichzeitig zu seiner Identifizierung bzw. Markierung verwendet werden.

Die Elemente einer speziellen Liste können eine andere Struktur besitzen. Beispiele sind die Elemente einer einfach verketteten Liste, die Werte von ganzen Zahlen aufnehmen (Bild 5-2).

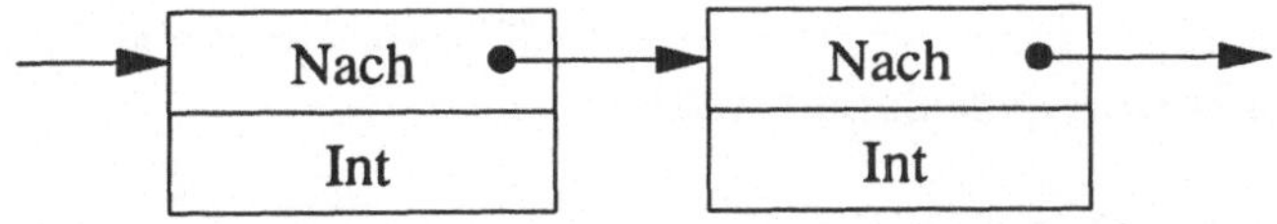

Bild 5-2 Einfach verkettete Liste mit ganzen Zahlen

oder die Elemente einer doppelt verketteten Liste, die reelle Werte enthalten (Bild 5-3).

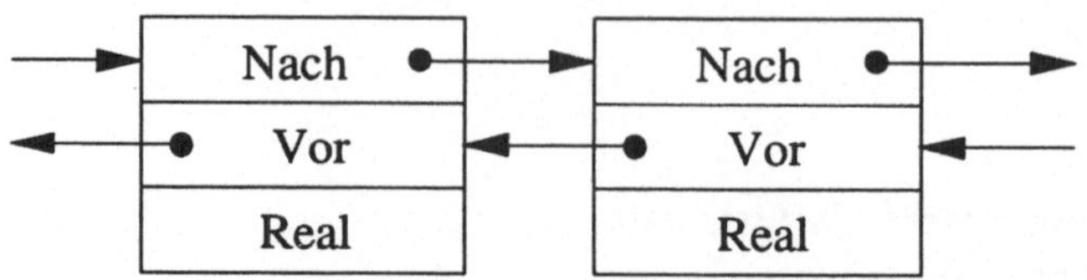

Bild 5-3 Doppelt verkettete Liste mit reellen Zahlen

Aufgrund der Ähnlichkeit der Elemente in unterschiedlichen Listen liegt es nahe, diese in einer Klassenhierarchie zu entwerfen. Das Element für einfach verkettete Listen, das nur einen Verweis auf das Nachfolgeelement enthält, wird in der Wurzelklasse *UniEl* definiert. Für doppelt verkettete Listen empfiehlt sich die Einführung einer Klasse *UniElD*, deren Elemente nur die Verweise auf das Nachfolge- und das Vorgängerelement enthalten. Die Elemente von speziellen Listen, die beispielsweise ganze oder reelle Zahlen als Werte aufnehmen sollen, werden aus universellen Elementen durch Erweiterung um ein entsprechendes Merkmal abgeleitet (Bild 5-4).

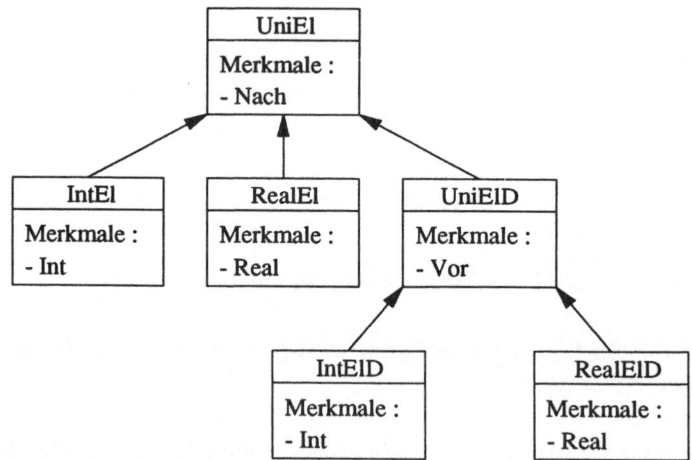

Bild 5-4 Klassenhierarchie für Listenelemente

Die Elemente einer Liste werden zweckmäßigerweise dynamisch erzeugt. Dazu müssen sie als Zeigertyp deklariert werden:

```
TYPE UniElZeiger = POINTER TO UniEl;

     UniEl = CLASS
       Nach : ADDRESS;
     END (* UniEl *);
```

Mit den oben aufgeführten Merkmalen und Methoden (Operationen) kann nun die Klasse *UniListe* folgendermaßen definiert werden:

```
TYPE UniListe = CLASS
       AnzElem : CARDINAL;
       Erstes  : ADDRESS;
       Letztes : ADDRESS;

       PROCEDURE Init       ();
       PROCEDURE Loeschen   ();
       PROCEDURE Leer       () : BOOLEAN;
       PROCEDURE AktLaenge  () : CARDINAL;
       PROCEDURE Anfang     () : UniElZeiger;
       PROCEDURE Ende       () : UniElZeiger;
       PROCEDURE Nachfolger (Z : UniElZeiger) : UniElZeiger;
       PROCEDURE Enthalten  (Z : UniElZeiger) : BOOLEAN;
       PROCEDURE Rang       (Z : UniElZeiger) : CARDINAL;
       PROCEDURE Eintragen  (Z,V : UniElZeiger) : BOOLEAN;
       PROCEDURE Entfernen  (Z : UniElZeiger) : BOOLEAN;
       PROCEDURE Anhaengen  (Z : UniElZeiger) : BOOLEAN;
       PROCEDURE Push       (Z : UniElZeiger) : BOOLEAN;
       PROCEDURE Pop        () : UniElZeiger;
     END (* UniListe *);
```

In der Klasse *UniListe* wird für die Verweise auf Elemente der Liste der Zeigertyp *UniElZeiger* verwendet.

Die Merkmale *Nach* (in der Klasse *UniEl*) und *Erstes* bzw. *Letztes* (in der Klasse *UniListe*) nehmen Verweise auf Elemente auf und müßten deshalb vom Typ *UniEl-Zeiger* sein. Durch Verwendung des Typs ADDRESS an dieser Stelle wird die Kompatibilität zu jedem beliebigen Zeigertyp gewährleistet. Das ist erforderlich, wenn eine Liste Elemente aus Unterklassen der Klasse *UniListe* verwendet. Der Verweis auf diese Elemente bzw. der entsprechende Zeigertyp ist nicht kompatibel zum Zeigertyp *UniElZeiger*.

Die Bedeutung der in den Methoden enthaltenen Parameter ergibt sich aus den entsprechenden Operationen. Der Parameter Z in den Methoden *Nachfolger* bzw. *Eintragen* nimmt den Verweis (vom Typ *UniElZeiger*) auf ein bestimmtes Element auf. Die Methoden *Anfang*, *Ende* bzw. *Pop* liefern den Verweis auf ein Element (ebenfalls vom Typ *UniElZeiger*). Die Methode *Nachfolger*, als Funktion definiert, liefert für ein ausgewähltes Element (Zeiger *Z*) das nachfolgende Element in Form eines Zeigers vom Typ *UniElZeiger*. Die Methode *Eintragen* fügt ein Element (Zeiger *Z*) nach einem ausgewählten (Vorgänger-) Element in der Liste (Zeiger *V*) ein.

Implementierung

Unter der Voraussetzung, daß die Definition einer universellen Liste durch die zwei Klassen *UniElZeiger* und *UniListe* in dem Definitionsmodul *Listen* erfolgt, wird die Implementierung im zugehörigen Implementationsmodul *Listen* vorgenommen:

```
IMPLEMENTATION MODULE Listen;

  TYPE UniEl = CLASS
         Nach : ADDRESS;
       END (* UniEl *);

       UniListe = CLASS
         AnzElem : CARDINAL;
         Erstes  : ADDRESS;
         Letztes : ADDRESS;

         PROCEDURE Init ();
           BEGIN
             AnzElem := 0;
             Erstes  := NIL;
             Letztes := NIL
           END Init;

         PROCEDURE Nachfolger (Z : UniElZeiger) : UniElZeiger;
           BEGIN
             IF Z # NIL THEN
               RETURN Z^.Nach
             END (* IF *);
             RETURN NIL
           END Nachfolger;

         PROCEDURE Enthalten (Z : UniElZeiger) : BOOLEAN;
           BEGIN
             RETURN Rang (Z) # 0
           END Enthalten;

         PROCEDURE Eintragen (Z,V : UniElZeiger) : BOOLEAN;
           BEGIN
             IF Z # NIL THEN
               IF V = NIL THEN
                 Z^.Nach := Erstes;
                 Erstes  := Z
               ELSE
                 Z^.Nach := V^.Nach;
                 V^.Nach := Z
               END (* IF V=NIL *);
               IF V = Letztes THEN
                 Letztes := Z
               END (* IF *);
               INC (AnzElem);
               RETURN TRUE
             END (* IF Z # NIL *);
             RETURN FALSE
           END Eintragen;

         PROCEDURE Push (Z : UniElZeiger) : BOOLEAN;
           BEGIN
             RETURN Eintragen (Z,NIL)
           END Push;

         PROCEDURE Pop () : UniElZeiger;
           VAR P : UniElZeiger;
           BEGIN
             P := Erstes;
             Entfernen (P);
             RETURN P
```

```
            END Pop;
            ...
        END (* UniListe *);

    END Listen.
```

Eine Besonderheit der Methode

```
Eintragen (Z,V : UniElZeiger) : BOOLEAN
```

ist, daß für den Wert NIL des Zeigers *V* das durch *Z* vorgegebene Element am Anfang der Liste eingetragen wird.

Die vollständigen Quelltexte der Module des Beispiels sind auf der Programmdiskette enthalten.

Ein wichtiger Hinweis ist: Der Anwender einer Liste sollte immer sicherstellen, daß die verwendeten Verweise (Zeiger auf Elemente) auch tatsächlich in dieser Liste enthalten sind, und nicht in einer anderen Liste der gleichen Klasse. Zur Prüfung, ob diese Voraussetzung erfüllt ist, kann die Methode *Enthalten* verwendet werden. Andernfalls können schwer identifizierbare Fehler auftreten.

Die Klasse *UniListe* stellt eine abstrakte Klasse dar, da die in ihr verwendeten Elemente aus der Klasse *UniEl* nicht vollständig spezifiziert sind. Erst in den Unterklassen von *UniEl* wird ein Merkmal zur Aufnahme der Datenwerte hinzugefügt (siehe Beispiel 5-2).

In dem folgenden Beispiel wird der Entwurf von Listen, deren Elemente Daten in Form von Zeichenketten enthalten, unter Verwendung der Wurzelklasse *UniListe* demonstriert.

Beispiel 5-2

Aufgabenstellung

Es ist eine Listenklasse, deren Elemente Träger eines Namens (Zeichenkette) und die doppelt verkettet sind, zu entwickeln. Die Klasse soll alle Operationen der Klasse *UniListe* und zusätzlich folgende Operationen enthalten:

Vorgaenger – Ermitteln des vorhergehenden Elements zu einem ausgewählten Element

ZyklNach bzw. **ZyklVor** – Wie die Operationen Nachfolger bzw. Vorgänger, wobei für das letzte Element als Nachfolger das erste Element bzw. für das erste Element als Vorgänger das letzte Element ermittelt wird

Suchen – Ermitteln, ob ein Element mit einem vorgegebenen Wert (Zeichenkette) in der Liste enthalten ist

Anwenden – Anwenden einer Operation, die als Prozedur vorgegeben ist, auf jedes Element einer Liste

Sortieren – Lexikographisches Ordnen der Elemente der Liste (auf der Grundlage der den Elementen als Werte zugeordneten Zeichenketten)

Verbinden – An das Ende einer Liste wird eine zweite Liste angefügt

Teilen – Zerlegen einer Liste in zwei Listen. Durch einen vorgegebenen Namen (Zeichenkette) wird das Element ausgewählt, das den Anfang der zweiten Liste bildet

It_Init – Initialisieren des Iterators einer Liste mit dem Wert NIL

It_Setzen – Markieren eines Elements

It_Lesen – Ermitteln des markierten Elements

It_Nach – Markieren des Nachfolgeelements zu einem markierten Element

It_Vor – Markieren des Vorgängerelements zu einem markierten Element

Entwurf

Zuerst werden die doppelt verketteten Elemente, die Träger eines Namens sein sollen, entworfen. Im Beispiel 5-1 wurden bereits Überlegungen zu einer Klassenhierarchie von Listenelementen angestellt. Ausgehend von der Wurzelklasse *UniEl* werden die Elemente der Klasse *StrEl* abgeleitet (Bild 5-5).

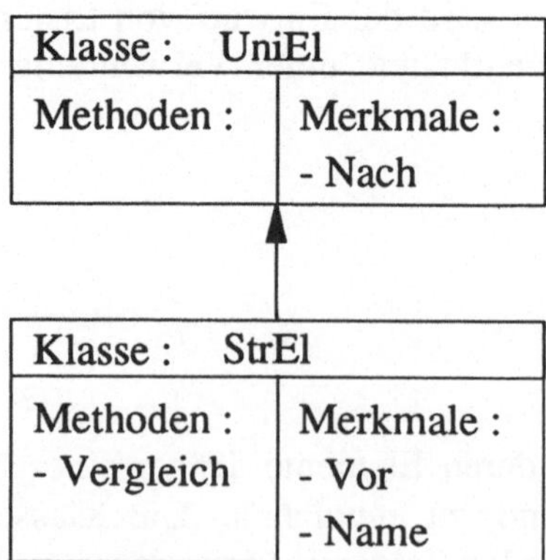

Bild 5-5 Klassenhierarchie für Listenelemente

An dieser Stelle sind Überlegungen erforderlich, ob der Klasse *StrEl* auch Methoden zuzuordnen sind. Betrachten wir dazu die laut Aufgabenstellung zu realisierenden Operationen. Es sind Operationen, die sich auf Listen als Ganzes beziehen, und die deshalb als Methoden der entsprechenden Listenklasse zugeordnet werden. Operationen bzw. Methoden einer Elementklasse können sich gegebenenfalls als notwendiger Bestandteil von Methoden einer Listenklasse ergeben. So erfordern die Operationen *Suchen* bzw. *Sortieren*, bei denen die den Elementen über das Merkmal Name zugewiesenen Zeichenketten ausgewertet bzw. verglichen werden, eine Operation zum Vergleich eines vorgegebenen Namens mit dem Namen, der einem Element zugeordnet ist. Diese Operation wird als Methode *Vergleich* der Elementklasse StrEl zugeordnet. Der Parameter der Methode *Vergleich* dient zur Vorgabe eines Namens, der zweite Name wird dem Element, auf das die Methode *Vergleich* angewandt wird, entnommen.

Nach diesen Vorbetrachtungen und unter der Maßgabe, daß die Elemente dynamisch erzeugt werden sollen, kann die Klassenhierarchie für Listenelemente in Modula-2 definiert werden:

```
TYPE UniElZeiger = POINTER TO UniEl;

     UniEl = CLASS
       Nach : ADDRESS;
     END (* UniEl *);

     Relation = (Kleiner,Gleich,Groesser,Ungleich);
     String   = ARRAY [1..40] OF CHAR;

     StrElZeiger = POINTER TO StrEl;

     StrEl = CLASS (UniEl)
       Vor  : ADDRESS;
       Name : String;

       PROCEDURE Vergleich (N : String) : Relation; VIRTUAL;
     END (* StrEl *);
```

Die Listenklasse wird als Unterklasse *NamenListe* der Klasse *UniListe* aus dem Beispiel 5-1 definiert. Damit enthält sie alle Merkmale und Methoden von *UniListe*. Einige Methoden müssen neudefiniert werden. Sie wird weiterhin um Methoden für die zusätzlichen Operationen erweitert. Für die Iterationsoperationen ist ein zusätzliches Merkmal *Iterator* erforderlich, das als Werte Verweise auf Elemente (vom Zeigertyp) aufnimmt.

Die Definition der Klasse *NamenListe* lautet:

```
TYPE AnwProz = PROCEDURE (StrElZeiger);

     NamenListe = CLASS (UniListe)
       Iterator : ADDRESS;
       PROCEDURE Init       ();
       PROCEDURE Anfang     () : StrElZeiger;
       PROCEDURE Ende       () : StrElZeiger;
       PROCEDURE Nachfolger (Z : StrElZeiger) : StrElZeiger;
```

```
    PROCEDURE Vorgaenger (Z : StrElZeiger) : StrElZeiger;
    PROCEDURE ZyklNach   (Z : StrElZeiger) : StrElZeiger;
    PROCEDURE ZyklVor    (Z : StrElZeiger) : StrElZeiger;
    PROCEDURE Enthalten  (Name : String) : BOOLEAN;
    PROCEDURE Rang       (Name : String) : CARDINAL;
    PROCEDURE Suchen     (Name : String) : StrElZeiger;
    PROCEDURE Eintragen  (Name : String;
                          V : StrElZeiger) : BOOLEAN;
    PROCEDURE Entfernen  (Name : String) : BOOLEAN;
    PROCEDURE Anhaengen  (Name : String) : BOOLEAN;
    PROCEDURE Push       (Name : String) : BOOLEAN;
    PROCEDURE Pop        () : String;
    PROCEDURE Anwenden   (P : AnwProz);
    PROCEDURE Sortieren  ();
    PROCEDURE Verbinden  (VAR L : NamenListe);
    PROCEDURE Teilen     (Name : String;
                          VAR L1,L2 : NamenListe);
    PROCEDURE It_Init    ();
    PROCEDURE It_Setzen  (Z : StrElZeiger);
    PROCEDURE It_Lesen   () : StrElZeiger;
    PROCEDURE It_Vor     () : StrElZeiger;
    PROCEDURE It_Zurueck () : StrElZeiger;
  END (* NamenListe *);
```

Zu den Methoden der Klasse sind einige Erläuterungen bzw. Vergleiche mit den Methoden der Oberklasse *UniListe* erforderlich. *NamenListe* erbt die Methoden *Leer*, *AktLaenge* und *Loeschen*. Die in *UniListe* enthaltenen Methoden *Anfang*, *Ende*, *Nachfolger*, *Enthalten*, *Rang*, *Eintragen*, *Entfernen*, *Anhaengen*, *Push* und *Pop* werden in der Klasse *NamenListe* neudefiniert. Dafür gibt es zwei Ursachen. Die Methoden *Anfang*, *Ende* und *Nachfolger* sind in *UniListe* mit dem Typ *UniElZeiger* definiert. In der Klasse *NamenListe* wird mit Elementen vom Typ *StrElZeiger* gearbeitet, so daß dieser Zeigertyp in den Methoden verwendet werden muß. Die Methoden *Enthalten*, *Rang*, *Eintragen*, *Entfernen*, *Anhaengen*, *Push* und *Pop* benutzen in *UniListe* Parameter vom Typ *UniElZeiger* zur Identifizierung von Elementen. In der Klasse *NamenListe* werden die Elemente nicht durch einen Verweis, sondern durch den zugeordneten Namen identifiziert. Deshalb ist eine Neudefinition dieser Methoden mit dem Parameter *Name* (Typ String) erforderlich. Bei den neu hinzugefügten Methoden wie *Vorgaenger*, *Suchen* usw. wird ebenfalls zur Identifizierung von Elementen mit Verweisen vom Zeigertyp *StrElZeiger* bzw. mit Namen gearbeitet. Die Methode *Anwenden* ist ein Beispiel dafür, wie über einen Parameter (hier *P* vom Prozedurtyp *AnwProz*) eine Prozedur übergeben werden kann:

```
TYPE AnwProz = PROCEDURE (StrElZeiger);
```

Die Prozedur enthält als Parameter *StrElZeiger* einen Verweis auf ein Element. Sie definiert eine Operation, die mit dem bezeichneten Element auszuführen ist. Auf diese Weise kann eine beliebige Anzahl (einstelliger) Operationen über den Elementen einer Liste definiert werden.

Implementierung

Der nachfolgend ausschnittsweise dargestellte Implementationsmodul *NamenListen* enthält die Implementierung der Klasse *NamenListe* mit doppelt verketteten Elementen. Die Bedeutung der Methoden geht aus ihrer Kodierung hervor.

```
IMPLEMENTATION MODULE NamenListen;

FROM Str IMPORT Compare,Delete;

TYPE UniEl = CLASS
        Nach : ADDRESS;
     END (* UniEl *);

     UniListe = CLASS
       AnzElem : CARDINAL;
       Erstes  : ADDRESS;
       Letztes : ADDRESS;
       ...
     END (* UniListe *);

     StrEl = CLASS (UniEl)
       Vor  : ADDRESS;
       Name : String;

       PROCEDURE Vergleich (N : String) : Relation; VIRTUAL;
         VAR VglWert : Relation;
         BEGIN
           CASE Compare (Name,N) OF
             -1 : VglWert := Kleiner  |
              0 : VglWert := Gleich   |
             +1 = VglWert := Groesser
           END (* CASE *);
           RETURN VglWert;
         END Vergleich;

     END (* StrEl *);

PROCEDURE SucheName (Name : String; VAR P : StrElZeiger) : CARDINAL;
  ...
  END SucheName;

TYPE NamenListe = CLASS (UniListe)
       Iterator : ADDRESS;

       PROCEDURE Init ();
         BEGIN
           UniListe.Init ();
           It_Init ()
         END Init;

       PROCEDURE Nachfolger (Z : StrElZeiger) : StrElZeiger;
         BEGIN
           RETURN StrElZeiger (UniListe.Nachfolger (Z))
         END Nachfolger;

       PROCEDURE ZyklNach (Z : StrElZeiger) : StrElZeiger;
```

```
        BEGIN
          IF Z = Letztes THEN
            RETURN Erstes
          END (* IF *);
          RETURN Nachfolger (Z)
        END ZyklNach;

      PROCEDURE Suchen (Name : String) : StrElZeiger;
        VAR P : StrElZeiger;
        BEGIN
          P := Erstes;
          SucheName (Name,P);
          RETURN P
        END Suchen;

      PROCEDURE Anhaengen (Name : String) : BOOLEAN;
        BEGIN
          RETURN Eintragen (Name,Ende ())
        END Anhaengen;

      PROCEDURE Push (Name : String) : BOOLEAN;
        BEGIN
          RETURN Eintragen (Name,NIL)
        END Push;

      PROCEDURE Anwenden (P : AnwProz);
        VAR Q : StrElZeiger;
        BEGIN
          Q := Erstes;
          WHILE Q # NIL DO
            P (Q);
            Q := Q^.Nach
          END (* WHILE *)
        END Anwenden;

      PROCEDURE It_Vor () : StrElZeiger;
        BEGIN
          IF Iterator = NIL
            THEN Iterator := Erstes
            ELSE Iterator := Nachfolger (Iterator)
          END (* IF *);
          RETURN Iterator
        END It_Vor;

    END (* NamenListe *);

END NamenListen.
```

Die Quelltexte der Module sind auf der Programmdiskette enthalten.

Anwendung

Die Anwendung von Listenoperationen auf Objekte der Klasse NamenListe wird in einem Programm demonstriert. Es enthält folgende Aktivitäten:

- Erzeugen einer Liste *L* unter Verwendung von Zufallszahlen

- Ausgabe der aktuellen Länge von *L* und aller enthaltenen Namen
- Teilen von *L* in zwei Listen *L1* und *L2*
- Ausgabe der aktuellen Länge von *L1* bzw. *L2* und aller enthaltenen Namen
- Sortieren der Listen *L*, *L1* und *L2*
- Ausgabe aller Namen aus den Listen *L*, *L1* und *L2*

```
MODULE DEMO;

  FROM Lib          IMPORT RANDOM,RANDOMIZE;
  FROM Str          IMPORT CardToStr;
  FROM NamenListen IMPORT StrElZeiger,NamenListe,Relation,String;
  ...

  VAR L1,L2,L : NamenListe;
      I,J     : CARDINAL;
      Name,NT : String;
      OK      : BOOLEAN;

  PROCEDURE Drucken (A : StrElZeiger);
    BEGIN
      WrStr (A^.Name); WrStr ('  ')
    END Drucken;

  BEGIN
    RANDOMIZE ();
    L.Init (); I := 0;
    WHILE I < 16 DO
      REPEAT
        J := RANDOM (1000)
      UNTIL J >= 100;
      CardToStr (LONGCARD(J),Name,10,OK);
      IF I = 8 THEN NT := Name END;
      INC (I);
      L.Anhaengen (Name)
    END (* WHILE *);
    WrStr ('Inhalt UrListe');
    WrLn; WrStr ('Anzahl : '); WrCard (L.AktLaenge(),0); WrLn;
    L.Anwenden (Drucken);
    L.Teilen (NT,L1,L2);
    WrLn; WrStr ('Inhalt Liste 1');
    WrLn; WrStr ('Anzahl : '); WrCard (L1.AktLaenge(),0); WrLn;
    L1.Anwenden (Drucken);
    WrLn; WrStr ('Inhalt Liste 2');
    WrLn; WrStr ('Anzahl : '); WrCard (L2.AktLaenge(),0); WrLn;
    L2.Anwenden (Drucken);
    WrLn; WrLn; WrStr ('Sortierung der Listen');
    L1.Sortieren ();
    L2.Sortieren ();
    WrLn; WrStr ('Inhalt UrListe');
    WrLn; WrStr ('Anzahl : '); WrCard (L.AktLaenge(),0); WrLn;
    L.Anwenden (Drucken);
    WrLn; WrStr ('Inhalt Liste 1');
    WrLn; WrStr ('Anzahl : '); WrCard (L1.AktLaenge(),0); WrLn;
    L1.Anwenden (Drucken);
    WrLn; WrStr ('Inhalt Liste 2');
```

```
    WrLn; WrStr ('Anzahl : '); WrCard (L2.AktLaenge(),0); WrLn;
    L2.Anwenden (Drucken);
    L1.Loeschen ();
    L2.Loeschen ()
  END DEMO.
```

Eine wichtige Anwendung von Listen sind Verzeichnisse, die in vielfältigen Arten auftreten. Ihren verketteten Elementen sind je nach Art des Verzeichnisses unterschiedliche Daten zugeordnet. Im folgenden Beispiel wird eine Klassenhierarchie für Verzeichnisse entwickelt.

Beispiel 5-3

Aufgabenstellung

Es ist eine Klassenhierarchie für Verzeichnisse zu entwickeln. Sie soll folgende Arten von Verzeichnissen enthalten: Namen-, Adressen-, Telefon-, Material- und Bücher-(Werk-)verzeichnisse bzw. Kataloge. Als Operationen sind für die Verzeichnisse vorzusehen:

- **Init** – Initialisieren eines leeren Verzeichnisses und Festlegen der maximalen Elementeanzahl
- **Leer** – Prüfen, ob das Verzeichnis leer ist
- **Voll** – Prüfen, ob das Verzeichnis die maximale Elementeanzahl enthält
- **AktLaenge** – Ermitteln der Anzahl der enthaltenen Elemente
- **Enthalten** – Ermitteln, ob ein vorgegebenes Element in dem Verzeichnis enthalten ist
- **Einfügen** – Eintragen eines Elements in das Verzeichnis als erstes Element
- **Entfernen** – Streichen eines Elements
- **DruckeId** – Ausgabe der einem Element zugeordneten Daten
- **Loeschen** – Streichen aller Elemente des Verzeichnisses

Kataloge als Verzeichnisse sind im Gegensatz zu Namen-, Adressen-, Telefon-, Material- bzw. Bücherverzeichnissen keine linearen Listen. Sie enthalten zwar ein Verzeichnis der Autoren als lineare Liste (Namenverzeichnis); jedem Autor ist aber ein Werkverzeichnis zugeordnet. Das heißt, zu jedem Element des Autorenverzeichnis gehört ein Werkverzeichnis, das ebenfalls eine lineare Liste darstellt (Bild 5-6).

Für Kataloge sind außer den bereits genannten Operationen zusätzlich als Operationen bereitzustellen:

AnzWerke – Ermitteln der im Katalog enthaltenen Bücher eines Autors bzw. insgesamt
Werk_Ein – Eintragen eines Werkes bei einem Autor
Werk_Aus – Streichen eines Werkes bei einem Autor

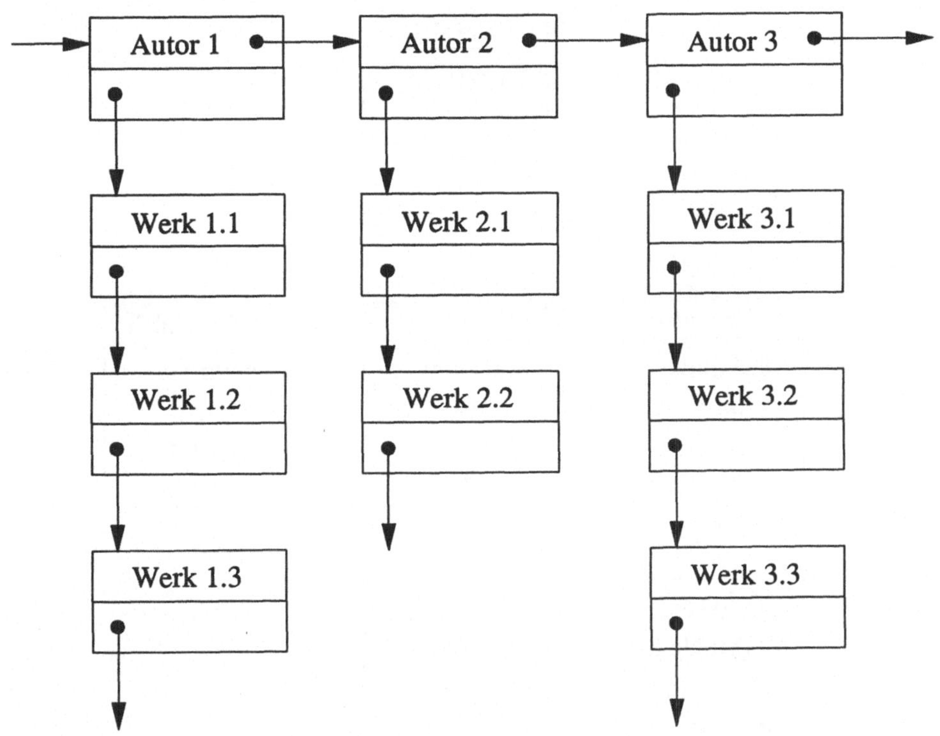

Bild 5-6 Struktur eines Katalogs

Entwurf

Beim Entwurf, der in Anlehnung an die Beispiele 4-2 und 5-2 erfolgt, werden zwei Klassenhierarchien eingeführt. Eine beschreibt die Verzeichniselemente, die andere die eigentlichen Verzeichnisse. Die Elemente werden einfach verkettet. In Anlehnung an Beispiel 2-8 wird jedem Element ein Schlüssel *Id* zugeordnet. Hier werden ganze Zahlen als Schlüsselwerte gewählt, möglich wären auch Zeichenketten. Ein Vorteil dieses Prinzips der Schlüssel ist, daß sich Vereinfachungen und Kodeeinsparungen bei der Implementierung der Operationen ergeben. Über den Schlüssel können die Elemente einfach identifiziert werden, und unter der Voraussetzung, daß jeder Schlüsselwert höchstens einmal auftritt, können Mehrdeutigkeiten vermieden werden. Weiterhin kann bereits in der abstrakten Wurzelklasse begrenzt mit den Schlüsseln umgegangen werden.

Die für die Klassenhierarchie der Verzeichniselemente gewählte Struktur ist im Bild 5-7 dargestellt.

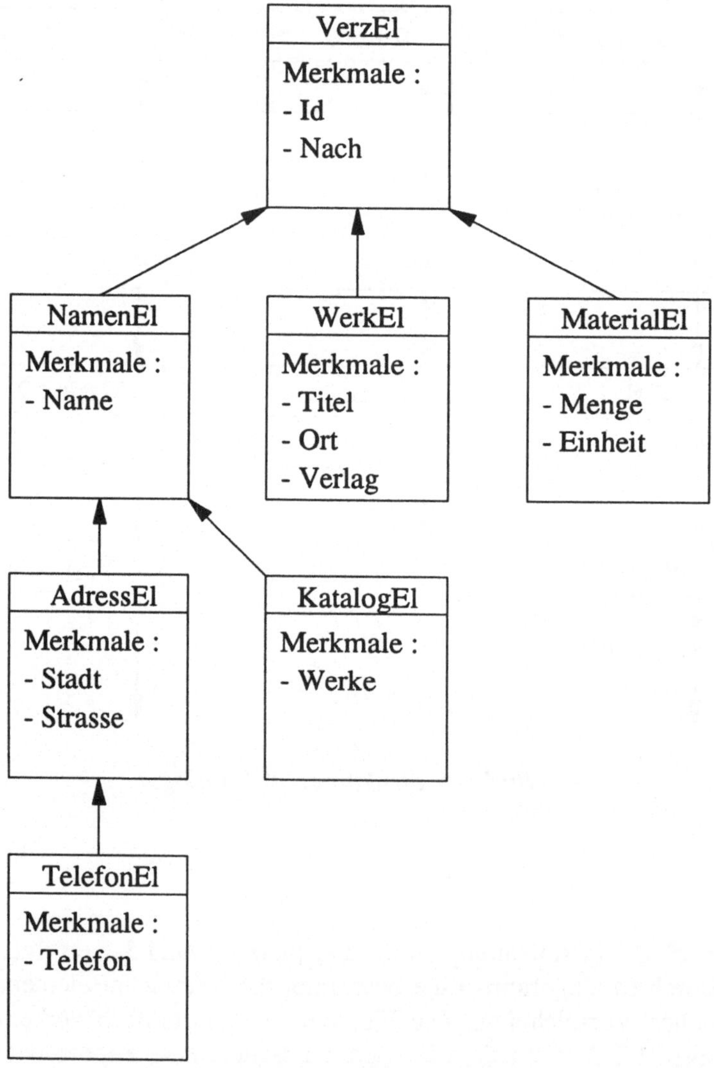

Bild 5-7 Klassenhierarchie der Verzeichniselemente

Bei dynamischer Erzeugung der Verzeichniselemente kann die Klassenhierarchie folgendermaßen definiert werden:

```
TYPE String = ARRAY [1..40] OF CHAR;
     IdTyp  = CARDINAL;

     VerzeichnisElZeiger = POINTER TO VerzeichnisEl;
     VerzeichnisEl = CLASS
       Id   : IdTyp;
       Nach : ADDRESS;
     END (* VerzeichnisEl *);

     NamenElZeiger = POINTER TO NamenEl;
     NamenEl = CLASS (VerzeichnisEl)
       Name : String;
     END (* NamenEl *);

     AdressElZeiger = POINTER TO AdressEl;
     AdressEl = CLASS (NamenEl)
       Stadt,Strasse : String;
     END (* AdressEl *);

     TelefonElZeiger = POINTER TO TelefonEl;
     TelefonEl = CLASS (AdressEl)
       Telefon : String;
     END (* TelefonEl *);

     WerkElZeiger   = POINTER TO WerkEl;
     WerkEl   = CLASS (VerzeichnisEl)
       Titel   : String;
       Ort     : String;
       Verlag  : String;
     END (* WerkEl *);

     WerkListe   = POINTER TO WerkVerz;

     KatalogElZeiger = POINTER TO KatalogEl;
     KatalogEl = CLASS (NamenEl)
       Werke : WerkListe;
     END (* KatalogEl *);

     Einheiten = (g,kg,stck);

     MaterialElZeiger = POINTER TO MaterialEl;
     MaterialEl = CLASS (VerzeichnisEl)
       Menge   : CARDINAL;
       Einheit : Einheiten;
     END (* MaterialEl *);
```

Auf eine Besonderheit bei der Definition der Klasse der Katalogelemente sei hingewiesen. Um jedem Autor ein Werkverzeichnis zuordnen zu können, wird im Katalogelement das Merkmal *Werke* eingeführt. Es nimmt einen Verweis auf ein Werkverzeichnis, das heißt, auf ein Exemplar der Klasse *WerkVerz* auf. Die Klasse Werkverzeichnis wird jedoch erst nachfolgend definiert.

Charakteristisch an den definierten Elementklassen ist, daß sie keine Methoden enthalten, sondern nur Merkmale. Diese werden im Rahmen der Hierarchie vererbt bzw. erweitert.

Die gewählte Klassenhierarchie für Verzeichnisse ist im Bild 5-8 enthalten.

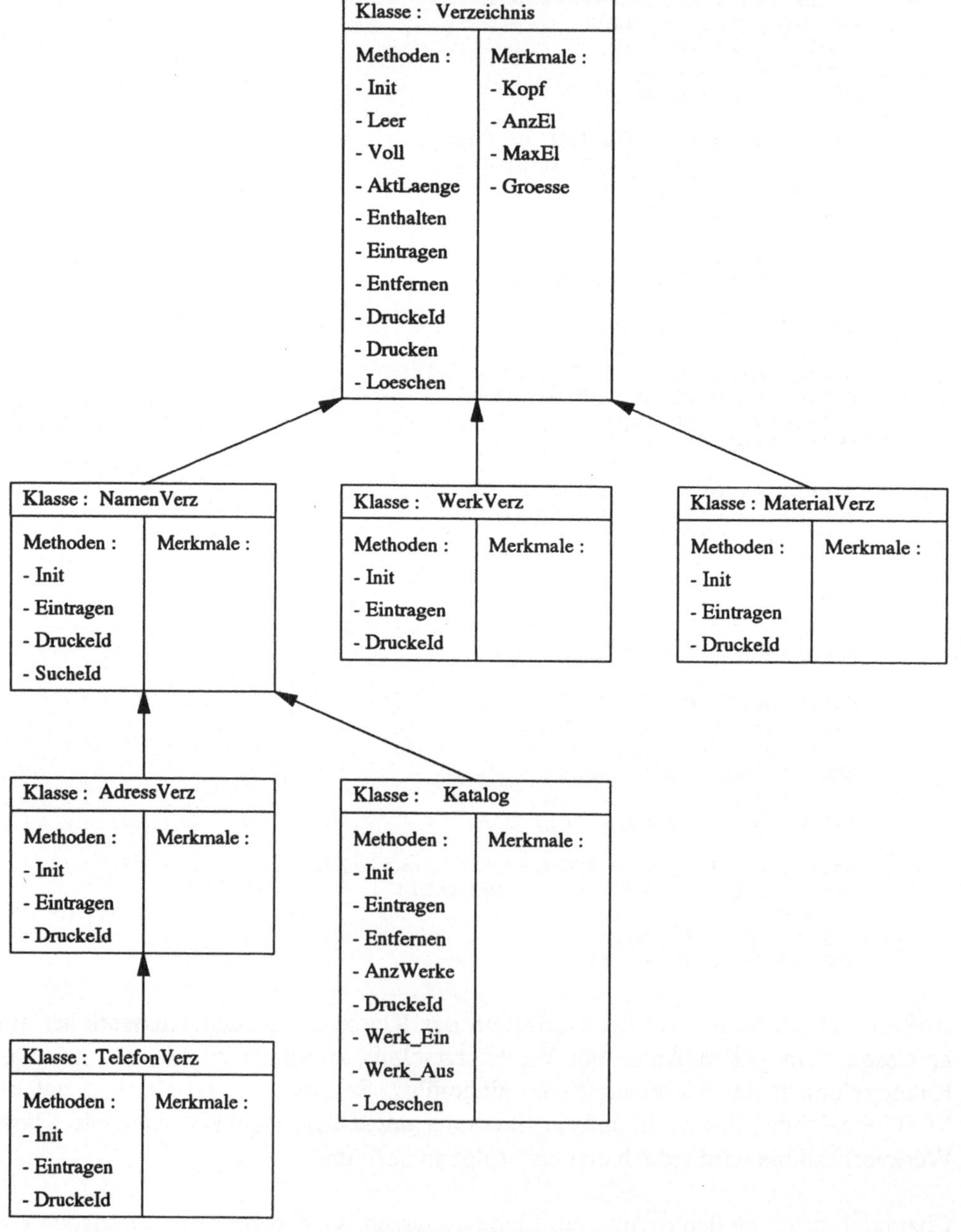

Bild 5-8 Klassenhierarchie für Verzeichnisse

Für diese Hierarchie ist charakteristisch, daß nur die Wurzelklasse *Verzeichnis* Merkmale enthält; diese werden ebenso wie die in ihr enthaltenen Methoden an alle anderen Klassen vererbt. Die Methoden *Init*, *Eintragen* und *DruckeId* werden in jeder Unterklasse, *Loeschen* wird in der Klasse *Katalog* neudefiniert. In der Klasse *NamenVerz* wird die Methode *SucheId*, in der Klasse *Katalog* werden *Entfernen*, *AnzWerke*, *Werk_Ein* und *Werk_Aus* als neue Methoden eingeführt.

Nachfolgend wird der Entwurf der Klassenhierarchie in Modula-2 beschrieben:

```
TYPE String = ARRAY [1..40] OF CHAR;
     IdTyp  = CARDINAL;

     Verzeichnis = CLASS
       Kopf    : ADDRESS;
       AnzElem : CARDINAL;
       MaxElem : CARDINAL;
       Groesse : CARDINAL;

       PROCEDURE Init      (Laenge : CARDINAL);
       PROCEDURE Leer      () : BOOLEAN;
       PROCEDURE Voll      () : BOOLEAN;
       PROCEDURE AktLaenge () : CARDINAL;
       PROCEDURE Enthalten (Id : IdTyp) : BOOLEAN;
       PROCEDURE Eintragen (Id : IdTyp);
       PROCEDURE Entfernen (Id : IdTyp);
       PROCEDURE DruckeId  (Id : IdTyp); VIRTUAL;
       PROCEDURE Drucken   ();
       PROCEDURE Loeschen  ();
     END (* Verzeichnis *);

     NamenVerz = CLASS (Verzeichnis)
       PROCEDURE Init      (Laenge : CARDINAL);
       PROCEDURE Eintragen (Id : IdTyp; Name : String);
       PROCEDURE DruckeId  (Id : IdTyp); VIRTUAL;
       PROCEDURE SucheId   (Name : String; VAR Id : IdTyp);
     END (* NamenVerz *);

     AdressVerz = CLASS (NamenVerz)
       PROCEDURE Init      (Laenge : CARDINAL);
       PROCEDURE Eintragen (Id : IdTyp;
                            Name,Stadt,Strasse : String);
       PROCEDURE DruckeId  (Id : IdTyp); VIRTUAL;
     END (* AdressVerz *);

     TelefonVerz = CLASS (AdressVerz)
       PROCEDURE Init      (Laenge : CARDINAL);
       PROCEDURE Eintragen (Id : IdTyp; Name,Stadt,Strasse,
                            Telefon : String);
       PROCEDURE DruckeId  (Id : IdTyp); VIRTUAL;
     END (* TelefonVerz *);

     WerkVerz = CLASS (Verzeichnis)
       PROCEDURE Init      (Laenge : CARDINAL);
       PROCEDURE Eintragen (Id : IdTyp; Titel,Verlag,Ort : String);
       PROCEDURE DruckeId  (Id : IdTyp); VIRTUAL;
     END (* WerkVerz *);
```

```
MaterialVerz = CLASS (Verzeichnis)
  PROCEDURE Init       (Laenge : CARDINAL);
  PROCEDURE Eintragen  (Id : IdTyp; Menge : CARDINAL;
                        Einheit : Einheiten);
  PROCEDURE DruckeId   (Id : IdTyp); VIRTUAL;
END (* MaterialVerz *);

Katalog = CLASS (NamenVerz)
  PROCEDURE Init       (Laenge : CARDINAL);
  PROCEDURE Eintragen  (AutorId : IdTyp; Name : String);
  PROCEDURE Entfernen  (AutorId : IdTyp);
  PROCEDURE AnzWerke   (AutorId : IdTyp) : CARDINAL;
  PROCEDURE DruckeId   (AutorId : IdTyp); VIRTUAL;
  PROCEDURE Werk_Ein   (AutorId,WerkId : IdTyp;
                        Titel,Verlag,Ort : String);
  PROCEDURE Werk_Aus   (AutorId,WerkId : IdTyp);
  PROCEDURE Loeschen   ();
END (* Katalog *);
```

Für die Klassenhierarchie sind auch andere Lösungen möglich. Diese unterscheiden sich insbesondere darin, ob eine Methode bereits in einer abstrakten Wurzelklasse oder in einer Unterklasse definiert wird, und in welcher Klasse vererbte Methoden neudefiniert werden. Derartige Entscheidungen, die beim Entwurf einer Klassenhierarchie getroffen werden müssen, hängen häufig von der Implementierung der betreffenden Methoden ab und setzen deshalb ein fundiertes Wissen und Erfahrungen zu den Implementierungsmöglichkeiten voraus. In jedem Fall ist anzustreben, beim objektorientierten Entwurf die Einführung neuer Merkmale bzw. neuer Methoden möglichst hoch in der Hierarchie, das heißt, in bzw. möglichst nahe der Wurzelklasse vorzunehmen, und die vererbten Methoden möglichst ohne Neudefinition zu nutzen.

Die in der Wurzelklasse Verzeichnis eingeführten Merkmale haben folgende Bedeutung: *Kopf* nimmt den Verweis auf das erste Element eines Verzeichnisses auf. Es erhält jeweils beim Einfügen eines neuen Elements einen Wert zugewiesen, da das Einfügen immer am Anfang der Liste erfolgt. *AnzElem* nimmt den Wert der aktuellen Anzahl, *MaxElem* den Wert der maximalen Anzahl von Elementen eines Verzeichnisses auf.

Die Neudefinition der Methoden *Eintragen* bzw. *DruckeId* in jeder Klasse ist erforderlich, weil sich die in den verschiedenen Klassen den Elementen zugeordneten Daten unterscheiden. Das führt bei der Methode *Eintragen* zu unterschiedlichen Parameterlisten, und bei der Methode *DruckeId* zu einem unterschiedlichen Kode, bedingt insbesondere durch die verschiedenartigen Ausgabeanweisungen. *DruckeId* wird als virtuelle Methode eingeführt; während der Laufzeit des Programmes wird beim Aufruf der Methode automatisch in Abhängigkeit von der Klasse, der das aktivierte Objekt angehört, entschieden, daß die Methode aus dieser Klasse verwendet wird.

Bevor weitere Methoden betrachtet werden, wird die Implementierung der Klassenhierarchie Verzeichnisse ausschnittsweise wiedergegeben.

Implementierung

```
TYPE FehlerTyp = (KeinFehler,NichtGefunden,IdDoppelt,ListeVoll);

VAR Fehler : FehlerTyp;

PROCEDURE Verzeichnis_Fehler () : FehlerTyp;
BEGIN
  RETURN Fehler
END Verzeichnis_Fehler;


TYPE Verzeichnis = CLASS
       Kopf    : ADDRESS;
       AnzElem : CARDINAL;
       MaxElem : CARDINAL;
       Groesse : CARDINAL;

       PROCEDURE Init (Laenge : CARDINAL);
         BEGIN
           Kopf    := NIL;
           AnzElem := 0;
           MaxElem := Laenge;
           Groesse := SIZE (VerzeichnisEl)
         END Init;

       PROCEDURE Eintragen (Id : IdTyp);
         VAR P : VerzeichnisElZeiger;
         BEGIN
           Fehler := KeinFehler;
           IF Voll () THEN
             Fehler := ListeVoll
           ELSIF Enthalten (Id) THEN
             Fehler := IdDoppelt
           ELSE
             ALLOCATE (P,Groesse);
             P^.Id := Id;
             P^.Nach := Kopf;
             Kopf := P;
             INC (AnzElem)
           END (* IF *)
         END Eintragen;

       PROCEDURE Entfernen (Id : IdTyp);
         VAR P : VerzeichnisElZeiger;
         BEGIN
           Fehler := KeinFehler;
           IF Enthalten (Id) THEN
             P := Kopf;
             Kopf := P^.Nach;
             DISPOSE (P);
             DEC (AnzElem)
           ELSE
             Fehler := NichtGefunden
```

```
      END (* IF *)
    END Entfernen;

  PROCEDURE DruckeId (Id : IdTyp); VIRTUAL;
    BEGIN
      Fehler := KeinFehler;
      IF NOT Enthalten (Id) THEN
        Fehler := NichtGefunden
      END (* IF *)
    END DruckeId;

  PROCEDURE Drucken ();
    VAR P,Q : VerzeichnisElZeiger;
    BEGIN
      P := Kopf;
      WHILE P # NIL DO
        Q := P; P := P^.Nach;
        DruckeId (Q^.Id); WrLn
      END (* WHILE *)
    END Drucken;

END (* Verzeichnis *);

NamenVerz = CLASS (Verzeichnis)

  PROCEDURE Init (Laenge : CARDINAL);
    BEGIN
      Verzeichnis.Init (Laenge);
      Groesse := SIZE (NamenEl)
    END Init;

  PROCEDURE Eintragen (Id : IdTyp; Name : String);
    VAR P : NamenElZeiger;
    BEGIN
      Verzeichnis.Eintragen (Id);
      IF Fehler = KeinFehler THEN
        P := Kopf;
        P^.Name := Name
      END (* IF *)
    END Eintragen;

END (* NamenVerz *);

MaterialVerz = CLASS (Verzeichnis)

  PROCEDURE DruckeId (Id : IdTyp); VIRTUAL;
    VAR P : MaterialElZeiger;
    BEGIN
      Verzeichnis.DruckeId (Id);
      IF Fehler = KeinFehler THEN
        P := Kopf;
        WrStr ('Menge   : '); WrCard (P^.Menge,0);
        CASE P^.Einheit OF
          g    : WrStr ('Gramm')     |
          kg   : WrStr ('Kilogramm') |
          stck : WrStr ('Stueck')
        END (* CASE *); WrLn
      END (* IF *)
    END DruckeId;

END (* MaterialVerz *);
```

```
Katalog = CLASS (NamenVerz)

  PROCEDURE Werk_Ein (AutorId,WerkId : IdTyp;
                      Titel,Verlag,Ort : String);
    VAR P : KatalogElZeiger;
    BEGIN
      Fehler := NichtGefunden;
      IF Enthalten (AutorId) THEN
        Fehler := KeinFehler;
        P := Kopf;
        P^.Werke^.Eintragen (WerkId,Titel,Verlag,Ort)
      END (* IF *)
    END Werk_Ein;

END (* Katalog *);
```

Zuerst wird die Einführung des Merkmals *Groesse* in der Klasse *Verzeichnis* begründet. Die Methode *Eintragen* erzeugt das Element, das an erster Stelle in die Liste eingefügt werden soll, mit der Prozedur

```
ALLOCATE (P, Groesse)
```

Das heißt, *Groesse* muß die Größe des durch das Element belegten Speicherbereichs enthalten. Die Ermittlung des Wertes von *Groesse*, der von der Art des Verzeichnisses bzw. den Daten in den Verzeichniselementen abhängt, erfolgt innerhalb der Methode *Init*, beispielsweise durch

```
Groesse := SIZE (VerzeichnisEl)     oder
Groesse := SIZE (NamenEl)
```

Nun wird auch klar, warum die Methode *Init* für jede Klasse neudefiniert werden muß.

Da die Methode *Entfernen* für alle Klassen den gleichen Kode besitzt, kann auch die Methode *Loeschen*, die *Entfernen* nutzt, für alle Klassen ohne Neudefinition verwendet werden (im Gegensatz zur Methode *Loeschen* in den Beispielen 4-1 und 4-2). Lediglich in der Klasse *Katalog* ist eine Neudefinition der Methode *Entfernen* bzw. *Loeschen* erforderlich, da außer dem Listenelement (mit dem Namen des Autors) auch das über das Merkmal *Werke* zugeordnete Werkverzeichnis entfernt werden muß. Die Methode *Entfernen* hat in dieser Klasse eine erweiterte Funktion.

Neu bei diesem Beispiel ist, daß in die Methoden der Verzeichnisklassen ein Fehlertest einbezogen wird. Dazu werden der Typ *FehlerTyp*, die Variable *Fehler* und die Prozedur *Verzeichnis_Fehler* eingeführt. Ein Test auf Fehler erfolgt in den Methoden *Eintragen*, *Entfernen* bzw. *DruckeId*; dabei wird der Variablen *Fehler* ein entsprechender Wert zugewiesen. Fehler können dadurch auftreten, daß das Verzeichnis voll ist oder daß ein Identifikator bereits vorhanden bzw. nicht enthalten ist. Das

Vorliegen eines Fehlerzustandes kann durch Aufruf der Funktionsprozedur *Verzeichnis_Fehler*, die den Wert der Variablen *Fehler* liefert, festgestellt werden.

Die vollständigen Quelltexte des Beispiels sind auf der Programmdiskette enthalten.

Anwendung

Das nachfolgende Programm demonstriert die Arbeit mit einem Objekt der Klasse Katalog.

```
MODULE DEMO;

  FROM Verz IMPORT Katalog;

  CONST N1 = 'Monjau,Dieter';
        N2 = 'Schulze,Soeren';

        B1 = 'Methodisches Progr. mit Modula-2';
        B2 = 'Softwaretechnik mit Modula-2';
        B3 = 'Objektorient. Progr. mit Modula-2';

        V1 = 'Akademie Verlag';
        V2 = 'Edv-Aspekte 4/90 Verlag Die Wirtschaft';
        V3 = 'MP 1/91 Verlag Technik';
        O1 = 'Berlin';

  VAR BspKatalog : Katalog;

  BEGIN
    BspKatalog.Init       (0);
    BspKatalog.Eintragen  (01,N1);
    BspKatalog.Eintragen  (02,N2);
    BspKatalog.Werk_Ein   (01,01,B1,V1,O1);
    BspKatalog.Werk_Ein   (01,02,B2,V2,O1);
    BspKatalog.Werk_Ein   (01,03,B3,V3,O1);
    BspKatalog.Werk_Ein   (02,01,B2,V2,O1);
    BspKatalog.Werk_Ein   (02,02,B3,V3,O1);
    BspKatalog.Drucken    ();
    BspKatalog.Loeschen   ()
  END DEMO.
```

5.2 Mengen

Eine Menge ist eine Zusammenfassung von Werten des gleichen Datentyps. Jeder Wert tritt nur ein einziges Mal auf. Die Mächtigkeit einer Menge ist durch die Anzahl der enthaltenen Werte charakterisiert. Eine leere Menge enthält keinen Wert.

Die Operationen über Mengen können in folgenden Gruppen zusammengefaßt werden:

- *Zugriffsoperationen*, zum Beispiel das Ermitteln der Mächtigkeit einer Menge, das Enthaltensein eines vorgegebenen Wertes, das Prüfen, ob eine Menge leer ist, das Prüfen, ob eine Menge voll ist, das heißt, ob sie eine vorgegebene maximale Mächtigkeit besitzt,

- *Aktualisierungsoperationen*, zum Beispiel das Eintragen eines Wertes, das Streichen eines Wertes, das Löschen aller Werte einer Menge,

- *Iterationsoperationen*, zum Beispiel zur aufeinanderfolgenden Ermittlung aller Werte,

- *Operatoren*, zum Beispiel das Erzeugen und Initialisieren einer leeren Menge oder das Kopieren einer Menge.

In Mengen werden als Träger der Werte wie bei den Listen Elemente verwendet.

Nachfolgend wird wieder die Vorgehensweise beim objektorientierten Entwurf von Mengen erläutert, und es werden verschiedene Implementierungsvarianten diskutiert.

Beispiel 5-4

Aufgabenstellung

Es ist eine Klassenhierarchie für Mengen, deren Werte einen einheitlichen, jedoch beliebigen Datentyp besitzen können, zu entwickeln. Für die Zusammenfassung der Mengenelemente sollen als Datenstrukturen Felder, Listen bzw. Bäume untersucht werden. Als Operationen über Mengen sind vorzusehen:

Init – Erzeugen und Initialisieren einer leeren Menge und Festlegen ihrer maximalen Mächtigkeit,
Leer – Prüfen, ob die Menge leer ist,
Voll – Prüfen, ob die Menge voll ist,
Anzahl – Ermitteln der Mächtigkeit der Menge,
Loeschen – Löschen aller Werte in der Menge,
Eintragen – Eintragen eines Wertes in die Menge,
Streichen – Streichen eines Wertes in der Menge,
Enthalten – Prüfen, ob ein vorgegebener Wert in der Menge enthalten ist.

Entwurf

Bei dem Entwurf soll einerseits gezeigt werden, durch welche "generischen" Mechanismen Werte unterschiedlicher Datentypen in die Datenstruktur eingebunden werden können (Bild 5-9), und andererseits, wie die Realisierung der internen Datenstruktur variiert werden kann (Bild 5-10).

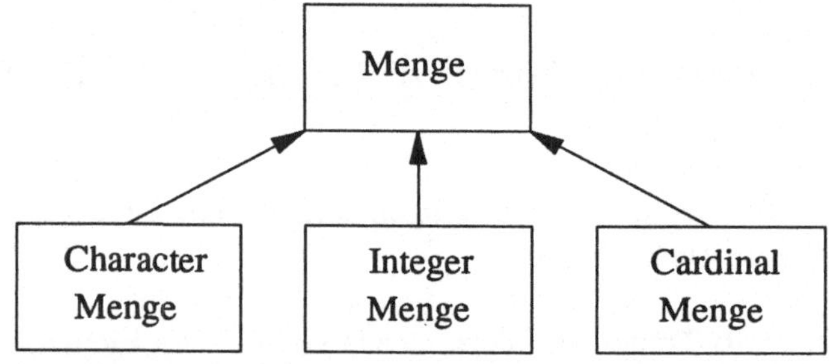

Bild 5-9 Hierarchie von Mengen für unterschiedliche Werte

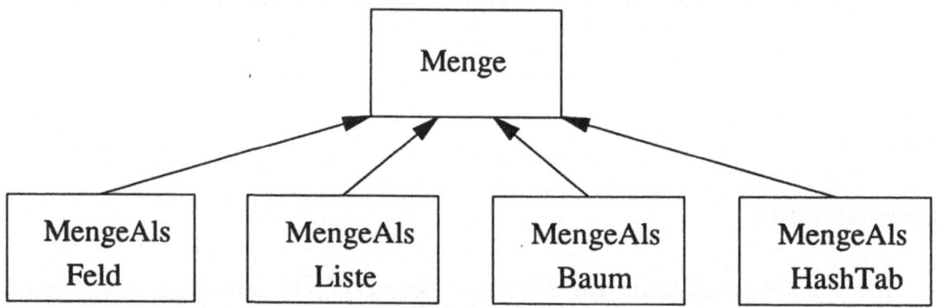

Bild 5-10 Hierarchie von Mengen unterschiedlicher Implementierung

Bei der Klassenhierarchie für Mengen wird von dem im Bild 5-11 dargestellten Ansatz ausgegangen.

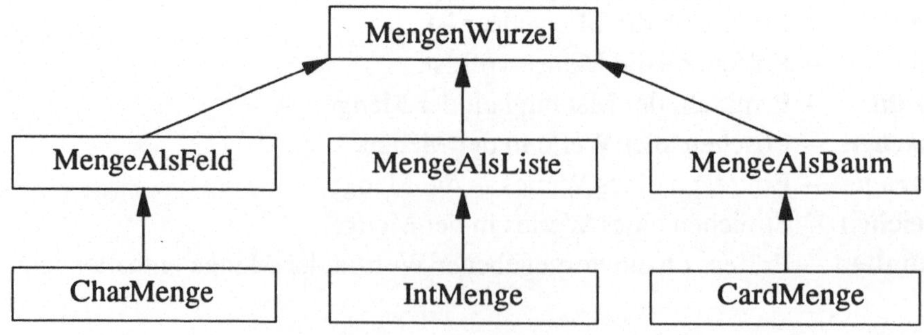

Bild 5-11 Klassenhierarchie für Mengen

Der Wurzelklasse *MengenWurzel* werden solche Merkmale und Methoden zugeordnet, die für alle Arten von Mengen, unabhängig vom Datentyp der enthaltenen Werte und unabhängig von der Struktur für die Zusammenfassung der Elemente, erforderlich sind. Es sind die Merkmale *MaxElem* bzw. *AnzElem* für die maximale bzw. aktuelle Mächtigkeit einer Menge, und die Methoden *Init*, *Leer*, *Voll*, *Anzahl* und *Loeschen*:

```
TYPE MengenWurzel = CLASS
       MaxElem : CARDINAL;
       AnzElem : CARDINAL;

       PROCEDURE Init     (Anzahl : CARDINAL);
       PROCEDURE Leer     () : BOOLEAN;
       PROCEDURE Voll     () : BOOLEAN;
       PROCEDURE Anzahl   () : CARDINAL;
       PROCEDURE Loeschen ();
     END (* MengenWurzel *);
```

Durch die Unterklassen *MengeAlsFeld*, *MengeAlsListe* bzw. *MengeAlsBaum* werden Mengen mit einer internen, für den Anwender nicht sichtbaren Datenstruktur definiert. Die Datenstruktur dient zur Zusammenfassung von Elementen, die Träger von Werten sind. Sie werden als universelle Elemente, denen kein Wert zugeordnet ist, in den Unterklassen eingeführt:

Die Elemente werden analog zu den universellen Listenelementen im Beispiel 5-1 in einer Klassenhierarchie definiert:

```
TYPE Relation = (Kleiner,Gleich,Groesser);

     UniElZeiger = POINTER TO UniEl;
     UniEl       = CLASS
       PROCEDURE Vergleich (E : UniElZeiger) : Relation; VIRTUAL;
     END (* UniEl *);
```

Der Zeigertyp *UniElZeiger* wird eingeführt, um die Elemente der Klasse *UniEl* dynamisch erzeugen zu können.

Außerdem ist eine Methode *Vergleich* enthalten. Das hat folgenden Grund: Beim Eintragen eines vorgegebenen Wertes in eine Menge bzw. bei der Prüfung, ob ein vorgegebener Wert bereits in der Menge enthalten ist, ist ein Vergleich des vorgegebenen Wertes mit allen in der Menge enthaltenen Werte erforderlich. Die Vergleichsoperation bezieht sich auf die den Elementen zugeordneten Werte. Sie wird deshalb zweckmäßigerweise allen Elementklassen als Methode *Vergleich* zugeordnet. In den Klassen *CardEl*, *IntEl* bzw. *CharEl* ist eine Neudefinition der Methode *Vergleich* erforderlich, weil die durch die Methode *Vergleich* zu ermittelnde Ordnungsrelation vom Typ der Werte der Elemente abhängig ist. Damit die Mengen entsprechend dem Typ ihrer Werte die "richtige" Methode *Vergleich* ausführen, wird sie als virtuelle Methode eingeführt. Die durch Vergleich ermittelte Ordnungsrelation wird durch die Werte *Kleiner*, *Gleich* bzw. *Groesser* des Aufzähltyps *Relation* signalisiert.

Mit den definierten universellen Elementen können die Unterklassen *MengeAlsFeld*, *MengeAlsListe* und *MengeAlsBaum* entworfen werden (Bild 5-12). Jeder dieser Klassen wird ein Merkmal *Menge* zugeordnet, das die Datenstruktur für die Speicherung aller Elemente der Menge aufnimmt. Der jeweilige Typ der Datenstruktur wird als versteckter Datentyp eingeführt, seine Definition erfolgt im zugehörigen Implementationsmodul. Die versteckten Datentypen werden *FeldZeiger*, *ListenZeiger* bzw. *BaumZeiger* genannt.

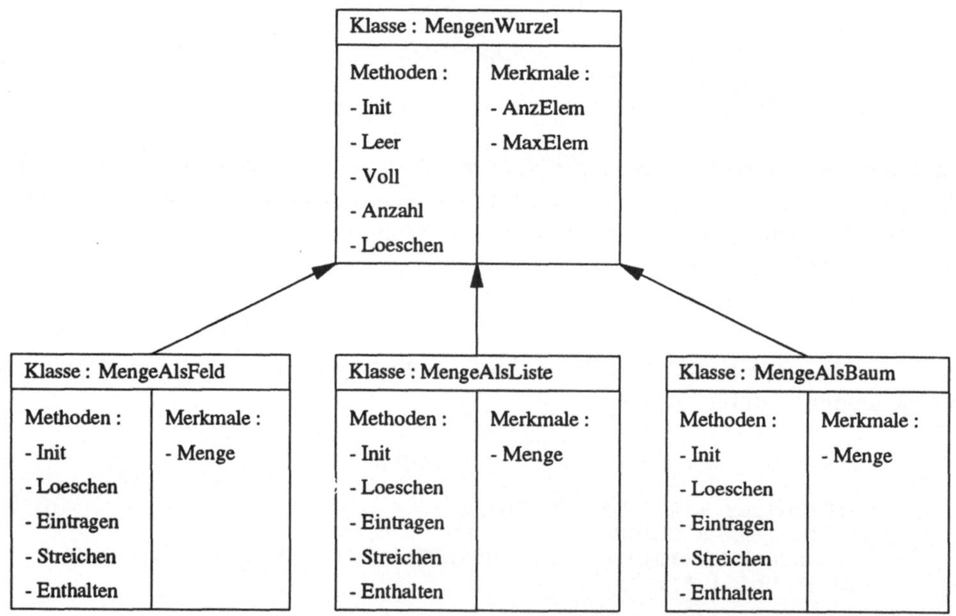

Bild 5-12 Eigenschaften einer Klassenhierarchie für Mengen

In den Klassen *MengeAlsFeld*, *MengeAlsListe* bzw. *MengeAlsBaum* werden als neue Methoden *Eintragen*, *Streichen* und *Enthalten* eingeführt. Die aus der Oberklasse *MengenWurzel* ererbten Methoden *Init* und *Loeschen* werden neudefiniert. Die Methoden bilden zusammen mit dem versteckten Datentyp *FeldZeiger* bzw. *ListenZeiger* bzw. *BaumZeiger* des Merkmals Menge einen abstrakten Datentyp. Das heißt, der Zugriff auf das Merkmal *Menge* bzw. auf die in ihnen enthaltenen Elemente erfolgt ausschließlich unter Verwendung der Methoden. In den Methoden *Eintragen*, *Streichen* bzw. *Enthalten* werden die Elemente durch den Verweis *UniElZeiger* bezeichnet. Die durch *UniElZeiger* spezifizierten Elemente (aus der

Klasse *UniEl*) sind abstrakte Elemente, da ihnen kein Wert zugeordnet ist. *UniEl* ist eine abstrakte Klasse.

```
TYPE FeldZeiger ;    (* Versteckter Typ *)

     MengeFZeiger = POINTER TO MengeAlsFeld;
     MengeAlsFeld = CLASS (MengenWurzel)
       Menge : FeldZeiger;          (* Interne Datenstruktur *)
       Temp  : CARDINAL;            (* Temporaerer Verweis   *)

       PROCEDURE Init      (Anzahl : CARDINAL);
       PROCEDURE Eintragen (E : UniElZeiger) : BOOLEAN;
       PROCEDURE Streichen (E : UniElZeiger) : BOOLEAN;
       PROCEDURE Enthalten (E : UniElZeiger) : BOOLEAN;
       PROCEDURE Loeschen  ();
     END (* MengeAlsFeld *);

     ListenZeiger ;   (* Versteckter Typ *)

     MengeLZeiger  = POINTER TO MengeAlsListe;
     MengeAlsListe = CLASS (MengenWurzel)
       Menge : ListenZeiger;        (* Interne Datenstruktur *)

       PROCEDURE Init      (Anzahl : CARDINAL);
       PROCEDURE Eintragen (E : UniElZeiger) : BOOLEAN;
       PROCEDURE Streichen (E : UniElZeiger) : BOOLEAN;
       PROCEDURE Enthalten (E : UniElZeiger) : BOOLEAN;
       PROCEDURE Loeschen  ();
     END (* MengeAlsListe *);

     KellerZeiger ;   (* Versteckter Typ *)
     BaumZeiger   ;   (* Versteckter Typ *)

     MengeBZeiger = POINTER TO MengeAlsBaum;
     MengeAlsBaum = CLASS (MengenWurzel)
       Menge  : BaumZeiger;         (* Interne Datenstruktur   *)
       Keller : KellerZeiger;       (* Interner Kellerspeicher *)

       PROCEDURE Init      (Anzahl : CARDINAL);
       PROCEDURE Eintragen (E : UniElZeiger) : BOOLEAN;
       PROCEDURE Streichen (E : UniElZeiger) : BOOLEAN;
       PROCEDURE Enthalten (E : UniElZeiger) : BOOLEAN;
       PROCEDURE Loeschen  ();
     END (* MengeAlsBaum *);
```

Die Klassen *CardMenge*, *IntMenge* bzw. *CharMenge*, die Mengen für Werte eines bestimmten Typs spezifizieren, können als Unterklassen aus einer der Klassen *MengeAlsFeld*, *MengeAlsListe* oder *MengeAlsBaum* abgeleitet werden (Bild 5-11). Welche von den drei letztgenannten Klassen genommen wird, hängt von den vorliegenden Anforderungen an die Menge wie zum Beispiel ihre maximale Mächtigkeit oder die Zugriffszeit auf ihre Werte ab. Hier werden die Klasse *CardMenge* aus der Klasse *MengeAlsBaum*, die *IntMenge* aus *MengeAlsListe* und die *CharMenge* aus *MengeAlsFeld* abgeleitet.

Die für die Speicherung der Werte erforderlichen speziellen Elemente werden als Unterklassen *CardEl*, *IntEl* bzw. *CharEl* definiert, ihre Oberklasse ist die oben eingeführte Klasse *UniEl* (Bild 5-13).

In den Unterklassen wird ein Merkmal *Schluessel* zur Aufnahme des Wertes, der dem Element zugeordnet ist, eingeführt.

```
TYPE CardElZeiger = POINTER TO CardEl;
     CardEl       = CLASS (UniEl)
       Schluessel : CARDINAL;
       PROCEDURE Vergleich (E : UniElZeiger) : Relation; VIRTUAL;
     END (* CardEl *);

     IntElZeiger = POINTER TO IntEl;
     IntEl       = CLASS (UniEl)
       Schluessel : INTEGER;
       PROCEDURE Vergleich (E : UniElZeiger) : Relation; VIRTUAL;
     END (* IntEl *);

     CharElZeiger = POINTER TO CharEl;
     CharEl       = CLASS (UniEl)
       Schluessel : CHAR;
       PROCEDURE Vergleich (E : UniElZeiger) : Relation; VIRTUAL;
     END (* CharEl *);
```

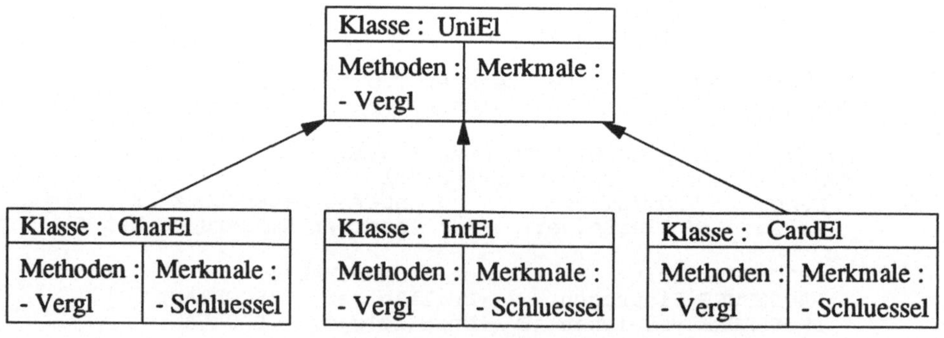

Bild 5-13 Klassenhierarchie der Mengenelemente

Nachfolgend werden die Beschreibungen der Mengenklassen für spezielle Mengenwerte dargestellt:

```
TYPE CardMengeZeiger = POINTER TO CardMenge;
     CardMenge       = CLASS (MengeAlsBaum)
       PROCEDURE Eintragen (E : CardElZeiger) : BOOLEAN;
       PROCEDURE Streichen (E : CardElZeiger) : BOOLEAN;
       PROCEDURE Enthalten (E : CardElZeiger) : BOOLEAN;
     END (* CardMenge *);

     IntMengeZeiger = POINTER TO IntMenge;
     IntMenge       = CLASS (MengeAlsListe)
       PROCEDURE Eintragen (E : IntElZeiger) : BOOLEAN;
```

```
    PROCEDURE Streichen (E : IntElZeiger) : BOOLEAN;
    PROCEDURE Enthalten (E : IntElZeiger) : BOOLEAN;
  END (* IntMenge *);

  CharMengeZeiger = POINTER TO CharMenge;
  CharMenge       = CLASS (MengeAlsFeld)
    PROCEDURE Init ():
    PROCEDURE Eintragen (E : CharElZeiger) : BOOLEAN;
    PROCEDURE Streichen (E : CharElZeiger) : BOOLEAN;
    PROCEDURE Enthalten (E : CharElZeiger) : BOOLEAN;
  END (* CharMenge *);
```

Bemerkenswert ist, daß in *CharMenge* die Methode *Init* aufgeführt ist (ohne den Parameter *Anzahl*!), das heißt, es erfolgt eine Neudefinition dieser Methode. Die Mächtigkeit der Menge kann nicht mehr durch einen Parameter vorgegeben werden. Da der Typ CHAR nur über 256 Werte verfügt, wird die Mächtigkeit der Menge innerhalb der Implementation der Methode Init mit dieser Anzahl festgelegt.

Es soll noch einmal hervorgehoben werden, daß die Definition einer Klasse für Mengen mit speziellen Werten, zum Beispiel *CharMenge*, sowohl als Unterklasse der Klasse *MengeAlsFeld* als auch der Klasse *MengeAlsListe* bzw. *MengeAlsBaum* erfolgen kann. Unabhängig davon sind in jedem Fall die Methoden *Init*, *Loeschen*, *Eintragen*, *Streichen* und *Enthalten* verfügbar.

Implementierung

Hier wird eine Auswahl aus der Implementierung behandelt, der vollständige Quelltext ist auf der Programmdiskette enthalten.

Zuerst ein Ausschnitt aus der Implementierung der Elementklassen:

```
TYPE UniElZeiger = POINTER TO UniEl;
     UniEl       = CLASS

       PROCEDURE Vergleich (E : UniElZeiger) : Relation; VIRTUAL;
         BEGIN
           RETURN Gleich
         END Vergleich;

      END (* UniEl *);

      CharElZeiger = POINTER TO CharEl;
      CharEl       = CLASS (UniEl)
        Schluessel : CHAR;

        PROCEDURE Vergleich (E : UniElZeiger) : Relation; VIRTUAL;
          VAR Z : CharElZeiger;
          BEGIN
            Z := CharElZeiger (E);
            IF Schluessel < Z^.Schluessel THEN
              RETURN Kleiner
            ELSIF Schluessel > Z^.Schluessel THEN
```

```
          RETURN Groesser
        ELSE
          RETURN Gleich
        END (* IF *);
      END Vergleich;

  END (* CharEl *);
```

Die Methode *Vergleich* in der Klasse *UniEl* wurde so kodiert, daß sie immer den Wert Gleich liefert. Praktisch wird diese Methode jedoch nie aktiviert, sondern eine der neudefinierten Methoden *Vergleich* aus einer der Unterklassen *CharEl*, *CardEl* oder *IntEl*. Diese liefern einen Wert des Aufzähltyps:

```
Relation = (Groesser,Gleich,Kleiner)
```

Weiterhin wird darauf hingewiesen, daß der Zugriff auf den Schlüssel einer speziellen Menge ein sogenanntes TYPE-Casting erfordert. Es erfolgt in der Methode *Vergleich* der Klasse *CharMenge* durch die Anweisung

```
Z := CharElZeiger (E).
```

Durch Voranstellen des Typs *CharElZeiger* wird eine Typumwandlung des Parameters *E* (vom Typ *UniElZeiger*) in den Typ *CharElZeiger* der Variablen *Z* vorgenommen. Das Casting ist an dieser Stelle immer korrekt, da auch alle aus der *CharEl*-Klasse abgeleiteten Elemente, die die Methode *Vergleich* enthalten, auf jeden Fall vom Typ *CharEl* oder einer Unterklasse davon sind.

Es schließt sich ein Ausschnitt aus der Implementierung der Klassen *MengenWurzel* und *MengeAlsFeld* an:

```
TYPE MengenWurzel = CLASS
       MaxElem : CARDINAL;   (* Mächtigkeit der Menge *)
       AnzElem : CARDINAL;   (* Aktuelle Elementeanzahl *)

       PROCEDURE Init (Anzahl : CARDINAL);
         BEGIN
           MaxElem := Anzahl;
           AnzElem := 0
         END Init;

       PROCEDURE Leer () : BOOLEAN;
         BEGIN
           RETURN Anzahl () = 0
         END Leer;

       PROCEDURE Loeschen ();
         BEGIN
           AnzElem := 0
         END Loeschen;

     END (* MengenWurzel *);
```

```
FeldZeiger = POINTER TO FeldTyp;
FeldTyp    = ARRAY [0..16383-1] OF UniElZeiger;

MengeAlsFeld = CLASS (MengenWurzel)
  Menge : FeldZeiger;        (* Interne Datenstruktur *)
  Temp  : CARDINAL;          (* Temporaerer Verweis   *)

  PROCEDURE Init (Anzahl : CARDINAL);
    BEGIN
      IF Anzahl >= 16384 THEN
        WrLn; WrStr ('Menge ist zu gross'); HALT
      END (* IF *);
      MengenWurzel.Init (Anzahl);
      ALLOCATE (Menge,MaxElem*SIZE(UniElZeiger))
    END Init;

  PROCEDURE Enthalten (E : UniElZeiger) : BOOLEAN;
    BEGIN
      Menge^[AnzElem] := E; Temp := 0;
      WHILE E^.Vergleich (Menge^[Temp]) # Gleich) DO
        INC (Temp)
      END (* WHILE *);
      RETURN Temp # AnzElem
    END Enthalten;

  PROCEDURE Eintragen (E : UniElZeiger) : BOOLEAN;
    VAR OK : BOOLEAN;
    BEGIN
      OK := NOT (Enthalten (E) OR Voll ());
      IF OK THEN
        Menge^[AnzElem] := E;
        INC (AnzElem)
      END (* IF *);
      RETURN OK
    END Eintragen;

  PROCEDURE Streichen (E : UniElZeiger) : BOOLEAN;
    VAR OK : BOOLEAN;
    BEGIN
      OK := Enthalten (E);
      IF OK THEN
        DEC (AnzElem);
        Menge^[Temp] := Menge^[AnzElem]
      END (* IF *);
      RETURN OK
    END Streichen;

END (* MengeAlsFeld *);
```

Zur Implementierung des versteckten Datentyps *FeldZeiger* ist zu bemerken: Die Unterklasse *MengeAlsFeld* benutzt die Datenstruktur ARRAY OF *UniElZeiger* zur Speicherung der Elemente einer Menge. Das Feld kann maximal 16383 Elemente verwalten (Diese Zahl darf nicht größer gewählt werden, da ein beliebiger Datentyp in Modula-2 nicht die 64 kByte-Grenze überschreiten darf. Die Implementierung des Zeigertyps *UniElZeiger* erfordert maximal 4 Byte, so daß 16383*4 gerade noch kleiner als 65536 ist). Durch die Methode *Init* der Klasse *MengeAlsFeld* wird deshalb in Verbindung mit der durch das aktuelle Speichermodell (Small, usw.)

bestimmten Größe des Typs ADDRESS geprüft, ob der Parameter *Anzahl* einen größeren Wert als 16383 enthält; in diesem Fall erfolgt eine Fehlerausschrift, und das Programm wird abgebrochen. Andernfalls wird durch die Anweisung

```
MengenWurzel.Init (Anzahl)
```

dem Merkmal *MaxElem* der Wert von *Anzahl* zugewiesen und die aktuelle Anzahl der Elemente *AnzElem* auf 0 gesetzt. Durch ALLOCATE wird der erforderliche Speicherbereich bereitgestellt.

Die Methode *Eintragen* prüft durch Aufruf der Methode *Enthalten*, ob das universelle Element *E* (Typ *UniElZeiger*) bereits in der Menge enthalten ist. Wurde es nicht gefunden und ist die Menge noch nicht voll, so wird es am Ende des bereits besetzten Feldbereiches angefügt.

Die Methode *Enthalten* in der Klasse *MengeAlsFeld* arbeitet nach dem Stopper- oder Sentinel-Prinzip: das Element wird temporär am Ende des Feldes angefügt und das Feld linear durchlaufen. Kommt man am Sentinel an, war das Element nicht in der Menge enthalten. Wird im Gegensatz dazu ein Element in der Menge gefunden, so wird seine Position (Feldindex) im Merkmal *Temp* gespeichert. Um in der Methode *Streichen* nicht noch einmal den gleichen Code aufzunehmen, der bereits in der Methode *Enthalten* auftritt, wird beim Aufruf von *Streichen* die Prozedur *Enthalten* aktiviert. *Enthalten* legt die Position des gefundenen Elementes in *Temp* ab, so daß *Streichen* diese nutzen kann (Hinweis: TopSpeed-Modula-2 unterscheidet nicht zwischen *privaten* und *öffentlichen* Exemplarvariablen, wie zum Beispiel C++).

Da in allen Klassen die Methoden *Eintragen* und *Streichen* einen BOOLEAN-Wert liefern, der aussagt, ob die jeweilige Operation erfolgreich war oder nicht, und bei manchen Implementierungen dieser Rückgabewert nicht interessiert, muß an den Kopf des entsprechenden Definitionsmoduls das Compiler-Pragma (*# call (result_optional => on) *) gesetzt werden. Dieses Compiler-Pragma erlaubt das Ignorieren des Rückgabewertes von Funktionen.

Nun folgt ein Ausschnitt aus der Implementierung der Klasse *CharMenge*:

```
CharMenge = CLASS (MengeAlsFeld)

  PROCEDURE Init ();
    BEGIN
      MengeAlsFeld.Init (256)
    END Init;

  PROCEDURE Eintragen (E : CharElZeiger) : BOOLEAN;
    BEGIN
      RETURN MengeAlsFeld.Eintragen (E)
```

```
      END Eintragen;

    PROCEDURE Enthalten (E : CharElZeiger) : BOOLEAN;
     BEGIN
       RETURN MengeAlsFeld.Enthalten (E)
     END Enthalten;

  END (* CharMenge *);
```

Die Methoden der Klasse *CharMenge*, eine Unterklasse von *MengAlsFeld*, werden unter Benutzung der Methoden aus der Klasse *MengeAlsFeld* implementiert, zum Beispiel

```
MengeAlsFeld.Init (256)    bzw.
RETURN MengeAlsFeld.Eintragen (E)
```

Aus der in der parameterlosen Methode *Init* enthaltenen Anweisung geht hervor, daß die Initialisierung eines Objektes der Klasse *CharMenge* mit einer Mächtigkeit von 256 erfolgt.

Das Beispiel demonstriert mit der Klasse *MengeAlsFeld*, daß die Merkmale einer Klasse nicht nur durch die Anforderungen aus der Sicht der Anwendung bestimmt werden, sondern gegebenenfalls im Zusammenhang mit der Implementierung weitere Merkmale definiert werden müssen wie hier das Merkmal *Temp*.

Zur Verwendung des Merkmals *Temp* werden noch einige Bemerkungen angefügt. Um in *Streichen* die Funktionalität der Methode *Enthalten* nutzen zu können, muß bei Feldern, Listen bzw. Bäumen die Position eines gefundenen Elementes für die Abfrage immer "global" in der Klasse bekannt sein. Bei den Listen wird in *Enthalten* eine "Move-To-Root-Methode" verwendet (siehe Programmdiskette). Wenn mit *Enthalten* ein Element gefunden wurde, so steht es immer am Anfang der Liste. Bei den Bäumen bewirkt die Splay-Baum-Implementation, daß beim Zugriff auf ein Element (durch *Enthalten*) dieses Element zur Wurzel des Baumes wird (der Baum wird "geschüttelt", und das gefundene Element beim Schütteln festgehalten). Bei Feldern ergibt sich die Position nicht durch Anwendung von *Enthalten*, so daß sie in *Temp* gemerkt werden muß.

Variante

Auf eine Variante des Entwurfs einer Klassenhierarchie für Mengen mit speziellen Elementen wird noch eingegangen, bei der auf die Einführung der Unterklassen *MengeAlsFeld*, *MengeAlsListe* bzw. *MengeAlsBaum* verzichtet werden kann. Es wird von folgendem Ansatz ausgegangen:

```
TYPE MengenWurzelZeiger = POINTER TO MengenWurzel;

     CharMenge = CLASS
```

```
Menge : MengenWurzelZeiger;

PROCEDURE Init (M : MengenWurzelZeiger);
  BEGIN
    Menge := M;
    Menge^.Init (256)
  END Init;

PROCEDURE Eintragen (E : CharElZeiger) : BOOLEAN;
  BEGIN
    RETURN Menge^.Eintragen (E)
  END Eintragen;

...
```

In diesem Fall ist es erforderlich, die Methoden *Enthalten*, *Eintragen*, *Streichen* und *Loeschen* in der Klasse *MengenWurzel* als *abstrakte virtuelle Methoden* zu definieren, deren Implementation leer ist bzw. eine Fehlerausschrift enthält. Eine so implementierte Klasse *CharMenge* ist unabhängig von der internen Datenstruktur für die Menge; man übergibt mit der Methode *Init* nur einen Zugriff auf die spezielle gewünschte Mengenstruktur.

Mit dieser Variante wird gezeigt, wie aus drei oder mehr unterschiedlichen Implementationen von *CharMenge* eine einzige gemacht werden kann. Selbst wenn zur Klasse *MengenWurzel* eine neue Menge mit neuer interner Datenstruktur hinzugefügt wird (zum Beispiel eine Hash-Tabelle), muß die Klasse *CharMenge* nicht verändert werden. Sie kann mit der Hash-Tabelle auch zusammenarbeiten.

Das Prinzip, gegebenenfalls aus der Sicht der Implementierung weitere Merkmale einer Klasse zu definieren (wie das Merkmal *Temp*), findet in der Klasse *MengeAlsBaum*, deren Quelltext auf der Programmdiskette enthalten ist, ebenfalls Anwendung. Die Klasse enthält außer dem Merkmal *Menge* vom Typ *BaumZeiger* noch ein Merkmal *Keller* vom Typ *KellerZeiger*. *Keller* erscheint aus der Sicht der Anwendung der Klasse nicht erforderlich; die Ursache für das Einführen dieses Merkmals resultiert aus dem der Implementierung des Baumes zugrundegelegten Konzept des Splay-Baumes, bei dem der Suchpfad in einem Keller gespeichert wird.

```
TYPE MengeAlsBaum = CLASS (MengenWurzel)
       Menge  : BaumZeiger;          (* Interne Datenstruktur *)
       Keller : Kellerzeiger;        (* Interne Datenstruktur *)

       PROCEDURE Init (Anzahl : CARDINAL);
       ...
     END (* MengeAlsBaum *);
```

Anwendung

Das als Anwendung von Mengenoperationen gewählte Beispiel entspricht funktionell dem Anwendungsbeispiel 2-1 im Kapitel 2. Zufallszahlen in einem Wertebereich von 0 bis 9 werden durch die Operation *Eintragen* in die Menge eingefügt, eine Zufallszahl 10 schließt das Eintragen ab. Anschließend wird mit der Operation *Enthalten* geprüft, wieviele der Zahlen mit dem Wertebereich 0 bis 9 in der Menge enthalten sind. Jede erkannte Zahl wird aus der Menge mit der Operation *Streichen* entfernt.

Das Beispiel zeigt, daß jeder durch die Zufallszahlen vorgegebene Wert in die Menge nur ein einziges Mal eingetragen wird - im Gegensatz zum Eintragen in Listen, bei denen gleiche Werte mehrmals enthalten sein können.

```
MODULE DEMO;

  FROM Mengen   IMPORT CardMengeZeiger,CardElZeiger;
  FROM Lib      IMPORT RANDOMIZE,RANDOM;
  ...

  VAR Menge  : CardMengeZeiger;
      Card   : CardElZeiger;
      Wert   : CARDINAL;
      Anzahl : CARDINAL;

  BEGIN
    RANDOMIZE ();
    NEW (Menge); Menge^.Init (100);
    WrStr ('Eintragen der Werte'); WrLn ();
    Wert := RANDOM (11);
    WHILE Wert # 10 DO
      WrCard (Wert,4);
      NEW (Card); Card^.Schluessel := Wert;
      Menge^.Eintragen (Card);
      Wert := RANDOM (11)
    END (* WHILE *);
    WrLn (); WrLn ();
    WrStr ('Welche Werte sind in der Menge ?'); WrLn ();
    NEW (Card);
    FOR Wert := 0 TO 9 DO
      WrCard (Wert,4); WrStr (' : ');
      Anzahl := 0; Card^.Schluessel := Wert;
      WHILE Menge^.Enthalten (Card) DO
        Menge^.Streichen (Card);
        INC (Anzahl)
      END (* WHILE *);
      WrCard (Anzahl,4); WrStr (' x'); WrLn ()
    END (* FOR *);
    DISPOSE (Card);
    DISPOSE (Menge)
  END DEMO.
```

Variante

Im Gegensatz zu C++ bzw. Turbo Pascal ab Version 5.5 verfügen Modula-2-Klassen nicht über den Konstruktor-Destruktor-Mechanismus, der bei der Erzeugung bzw. Beseitigung (Zerstörung) von Objekten mit dynamischer Speicherplatzverwaltung verwendet wird. Deshalb muß nach der Deklaration bzw. dem Aufruf der

Funktion *NEW* der Aufruf von Objekt.<Erzeugen> , und vor dem Beseitigen des Objektes bzw. dem Aufruf der Funktion *DISPOSE* der Aufruf von Objekt.<Zerstoeren> vorgenommen werden, um eventuell durch Objektvariablen referenzierten Heap-Speicher anzufordern bzw. freizugeben.

Um speziell den Vorgang der dynamischen Speicherplatzverwaltung zu erleichtern, kann man zu jeder der Klassen *MengeAlsFeld*, *MengeAlsListe* bzw. *MengeAlsBaum* zwei nicht zur Klasse gehörende Prozeduren

```
PROCEDURE ErzeugeObjekt (Parameter) : ZeigerAufObjekt
PROCEDURE ZerstoereObjekt (VAR ZeigerAufObjekt)
```

implementieren:

```
TYPE FeldZeiger ;    (* Versteckter Typ *)

     MengeFZeiger = POINTER TO MengeAlsFeld;
     MengeAlsFeld = CLASS (MengenWurzel)
       Menge : FeldZeiger;          (* Interne Datenstruktur *)
       Temp  : CARDINAL;            (* Temporaerer Verweis   *)
       ...
     END (* MengeAlsFeld *);

     PROCEDURE ErzeugeObjektF (Anzahl : CARDINAL) : MengeFZeiger;
     PROCEDURE ZerstoereObjektF (VAR Z : MengeFZeiger);
```

Und im entsprechenden Implementationsmodul:

```
     PROCEDURE ErzeugeObjektF (Anzahl : CARDINAL) : MengeFZeiger;
       VAR Z : MengeFZeiger;
       BEGIN
         NEW (Z); Z^.Init (Anzahl);
         RETURN (Z)
       END ErzeugeObjektF;

     PROCEDURE ZerstoereObjektF (VAR Z : MengeFZeiger);
       BEGIN
         Z^.Loeschen ();
         DISPOSE (Z)
       END ZerstoereObjektF;
```

Die Methode *ErzeugeObjektF* wird nach der Deklaration eines Objektes der Klasse *MengeAlsFeld* anstelle der Methode *Init* auf dieses Objekt angewendet. Die Methode ZerstoereObjektF wird auf das Objekt angewendet, wenn es nicht mehr benötigt wird:

```
VAR Menge : MengeFZeiger
BEGIN
  Menge := ErzeugeObjektF (256);
  ...
  ZerstoereObjektF (Menge);
END;
```

5.3 Übungsaufgaben

1. Es sind Listen mit folgenden Eigenschaften zu implementieren:

a) einfach verkettet, Integer-Werte
b) einfach verkettet, komplexe Zahlenwerte mit ganzzahligen Komponenten
c) doppelt verkettet, Real-Werte
d) doppelt verkettet, Werte eines Aufzählungstyps
e) einfach verkettet, heterogene Werte (siehe Beispiel 4-3)

Als Operationen über den Listen sind die gleichen wie im Beispiel 5-2 vorzusehen.

Wenden Sie die Operationen auf einige Exemplare von Listen an.

2. Entwerfen und implementieren Sie geeignete Klassenhierarchien für Mengen mit den Elementwerten

a) Komplexe Zahlen mit ganzzahligen Komponentenwerten
b) Werte eines Aufzählungstyps

Dabei sind die im Beispiel 5-4 definierten Mengenoperationen vorzusehen.
Als interne Datenstrukturen zur Zusammenfassung der Mengenelemente sind zugrunde zulegen:

1. Felder
2. Listen
3. Bäume

Implementieren Sie Anwendungsbeispiele, die Operationen mit Mengenobjekten ausführen.

6 Der Entwurf komplexer Systeme

Nach einer Einführung in die Welt der objektorientierten Programmierung und der Entwicklung einfacher, wiederverwendbarer Datenstrukturen wollen wir uns nun der Konstruktion von Klassenhierarchien beim Entwurf komplexer Systeme zuwenden. Den Hauptteil des Kapitels bildet die Implementierung einer Klassenhierarchie von Dialogelementen und ihre Einbettung in eine bestehende Fensterverwaltung.

6.1 Konstruktionsprinzipien

Die Programmierung komplexer Systeme erfordert neben der detaillierten Kenntnis des zu modellierenden Sachverhaltes zunehmend ein grundlegendes Wissen über Techniken der Softwarekonstruktion und des Projekt-Managements. Die Qualität von Software wird in diesem Zusammenhang entscheidend durch die Wahl der richtigen Klassenbibliothek mitbestimmt. Erfüllen die zur Verfügung stehenden Bibliotheken die gestellten Anforderungen nicht, wird man sich zuerst mit der Entwicklung einer eigenen oder der Modifizierung bzw. Erweiterung einer vorhandenen Klassenbibliothek beschäftigen müssen. Dabei wird der Programmierer verschiedene Konstruktionsprinzipien für Klassenhierarchien einsetzen, um seine Bibliothek wiederverwendbar und wartungsfreundlich zu gestalten.

In den Beispielen der vorangegangenen Kapitel wurden die Techniken *Spezialisierung*, *Generalisierung* und *Aggregation* zur Konstruktion von Klassenhierarchien bereits verwendet.

Unter *Spezialisierung* wird dabei die Ableitung einer neuen Unterklasse unter Einschränkung der Eigenschaften ihrer Oberklasse verstanden. Zwischen Unter- und Oberklasse besteht die "ist ein"- bzw. "ist eine"-Relation. Bild 6-1 zeigt einen Ausschnitt aus der im Abschnitt 3.6 behandelten Klassenhierarchie für geometrische Figuren. Die Klasse *Quadrat* erbt von der Klasse *Rechteck*: Ein Quadrat "ist ein" Rechteck.

Wir erinnern uns, daß im Beispiel nur die Methode *Init* redefiniert werden mußte. *Init* bildet Quadrate auf Rechtecke ab und garantiert, daß ein Exemplar der Klasse *Quadrat* auch intern über gleichlange Seiten verfügt. Die zwischen den Eigenschaften von Quadrat und Rechteck bestehende Teilmengenrelation impliziert, daß die Klasse *Quadrat* nur ihre Schnittstelle der veränderten Situation anpassen muß.

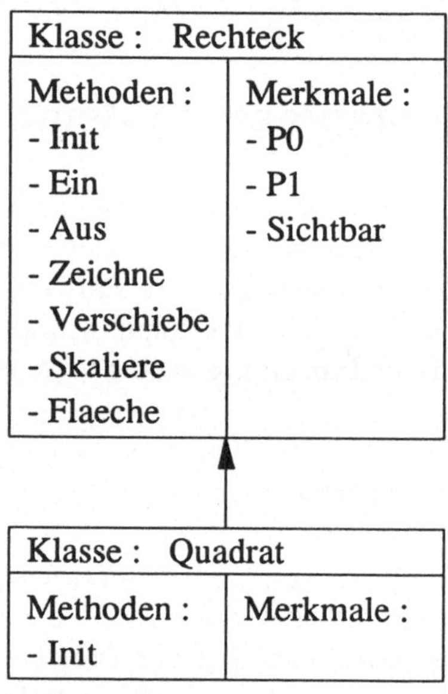

Bild 6-1 Beispiel für Spezialisierung

Prinzipiell könnte im betrachteten Beispiel auf die Ableitung der Klasse *Quadrat* verzichtet werden, wenn der Nutzer bei der Erzeugung von Exemplaren der Klasse *Rechteck* die Initialisierungswerte so wählt, daß alle Seiten des Körpers die gleiche Länge aufweisen. Dennoch ist die Einführung einer Klasse *Quadrat*, das heißt, die Spezialisierung einer vorhandenen Klasse *Rechteck*, zu empfehlen. Alle zusätzlichen Überlegungen, die in den Entwurf einer Klassenhierarchie einfließen, braucht ein Anwender bei der Erzeugung von Exemplaren der implementierten Klassen nicht zu wiederholen.

Das Prinzip der *Generalisierung* findet immer dann Anwendung, wenn zwei oder mehr Klassen über ähnliche Eigenschaften verfügen. Zuerst wird eine (meist abstrakte) Oberklasse eingeführt, die die Gemeinsamkeiten der zu modellierenden Klassen beschreibt. Ausgehend von dieser Oberklasse wird in den Unterklassen das spezielle Verhalten hinzugefügt. Die Verwendung virtueller Methoden in der Oberklasse beeinflußt in entscheidendem Maße ihre Erweiterbarkeit und Wiederverwendbarkeit. Im Bild 6-2 ist ein Beispiel für die Generalisierung zu sehen. Zwischen *Automobil* und *Zweirad* (bzw. weiteren Klassen) bestehen Gemeinsamkeiten, die in der Klasse *Fahrzeug* allgemeingültig formuliert werden. Die Unterschiede zwischen *Automobil* und *Zweirad* werden in den einzelnen Unterklassen implementiert.

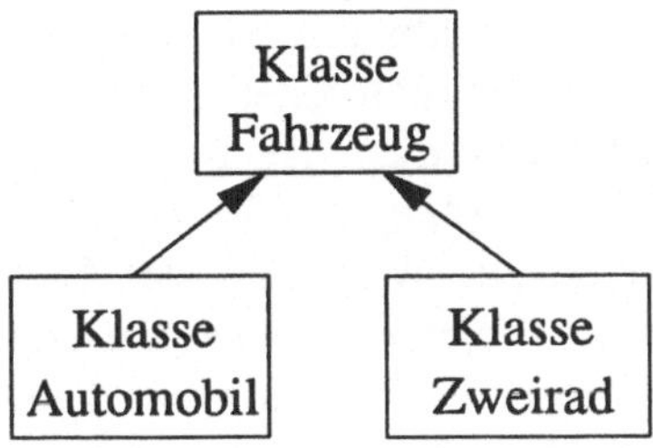

Bild 6-2 Beispiel für Generalisierung

In vielen Beispielen der vorangegangenen Kapitel wurde das Prinzip der Generalisierung zur Erweiterung von Datenstrukturen eingesetzt. Weisen die durch Strukturerweiterung gebildeten Klassen nicht gleichartiges Verhalten auf, so spricht man auch von *"entarteter" Generalisierung.*

Bei der Entwicklung einer neuen Klasse, die einen bestimmten Sachverhalt beschreibt, sollte der Entwerfer versuchen, die Klasse mit einer maximalen Funktionalität auszustatten und sein Wissen über den Sachverhalt möglichst vollständig zu verwirklichen. Dadurch lassen sich Probleme beim Entwurf frühzeitig erkennen und beseitigen.

Ein weiteres wichtiges Konstruktionsprinzip ist die *Aggregation.* Sie wird immer dann angewendet, wenn ein Objekt während der Ausführung seiner Methoden Dienstleistungen von Exemplaren anderer Klassen beansprucht.

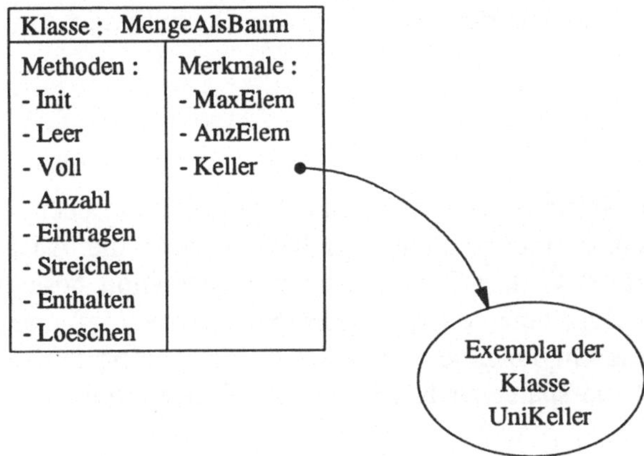

Bild 6-3 Beispiel für Aggregation

Die benötigten Objekte werden als Exemplarvariablen definiert. Im Beispiel 5-4 wurde eine Klasse *MengeAlsBaum* entworfen.

Der dem Zugriff auf die Elemente des Baumes zugrundeliegende Algorithmus (Splay-Baum) speichert den durchlaufenen Suchpfad in einem Keller, um das gefundene Element zur neuen Wurzel des Baumes zu rotieren (Bild 6-3). *Keller* wird als Variable in der Klasse *MengeAlsBaum* definiert und kann auf Exemplare der Klasse *UniKeller* verweisen. Wird nun der Baum durchlaufen, beansprucht *MengeAlsBaum* die Hilfe des Objektes *Keller*, um den Suchpfad in LIFO-Ordnung abzuspeichern. Beschränkt sich die Nutzung des Kellers wie im Beispiel nur auf eine einzige Methode, kann das Objekt *Keller* auch als lokale Variable in der entsprechenden Methode vereinbart werden.

6.2 Eine Klassenhierarchie für Dialogelemente

6.2.1 Zielstellung

Moderne Benutzeroberflächen weisen eine große Menge von Elementen wie Schalter, Menüs bzw. Rollbalken zur Unterstützung der Dialogführung des Nutzers auf. Deshalb soll zuerst eine Klassenhierachie entworfen und implementiert werden, die die Eigenschaften und Merkmale verschiedener Dialogelemente beschreibt. Im Anschluß daran wird eine Klasse *Applikation* als Prototyp für verschiedene Anwendungen mit einer einheitlichen Benutzeroberfläche definiert. Da jedes Dialogelement über einen Darstellungsbereich auf dem Bildschirm verfügt, und mehrere Bereiche sich gegenseitig verdecken können, ist zusätzlich ein die Darstellungsbereiche verwaltender Mechanismus notwendig. Um den Entwurf einfach und übersichtlich zu halten, werden die durch den JPI-Modul *Window* bereitgestellten Funktionen und Prozeduren zur Verwaltung unserer Darstellungsbereiche benutzt.

6.2.2 Nachrichtenaustausch

Alle durch den Nutzer definierten Dialogelemente tauschen als Exemplare von Klassen Nachrichten untereinander aus bzw. steuern die Ausführung bestimmter Operationen (Bild 6-4). Der Prototyp einer Applikation besteht aus einer Menge vordefinierter Dialogelemente (Menüzeile, Statuszeile, etc.) und aus einer zentralen Steuerschleife, die empfangene Ereignisse an die Dialogelemente weiterleitet. Der Nutzer erweitert die später zu beschreibende Klasse *Applikation* um anwendungsspezifische Teile.

Ein Beispiel: Über die Felder eines Menüs *M* sollen Operationen in einem nutzerdefinierten Dialogelement *D* ausgelöst werden. Das Menü *M* muß dabei keine Verweise auf die Methoden des Elementes *D* speichern. Der Programmierer teilt dem Menü *M* lediglich mit, daß bei der Aktivierung eines bestimmten Feldes ein Ereignis *E* auslöst wird. Das Ereignis *E* wird durch die zentrale Steuerschleife an ausgewählte Dialogelemente gesendet. Irgendwann trifft das Ereignis *E* bei unserem nutzerdefinierten Dialogelement *D* ein. Da dieses die Bedeutung des Ereignisses kennt, wird es die entsprechende Operation ausführen.

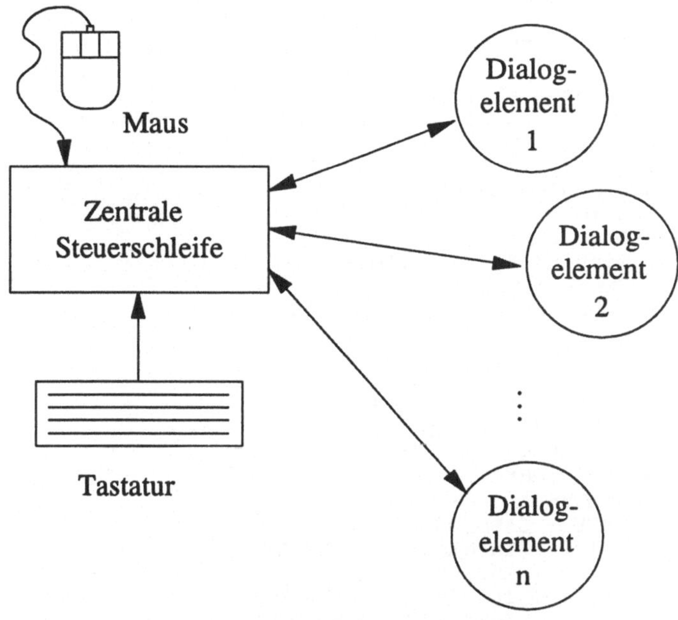

Bild 6-4 Austausch von Nachrichten

Der Modul *Ereignis* ist für den Empfang und die Einordnung der Ereignisse in eine Warteschlange, die durch die zentrale Steuerschleife gelesen wird, verantwortlich. Nachfolgend ist der vollständige Definitionsmodul *Ereignis* dargestellt.

```
DEFINITION MODULE Ereignis;

  CONST
    erNichts           = 0;     (* Kein Ereignis bzw. ungueltig   *)
    erTasteGedrueckt   = 1;     (* Tastatur-Ereignis              *)
    erUmschaltTaste    = 2;     (* Umschalttasten veraendert      *)
    erMausGedrueckt    = 3;     (* Maustaste niedergedrueckt      *)
    erMausLosgelassen  = 4;     (* Maustaste losgelassen          *)
    erMausPosition     = 5;     (* Positionelles Mausereignis     *)
    erNachricht        = 6;     (* Nachricht bzw. Kommando        *)

    nrNichts           = 0;     (* Keine Nachricht bzw. ungueltig *)
```

```
    nrZoomen           = 1;    (* Zoomen eines Fensters             *)
    nrVerstecken       = 2;    (* Verstecken eines Fenster          *)
    nrDarstellen       = 3;    (* Fenster sichtbar darstellen       *)
    nrTopFenster       = 4;    (* Fenster wird oberstes Fenster     *)
    nrBeenden          = 5;    (* Fenster ist zu schliessen         *)
    nrQuit             = 6;    (* Anwendung ist zu beenden          *)
    nrAktiviert        = 7;    (* Aktivierungs-Rueckmeldung         *)
    nrGeschlossen      = 8;    (* Rueckmeldung beim Schliessen      *)

    msLinks            = 0;    (* Ereignis linke Maustaste          *)
    msRechts           = 1;    (* Ereignis rechte Maustaste         *)
    msMitte            = 2;    (* Ereignis mittlere Maustaste       *)

  TYPE
    SchalterTyp = (ShiftRe,ShiftLi,Ctrl,Alt,Scroll,Num,Caps,Ins);

    EreignisZeiger = POINTER TO EreignisTyp;
    EreignisTyp = RECORD
      CASE Typ : CARDINAL OF
        | erNichts : (* ... *)
        | erTasteGedrueckt :
            Zeichen     : CHAR;
            Erweitert   : SHORTCARD;
            TastenKode  : CARDINAL
        | erUmschaltTaste :
            Schalter    : SchalterTyp;
            Aktiv       : BOOLEAN
        | erMausGedrueckt .. erMausPosition :
            Status      : BITSET;
            Tasten      : BITSET;
            DoppelKlick : BOOLEAN;
            PosX,PosY   : CARDINAL
        | erNachricht :
            SubTyp      : CARDINAL;
            CASE : CARDINAL OF
              | 0 : InfoAddr : ADDRESS;
              | 1 : InfoBool : BOOLEAN;
              | 2 : InfoInt  : INTEGER;
              | 3 : InfoCard : CARDINAL;
              | 4 : InfoChar : CHAR
            END (* CASE *)
      END (* CASE *)
    END (* EreignisTyp *);

  VAR
    MausTasten     : INTEGER;
    EreignisMaus   : BOOLEAN;
    EreignisTaste  : BOOLEAN;
    EreignisFlags  : BOOLEAN;
    DoppelZeit     : LONGCARD;
    MausIntFlag    : BOOLEAN;

  PROCEDURE InitHandler ();
  PROCEDURE Lesen       (VAR E : EreignisTyp);
  PROCEDURE Schreiben   (VAR E : EreignisTyp);
  PROCEDURE Einfuegen   (VAR E : EreignisTyp);
  PROCEDURE Verfuegbar  () : BOOLEAN;
  PROCEDURE Loeschen    ();
  PROCEDURE DoneHandler ();

END Ereignis;
```

Die Fallvariable *Typ* des varianten Records *EreignisTyp* beschreibt die Art des Ereignisses. Mögliche Werte sind *erNichts*, *erTasteGedrueckt*, *erUmschaltTaste*, *erMausGedrueckt*, *erMausLosgelassen*, *erMausPosition* und *erNachricht*. Diese werden vom Modul *Ereignis* als Konstanten exportiert.

Typ : **erTasteGedrueckt**		
Zeichen	CHAR	0C
Erweitert	SHORTCARD	81
TastenKode	CARDINAL	337
Variable	*Datentyp*	*Wert*

Bild 6-5 EreignisTyp bei Tastatur-Ereignis <PgDn>

Hat die Fallvariable *Typ* den Wert *erTasteGedrueckt*, so handelt es sich um ein Tastaturereignis (Bild 6-5), und die Variablen *Zeichen*, *Erweitert* und *TastenKode* beschreiben, welche Taste durch den Nutzer gedrückt worden ist. Neben den allgemeinen Tastenkodes im Bereich von 0..255 unterstützt DOS spezielle Tasten (PgDn, CtrlF1, CrsLeft, usw.), bei deren Betätigung nicht nur ein, sondern zwei Zeichen von der Tastatur zum Rechner übertragen werden. Der Wert des ersten Zeichens ist dabei 0. Um nicht ständig die erweiterten Tastaturkodes einer speziellen Behandlung unterziehen zu müssen, werden sie auf die Wertemenge 256..511 abgebildet, indem zum zweiten an den Rechner übertragenen Wert 256 addiert wird. Die Variable *Zeichen* enthält die jeweils gedrückte Taste und ist beim Eintreffen eines erweiterten Tastaturkodes mit 0C belegt. Die Variable *Erweitert* verhält sich genau entgegengesetzt zu *Zeichen* und ist nur bei erweiterten Tastaturkodes ungleich 0. Die Variable *Tastenkode* trägt den selbst definierten Tastaturkode mit einem Wertebereich von 0 bis 511.

Typ : **erUmschaltTaste**		
Schalter	SchalterTyp	Ctrl
Aktiv	BOOLEAN	TRUE
Variable	*Datentyp*	*Wert*

Bild 6-6 EreignisTyp bei Umschalttasten-Ereignis, <Ctrl> gedrückt

Da die Umschalttasten (Shift, Alt, Ctrl, etc.) nicht wie die anderen Tasten die Übertragung eines Zeichens an die Tastatur bewirken, sondern nur bestimmte Bits im Speicherbereich des Betriebssystems setzen oder rücksetzen, muß ihre Betätigung einer gesonderten Behandlung unterzogen werden. Hat die Fallvariable *Typ* des varianten Records *EreignisTyp* den Wert *erUmschaltTaste* (Bild 6-6), so steht in *Schalter*, welche Umschalttaste gedrückt wurde. Die Variable *Aktiv* hat den Wert

TRUE, wenn die Umschalttaste aktiviert, und den Wert FALSE, wenn sie deaktiviert worden ist. Die Umschalttasten ShiftRe, ShiftLi, Ctrl und Alt sind nur solange aktiv, wie der Nutzer die Taste niedergedrückt hält. Hingegen werden die Umschalttasten Scroll(Lock), Num, Caps und Ins durch das einmalige Betätigen der Taste ein- und durch nochmaliges Betätigen wieder ausgeschalten.

Typ : **erMausPosition**		
Status	BITSET	{msLinks}
Tasten	BITSET	{}
DoppelKlick	BOOLEAN	FALSE
PosX	CARDINAL	25
PosY	CARDINAL	10
Variable	*Datentyp*	*Wert*

Bild 6-7 EreignisTyp bei positionellem Mausereignis und gedrückter linker Taste

Es wurde während der Entwicklung des Beispiels darauf Wert gelegt, daß alle Dialogelemente auch mit der Maus bedient werden können. Die Ereignisse *erMausGedrueckt* und *erMausLosgelassen* behandeln das Betätigen und das Loslassen von Maustasten. *erMausPosition* zeigt eine Bewegung der Maus an (Bild 6-7). Beim Eintreffen eines Mausereignisses werden die Variablen *Status*, *Tasten*, *DoppelKlick*, *PosX* und *PosY* wie folgt belegt: *Status* beschreibt den Zustand der Maustasten und enthält als BITSET-Typ *msLinks*, *msRechts* bzw. *msMitte*, wenn die jeweilige Taste niedergehalten wird. Der BITSET-Typ *Tasten* sagt aus, welche Maustaste das Ereignis ausgelöst hat, und ist bei *erMausPosition* gleich der leeren Menge. In *PosX* bzw. *PosY* wird die Position der Maus auf dem Bildschirm bei Auslösung eines Mausereignisses vermerkt. Die Variable *DoppelKlick* hat den Wert TRUE, wenn eine Maustaste innerhalb einer gewissen Zeitspanne zweimal nacheinander gedrückt worden ist, ohne die Mausposition dabei zu verändern. Die globale Variable *DoppelZeit* gibt an, innerhalb welcher Zeit (n/18 Sekunden) das Ereignis noch als Doppelklick erkannt werden soll.

Typ : **erNachricht**		
SubTyp	CARDINAL	nrQuit
InfoAddr	ADDRESS	NIL
Variable	*Datentyp*	*Wert*

Bild 6-8 EreignisTyp bei Nachricht <nrQuit>

Um den Nachrichtenaustausch zwischen den Dialogelementen flexibel und effizient zu gestalten, gibt es den Ereignistyp Nachricht (bzw. Kommando). Die zentrale Steuerschleife der Applikation kann beispielsweise einem Dialogelement die Nachricht *nrVerstecken* senden: In diesem Fall wird das Dialogelement nach Ausführung der mit der Nachricht verbundenen Operation nicht mehr auf dem Bildschirm sichtbar sein. Umgekehrt wird ein Dialogelement die in die Applikation integrierte Fensterverwaltung über besondere Zustände informieren: Wird beispielsweise ein Dialogelement durch Anklicken mit der Maus geschlossen, wird dieses Ereignis der integrierten Fensterverwaltung mitgeteilt, und diese weiß, daß sie das Dialogelement nicht mehr zu verwalten braucht. Die Fallvariable *Typ* des varianten Records *EreignisTyp* trägt bei Nachrichten den Wert *nrNachricht*. In *SubTyp* wird der Untertyp der Nachricht (Konstanten *nr...*) gespeichert. Die Variablen *InfoAddr* bis *InfoChar* können dazu benutzt werden, bestimmte Daten an die Übertragung des Ereignisses zu binden.

Neben der Deklaration des Typs *EreignisTyp* enthält der Modul *Ereignis* einige globale Variablen, die der Steuerung und Initialisierung der Ereignisbehandlung dienen.

```
MausTasten     : INTEGER;  (* Rueckgabewert von Maus-Reset        *)
EreignisMaus   : BOOLEAN;  (* Ereignisse von der Maus             *)
EreignisTaste  : BOOLEAN;  (* Ereignisse von der Tastatur         *)
EreignisFlags  : BOOLEAN;  (* Ereignisse von den Umschalttasten   *)
DoppelZeit     : LONGCARD; (* Zeit fuer Doppelklick in n/18 s     *)
MausIntFlag    : BOOLEAN;  (* Gesetzt bei Maus-Interrupt          *)
```

Die globale Variable *MausTasten* enthält die Anzahl der vorhandenen Maustasten als Rückgabewert der Funktion *Reset* des JPI-Moduls *MsMouse*. Durch Veränderung von *EreignisMaus*, *EreignisTaste* bzw. *EreignisFlags* können während der Arbeit des Programmes bestimmte Kategorien von Ereignissen gesperrt werden. *DoppelZeit* bestimmt die Zeit, in der das aufeinanderfolgende Drücken einer Maustaste ohne Veränderung der Mausposition noch als Doppelklick erkannt werden soll. Die Variable *MausIntFlag* wird immer dann gesetzt, wenn das Programm durch einen Maus-Interrupt unterbrochen wurde.

Doch nun einige Erläuterungen zum internen Aufbau des Moduls *Ereignis* und seiner Schnittstelle zur Umgebung:

```
PROCEDURE InitHandler ();
```

Mit der Prozedur *InitHandler* wird die Ereignisbehandlung initialisiert. Intern wird eine leere Warteschlange aufgebaut, die die eintreffenden Ereignisse in der richtigen Reihenfolge aufnimmt.

```
PROCEDURE Lesen (VAR E : EreignisTyp);
PROCEDURE Verfuegbar () : BOOLEAN;
```

Beim Aufruf der Prozedur *Lesen* wird zuerst die interne Warteschlange aktualisiert und dann mit der Funktion *Verfuegbar* getestet, ob sich ein Ereignis in der Warteschlange befindet. Ist dies der Fall, enthält der Parameter *E* der Prozedur *Lesen* das Ereignis. War die Warteschlange leer, wird der Fallvariablen *Typ* des Parameters *E* der Wert *erNichts* zugewiesen, das heißt, es war kein gültiges Ereignis in der Warteschlange.

```
PROCEDURE Schreiben (VAR E : EreignisTyp);
PROCEDURE Einfuegen (VAR E : EreignisTyp);
```

Die Prozeduren *Schreiben* und *Einfuegen* erweitern die Warteschlange um ein neues Ereignis, das den Prozeduren als Parameter übergeben werden muß. Der Unterschied zwischen den beiden Prozeduren besteht darin, daß *Schreiben* ein Ereignis an das Ende der Schlange anhängt, und *Einfuegen* ein Ereignis als erstes Ereignis in der Warteschlange plaziert. Der Aufruf von *Einfuegen* stellt sicher, daß das Ereignis beim nächsten *Lesen* wieder entnommen werden kann.

```
PROCEDURE Loeschen ();
PROCEDURE DoneHandler ();
```

Die Prozedur *Loeschen* entfernt alle Ereignisse aus der Warteschlange. *DoneHandler* zerstört zusätzlich noch die interne Datenstruktur und beendet die Arbeit mit der Ereignisbehandlung.

Die zentrale Steuerschleife der Applikation könnte nach Kenntnis des Moduls *Ereignis* folgende Gestalt haben :

```
InitHandler ();
REPEAT
  Lesen (E);
  IF E.Typ # erNichts THEN
    (* Bearbeiten des Ereignisses E *)
    (* bzw. Versenden an die Dialogelemente *)
  END (* IF *)
UNTIL (E.Typ = erNachricht) & (E.SubTyp = nrQuit);
DoneHandler ();
```

Nach der Initialisierung der Ereignisbehandlung wird die Warteschlange durch die zentrale Steuerschleife abgefragt. Befindet sich ein Ereignis in der Warteschlange, wird es an die Dialogelemente gesendet. Wurde die Nachricht *nrQuit* erkannt, wird die Arbeit mit der Ereignisbehandlung beendet und das Programm terminiert.

6.2.3 Klassenhierarchie

Nach der Vorstellung des Nachrichtenaustauschs soll nun die Klassenhierarchie der Dialogelemente beschrieben werden (Bild 6-9).

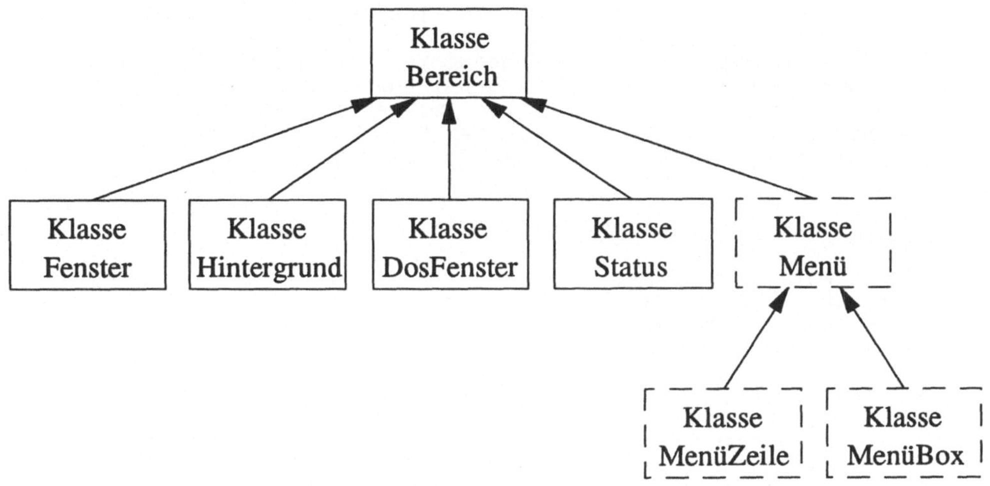

Bild 6-9 Klassenhierarchie

Diese Hierarchie kann der Nutzer durch weitere Dialogelemente ergänzen. Denkbar ist der Entwurf einer universellen Klasse *Menü*, aus der die Klassen *MenüZeile* bzw. *MenüBox* abgeleitet werden. Ebenso ist die Implementierung von horizontalen bzw. vertikalen Rollbalken möglich. Die Rollbalken könnten zusammen mit verschiedenen Menüs in eine neuen Unterklasse von *Fenster* aggregiert werden. Wird diese Unterklasse noch durch Algorithmen zur Manipulation von Zeichenketten ergänzt, besitzt man schon einen kleinen Texteditor, usw.

Die Klasse Bereich

Um den Entwurf der Wurzelklasse *Bereich* übersichtlich und einfach zu gestalten, werden die durch das JPI-Modul *Window* bereitgestellten Prozeduren und Funktionen zur Arbeit mit Fenstern genutzt. Die Klasse *Bereich* realisiert lediglich eine neue Sicht auf die Fensterverwaltung, indem die nichtobjektorientierte Schnittstelle des JPI-Moduls *Window* durch eine objektorientierte Schnittstelle in Form der Klasse *Bereich* ersetzt wird. Dabei wird die Funktionalität des JPI-Moduls *Window* bei Implementierung der Klasse *Bereich* erweitert. Die Wurzelklasse *Bereich* wird im Definitionsmodul *FSys* vereinbart.

```
DEFINITION MODULE FSys;

  FROM Ereignis IMPORT EreignisTyp;
  FROM Window   IMPORT WinType,PaletteRange,Color,PaletteDef;

  CONST
    stSichtbar    = 0;    (* das Fenster ist sichtbar        *)
    stCursor      = 1;    (* der Cursor ist eingeschalten    *)
    stBlock       = 2;    (* Cursor als Block dargestellt    *)
    stInaktiv     = 3;    (* Fenster ist nicht aktiv         *)
```

```
    stSelektiert   = 4;     (* Fenster ist angeklickt worden  *)

    opSelektierbar = 0;     (* Fenster kann angewaehlt werden *)
    opTopFenster   = 1;     (* wird bei Anwahl Top-Fenster    *)
    opKlickAktion  = 2;     (* Anwahl mit Aktion verbunden    *)
    opBewegbar     = 3;     (* Fenster kann bewegt werden     *)
    opAenderbar    = 4;     (* die Groesse ist veraenderbar   *)

  TYPE
    BereichZeiger = POINTER TO Bereich;
    Bereich = CLASS
      Verweis  : WinType;
      Status   : BITSET;
      Optionen : BITSET;
      FrameTyp : CARDINAL;

      PROCEDURE Init          (XA,YA,XB,YB,Typ : CARDINAL);
      PROCEDURE Gueltig       () : BOOLEAN; VIRTUAL;
      PROCEDURE StatusSetzen  (S : BITSET; Setzen : BOOLEAN);
      PROCEDURE StatusTesten  (S : BITSET) : BOOLEAN;
      PROCEDURE TopFenster    (); VIRTUAL;
      PROCEDURE Darstellen    (); VIRTUAL;
      PROCEDURE Verstecken    (); VIRTUAL;
      PROCEDURE Verschieben   (X,Y : CARDINAL);
      PROCEDURE Veraendern    (XA,YA,XB,YB : CARDINAL);
      PROCEDURE Verlagern     (F : BereichZeiger);
      PROCEDURE TitelSetzen   (Titel : ARRAY OF CHAR);
      PROCEDURE RandSetzen    (Typ : CARDINAL);
      PROCEDURE Selektieren   (); VIRTUAL;
      PROCEDURE Selektiert    () : BOOLEAN;
      PROCEDURE Zeichnen      (); VIRTUAL;
      PROCEDURE Aktion        (VAR E : EreignisRec); VIRTUAL;
      PROCEDURE Loeschen      (); VIRTUAL;
      PROCEDURE Beenden       (); VIRTUAL;

      PROCEDURE AbsKoord      (VAR XA,YA,XB,YB : CARDINAL);
      PROCEDURE KoordTesten   (VAR XA,YA,XB,YB : CARDINAL); VIRTUAL;
      PROCEDURE KoordLokal    (XG,YG : CARDINAL;
                               VAR XL,YL : CARDINAL) : BOOLEAN;
      PROCEDURE KoordGlobal   (XL,YL : CARDINAL;
                               VAR XG,YG : CARDINAL) : BOOLEAN;
      PROCEDURE Ausdehnung    (VAR X,Y : CARDINAL);

      PROCEDURE CursorBlock   ();
      PROCEDURE CursorStrich  ();
      PROCEDURE CursorEin     ();
      PROCEDURE CursorAus     ();
      PROCEDURE CursorPos     (VAR X,Y : CARDINAL);
      PROCEDURE CursorGroesse (Anfang,Ende : CARDINAL);
      PROCEDURE SetzeCursor   (X,Y : CARDINAL);

      PROCEDURE StdPalette    () : PaletteDef; VIRTUAL;
      PROCEDURE PaletteLesen  (Pal : PaletteRange; VAR V,H : Color);
      PROCEDURE PaletteFarbe  (Pal : PaletteRange; V,H : Color);
      PROCEDURE FarbeAktiv    () : PaletteRange;
      PROCEDURE FarbeSetzen   (N : PaletteRange);

    END (* Bereich *);

END FSys.
```

Zuerst einige Bemerkungen zum Aufbau der Exemplarvariablen der Klasse *Bereich*. Da die Klasse *Bereich* eine andere Sicht auf das Modul *Window* zulassen soll, müssen Bereiche einen Zeiger von Typ *WinType* enthalten, der auf die vom Modul *Window* verwendete Datenstruktur zur Beschreibung von Darstellungsbereichen verweist. Außerdem verfügt jedes Exemplar der Klasse *Bereich* über einen bestimmten Zustand (*Status*) und eine Reihe von *Optionen*, welche die Manipulationsmöglichkeiten des jeweiligen Bereiches beschreiben.

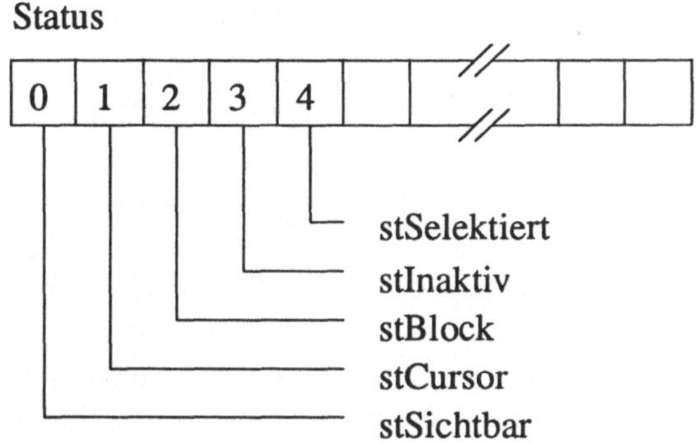

Bild 6-10 Belegung der Exemplarvariablen Status

Zur Belegung der Exemplarvariablen *Status* existieren einige Vorgaben, die in den Unterklassen von *Bereich* noch erweitert werden können (Bild 6-10). Die Zustandsbits haben folgende Bedeutung:

Ist das Bit an der Position *stSichtbar* gesetzt, so ist der Bereich auf dem Bildschirm sichtbar vorhanden. *stCursor* und *stBlock* beschreiben den Zustand des Cursors für den entsprechende Bereich, wobei *stCursor* die Sichtbarkeit und *stBlock* das Aussehen des Cursor bestimmt. Durch Setzen von *stInaktiv* wird der Bereich deaktiviert und reagiert nicht mehr auf Ereignisse zur Veränderung seines Zustandes, bis das Bit *stInaktiv* rückgesetzt wird. *stSelektiert* zeigt an, daß der Bereich den Eingabefokus besitzt (erst ab der Unterklasse *Fenster* benutzt). Eine Applikation verwaltet eine Menge von Fenstern, wobei Eingaben im allgemeinen nur in einem Fenster möglich sind. Man sagt auch, daß dieses Fenster den Eingabefokus besitzt oder selektiert bzw. angewählt worden ist.

Die *Optionen* beschreiben die Reaktion des Fenster auf eine bestimmte Menge von Ereignissen (Bild 6-11): Ist das Bit an der Position *opAenderbar* gesetzt, so kann durch Senden der entsprechenden Nachricht oder Behandlung eines ausgewählten Ereignisses die Größe des Fensters verändert werden. Ebenso bestimmt *opBewegbar*, ob sich die Position des Fensters auf dem Bildschirm verändern kann. *op-*

KlickAktion bewirkt, daß das Anklicken eines Fensters mit der Maus gleichzeitig zur Aktivierung einer Operation führen kann, wenn sich an der Mausposition ein Element befindet, das eine solche Operation auslöst.

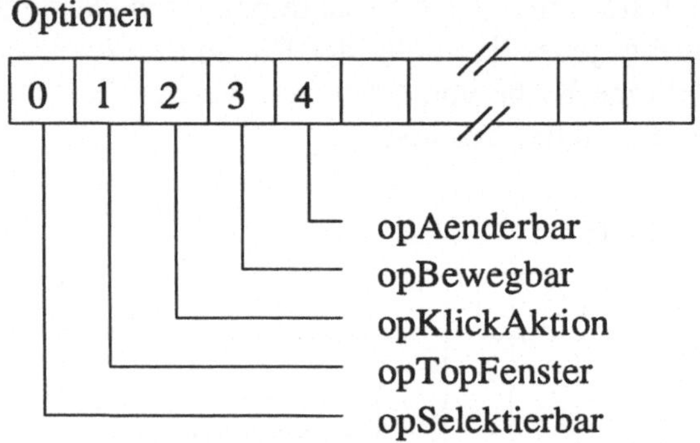

Bild 6-11 Belegung der Exemplarvariablen Optionen

Ein Anklicken mit der Maus bewegt ein verdecktes Fensters über die anderen Fenster hinweg, so daß es danach vollständig sichtbar ist. Ist *opTopFenster* ausgeschaltet, wird das Fenster, auch wenn es verdeckt ist, an seiner Position belassen. Das Bit *opSelektierbar* ist immer dann gesetzt, wenn das Fenster einen Eingabefokus besitzen kann. Die Exemplarvariable *Optionen* der Klasse *Bereich* ist standardmäßig mit {*opSelektierbar*, *opTopFenster*, *opAenderbar*, *opBewegbar*} initialisiert.

Der Wirkung der einzelnen Methoden geht zum großen Teil bereits aus ihren Namen hervor. Dennoch sei an dieser Stelle nochmals auf die zum Buch erhältliche Programmdiskette verwiesen, die die vollständigen Quelltexte aller Beispiel zusammen mit einigen Demonstrationsprogrammen enthält.

Die in der Klasse *Bereich* definierten Methoden lassen sich in verschiedene Gruppen einteilen:

- Erzeugung bzw. Zerstörung eines Dialogelementes
- Veränderung seines Aussehens bzw. Zustandes
- Abfrage wichtiger Informationen
- Test und Transformation von Koordinatenwerten
- Steuerung der Position bzw. des Aussehens des Cursors
- Belegung von Farbtabellen bzw. Auswahl von Farben
- Behandlung von Ereignissen

Der letzte Punkt beinhaltet die Bereitstellung einer Schnittstelle zur Behandlung von Ereignissen. Diese Schnittstelle ist durch die Methode *Aktion* gegeben. *Aktion* erhält von der zentralen Steuerschleife der Applikation Ereignisse übergeben und prüft, ob an das jeweilige Ereignis eine bestimmte Operation gebunden ist. Nachfolgend die Implementation der Methode *Aktion*:

```
PROCEDURE Aktion (VAR E : EreignisRec); VIRTUAL;
  BEGIN
    IF Gueltig () THEN
      IF E.Typ = erNachricht THEN
        CASE E.SubTyp OF
          nrVerstecken : Verstecken () |
          nrDarstellen : Darstellen () |
          nrTopFenster : TopFenster () |
          nrBeenden    : Beenden ()
        END (* CASE *);
        E.Typ := erNichts
      END (* IF *)
    END (* IF *)
  END Aktion;
```

Es sind Reaktionen auf die Nachrichten *nrVerstecken*, *nrDarstellen*, *nrTopFenster* und *nrBeenden* implementiert.

Die Klasse Fenster

Aus der Klasse *Bereich* wird eine Klasse *Fenster* abgeleitet, die zusätzlich mit Schaltern zum Schließen bzw. Zoomen von Darstellungsbereichen ausgestattet sein soll. Diese Schalter werden auf dem Rand des Fensters dargestellt. Eine Betätigung mit der Maus bewirkt die Ausführung der Methoden *Beenden* bzw. *Zoomen*. Da die ererbten Eigenschaften in der Klasse *Fenster* erweitert wurden, ergeben sich einige Veränderungen bzw. Ergänzungen von Methoden.

```
DEFINITION MODULE FSys;

  CONST
    stGezoomt     = 5;    (* Fenster ist gezoomt           *)
    opZoombar     = 5;    (* Fenster kann gezoomt werden *)

    maBewegt      = 0;    (* Fenster mit Maus bewegbar    *)
    maAendert     = 1;    (* Groesse mit Maus aenderbar   *)
    maZoomt       = 2;    (* Zoom-Icone einblenden        *)
    maBeendet     = 3;    (* Schliess-Icone einblenden    *)

  TYPE
    FensterZeiger = POINTER TO Fenster;
    Fenster = CLASS (Bereich)
      MausOpt   : BITSET;     (* spezielle Optionen *)
      ZXA,ZYA   : CARDINAL;   (* Zoom-Startpunkt    *)
      ZXB,ZYB   : CARDINAL;   (* Zoom-Endpunkt      *)

      PROCEDURE Init (XA,YA,XB,YB,Typ : CARDINAL; R : BITSET);
      PROCEDURE Zoomen (); VIRTUAL;
      PROCEDURE Zeichnen (); VIRTUAL;
      PROCEDURE Aktion (VAR E : EreignisRec); VIRTUAL;
      PROCEDURE KoordTesten (VAR XA,YA,XB,YB : CARDINAL); VIRTUAL;
```

```
        PROCEDURE StdPalette () : PaletteDef; VIRTUAL;

      END (* FensterRec *);

  END FSys.
```

Der Aufruf der Methode *Zoomen* läßt das Fensters auf eine vorgegebene, maximale Größe anwachsen oder, falls sich das Fenster bereits in einem gezoomten Zustand befindet, seine Originalgröße wiederherstellen. In Verbindung mit dem Zoomen von Fenstern werden zusätzliche das Statusbit *stGezoomt* und die Option *opZoombar* als Konstanten eingeführt.

Der Rand eines Fenster reagiert an verschiedenen Stellen auf bestimmte Mausereignisse: Ein Anklicken der Zoom-Icone am rechten, oberen Rand oder ein Doppelklick auf den oberen Rand aktivieren die Methode *Zoomen*, und das Fenster wird sich entsprechend seines Zustandes vergrößern oder verkleinern. Wird die Schließ-Icone am linken, oberen Rand durch die Maus angeklickt, verschwindet das Fenster vom Bildschirm. Befindet sich die Maus auf der Kopfzeile, kann das Fenster bei gedrückter Maustaste über den Bildschirm an eine andere Position bewegt werden. Die Veränderung der Größe des Fensters erfolgt ebenfalls mit gedrückter Maustaste, wenn die Mausposition mit der unteren, rechten Ecke des Fensters übereinstimmt. Die einzelnen Reaktionen auf Mausereignisse werden der Methode *Init* durch den Parameter *R* übergeben. Dieser kann die Werte *maBewegt*, *maAendert*, *maZoomt*, *maBeendet* enthalten, die durch den Modul *FSys* als Konstanten exportiert werden.

Die Methode *Aktion* muß der veränderten Situation angepaßt werden und zusätzlich oben beschriebene Ereignisse behandeln:

```
PROCEDURE Aktion (VAR E : EreignisRec); VIRTUAL;
  BEGIN
    IF Gueltig () THEN
      Bereich.Aktion (E);
      IF (E.Typ = erNachricht) & (E.SubTyp = nrZoomen) THEN
        (* Nachricht bewirkt Zoomen des Fensters *)
      ELSIF E.Typ = erMausGedrueckt THEN
        IF NOT (stSelektiert IN Status) & (opSelektierbar IN
        Optionen) & (At (E.PosX,E.PosY) = Verweis) THEN
          (* Selektion des Fensters *)
        ELSIF (stSelektiert IN Status) & (FrameTyp > 0) THEN
          (* Test, ob Groesse oder Position verändert *)
          (* bzw. das Fenster gezoomt werden muß *)
        END (* IF *)
      END (* IF *)
    END (* IF *)
  END Aktion;
```

Zur Darstellung der Beziehungen zwischen den Klassen *Bereich* und *Fenster* wurde das Prinzip der Generalisierung eingesetzt. Während *Bereich* das allgemeine Verhalten beliebiger Dialogelemente auf dem Bildschirm beschreibt, fügt *Fenster* zusätzliche Eigenschaften und Merkmale hinzu.

Die Klassen Hintergrund und DosFenster

Ausgehend von der Klasse *Bereich* werden zwei weitere Unterklassen definiert. Die Klasse *Hintergrund* beschreibt als Dialogelement einen Darstellungsbereich, der mit einem einheitlichen Muster initialisiert werden kann. Exemplare der Klasse werden meist dazu benutzt, um den Hintergrund, auf dem andere Fenster dargestellt werden, durch eine Musterung hervorzuheben.

```
HintergrundZeiger = POINTER TO Hintergrund;
Hintergrund = CLASS (Bereich)

  PROCEDURE Init (XA,YA,XB,YB : CARDINAL; Zeichen : CHAR);

END (* Hintergrund *);
```

Es muß lediglich die Methode *Init* redefiniert werden, die um einen neuen Parameter *Zeichen* ergänzt wird. Innerhalb der Methode *Init* wird das zusätzliche Verhalten, das heißt, daß Füllen des Fensters, implementiert. Außerdem sind Exemplare der Klasse *Hintergrund* weder bewegbar noch änderbar.

Die Klasse *DosFenster* soll die Eigenschaft haben, den Inhalt des Bildschirms vor Ausführung einer Applikation zu speichern. Dazu existiert im JPI-Modul *Window* nach dem Start des Programms ein spezielles Fenster, in das der Inhalt des Bildschirms kopiert worden ist. Dieses Fenster wird durch *DosFenster* referenziert. Die Schnittstelle von *DosFenster* wird der veränderten Situation angepaßt.

```
DosFensterZeiger = POINTER TO DosFenster;
DosFenster = CLASS (Bereich)

  PROCEDURE Init ();
  (* weitere Methoden *)
  PROCEDURE Beenden (); VIRTUAL;

END (* DosFenster *);
```

Die Größe des Fensters ist durch die maximale Größe des Bildschirm bestimmt. Deshalb enthält die Methode *Init* keine Parameter. Das *DosFenster* wird bis zum Ende der Applikation für Ausgaben zur Verfügung stehen. Nach Beendigung der Applikation ist der Inhalt des *DosFensters* weiter auf dem Bildschirm zu sehen. Die Methode *Beenden* darf deshalb nicht zum Schließen des *DosFensters* führen. Ihr Implementationskörper ist leer.

Die Klasse Status

An dieser Stelle soll eine weitere Klasse vorgestellt werden, die man in vielen Applikationen zur Unterstützung der Dialogführung antrifft. Die Klasse *Status* beschreibt eine Menge von Statuszeilen, die ihrerseits aus sogenannten Kürzeln bestehen (Bild 6-11).

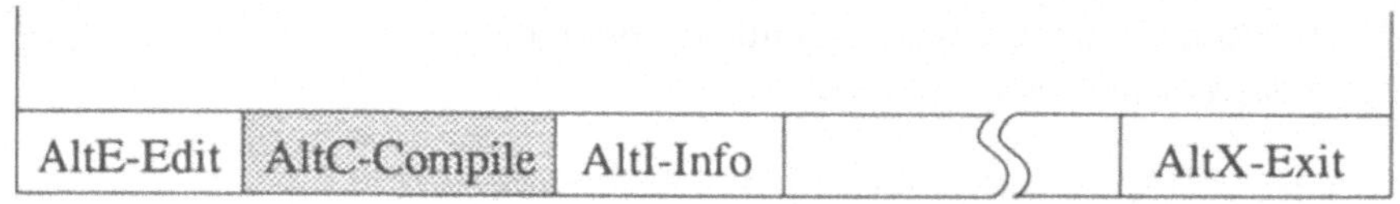

Bild 6-12 Aufbau einer Statuszeile

Das Ansprechen der Statuszeile ist sowohl mit der Maus als auch mit der Tastatur möglich. Die eigentliche Aufgabe der Statuszeile ist die Umsetzung eines Maus- oder Tastaturereignisses in eine Nachricht, das heißt, an jedes Feld der Statuszeile ist eine Nachricht gebunden sowie zusätzlich ein Tastenwert, der das Absetzen dieser Nachricht auslöst. Ein Ausschnitt aus dem Definitionsmodul *FSys*:

```
DEFINITION MODULE FSys;

  TYPE
    KuerzelZeiger;   (* Versteckter Typ *)
    ZeilenZeiger;    (* Versteckter Typ *)

    StatusZeiger = POINTER TO Status;
    Status = CLASS (Bereich)
      Anfang : ZeilenZeiger;   (* Erste  Statuszeile *)
      Aktiv  : ZeilenZeiger;   (* Aktive Statuszeile *)

      PROCEDURE Init        (XA,XB,Y : CARDINAL);
      PROCEDURE Kuerzel     (Q : KuerzelZeiger;
                             Aktiv : BOOLEAN) : BOOLEAN;
      PROCEDURE Zeichnen    (); VIRTUAL;
      PROCEDURE Koord       (X,Y : CARDINAL) : KuerzelZeiger;
      PROCEDURE Aktion      (VAR E : EreignisTyp); VIRTUAL;
      PROCEDURE StdPalette  () : PaletteDef; VIRTUAL;
      PROCEDURE Eintragen   (Zeile,Taste,Kdo : CARDINAL;
                             Text : ARRAY OF CHAR);
      PROCEDURE Verbinden   (Zeile,Taste,Kdo : CARDINAL);
      PROCEDURE Anzeigen    (Zeile : CARDINAL);
      PROCEDURE Beenden     (); VIRTUAL;

    END (* Status *);

END FSys.
```

Die Speicherstruktur von Statuszeilen und Kürzeln ist im Implementationsmodul versteckt (*ZeilenZeiger* und *KuerzelZeiger*).

Die Methoden der Klasse *Status* lassen sich in verschiedene Gruppen einteilen:

- Erzeugung bzw. Zerstörung der internen Datenstrukturen
- Eintragen von Statuszeilen und Kürzeln
- Anzeigen einer bestimmten Statuszeile
- Behandlung von Ereignissen

Auch bei dieser Klasse übernimmt die Methode *Aktion* die Verarbeitung der eintreffenden Ereignisse.

```
PROCEDURE Aktion (VAR E : EreignisRec); VIRTUAL;
  BEGIN
    IF Gueltig () THEN
      Bereich.Aktion (E);
      IF Aktiv # NIL THEN
        IF E.Typ = erTasteGedrueckt THEN
          (* Feld mit Tastenkuerzel suchen *)
        ELSIF (E.Typ = erMausGedrueckt) &
        (At (E.PosX,E.PosY) = Verweis) THEN
          (* Feld an Mausposition ermitteln und hervorheben *)
          (* bis Maustaste wieder losgelassen wird ... *)
          REPEAT
            Lesen (E);
            IF (E.Typ = erMausPosition) THEN
              (* Feld an Mausposition ermitteln und hervorheben *)
            END (* IF *)
          UNTIL (E.Typ = erMausLosgelassen) & (E.Status = {});
        END (* IF *);
        (* Konvertierung von Maus- oder Tastatur-Ereignis *)
        (* in die mit dem aktuellen Feld verbundene Nachricht *)
      END (* IF *)
    END (* IF *)
  END Aktion;
```

6.2.4 Prototyp einer Applikation

Abschließend soll der eigentliche Prototyp einer Applikation vorgestellt werden. Dabei handelt es sich um das Grundgerüst eines Programms, das bereits mit Fähigkeiten zur Verwaltung von Fenstern, zum Empfang und der Behandlung von Ereignissen (zentrale Steuerschleife) sowie einigen Dialogelementen ausgestattet ist. Die Klasse *Applikation* wird in einem Modul *App* definiert.

```
DEFINITION MODULE App;

  FROM FSys IMPORT
    BereichZeiger,HintergrundZeiger,StatusZeiger,DosFensterZeiger;

  TYPE
    ObjektListe; (* Versteckter Typ *)
```

```
    AppZeiger = POINTER TO Applikation;
    Applikation = CLASS
      DosFenster   : DosFensterZeiger;
      StatusZeile : StatusZeiger;
      Hintergrund : HintergrundZeiger;
      (* weitere Grundelemente der Dialogfuehrung *)
      Anfang,Ende : ObjektListe;

      PROCEDURE Init       ();
      PROCEDURE Eintragen  (B : BereichZeiger);
      PROCEDURE Entfernen  (B : BereichZeiger);
      PROCEDURE Leerlauf   (); VIRTUAL;
      PROCEDURE Ausfuehren ();
      PROCEDURE Beenden    (); VIRTUAL;

    END (* Applikation *);

END App.
```

In die Klasse *Applikation* werden die Dialogelemente *DosFenster*, *Status*, *Hintergrund* sowie weitere Grundelemente zur Dialogführung aggregiert. Außerdem muß eine Datenstruktur existieren, in der eine beliebige Anzahl unterschiedlicher Dialogelemente verwaltet werden können. Aus diesem Grund definiert die Klasse *Applikation* die Exemplarvariablen *Anfang* und *Ende*, die auf eine versteckte Liste von Exemplaren der Klasse *Bereich* und ihrer Unterklassen verweisen.

Die Schnittstelle der Klasse *Applikation* ist äußerst einfach und übersichtlich gehalten. Mit der Methode *Init* werden die internen Datenstrukturen (*ObjektListe*, Ereignisbehandlung) aufgebaut sowie die fest integrierten Dialogelemente (Statuszeile, Menüzeile, etc.) initialisiert und auf dem Bildschirm dargestellt. Danach können mit der Methode *Eintragen* Dialogelemente mit der Applikation verbunden oder durch den Aufruf von *Entfernen* wieder von der Applikation gelöst werden. Die Methode *Ausfuehren* beinhaltet die zentrale Steuerschleife, die solange durchlaufen wird, bis die Nachricht *nrQuit* eintrifft. Innerhalb der Schleife werden Ereignisse gelesen und in einer bestimmten Reihenfolge an die Dialogelemente gesendet. Der Empfang von Ereignissen kann natürlich auch zur Auslösung von Operationen in *Applikation* selbst führen. Befindet sich kein Ereignis in der Warteschlange, wird die Methode *Leerlauf* gerufen, die durch den Nutzer in Unterklassen von *Applikation* detailliert werden kann (beispielsweise zur Aktualisierung einer eingeblendeten Uhr o.ä.). Der Aufruf von *Beenden* bewirkt die Zerstörung der internen Datenstrukturen und das Ende der Applikation.

7 Smalltalk

In den vorangegangenen Kapiteln haben wir uns ausschließlich mit objektorientierten Paradigmen und ihrer Realisierung in TopSpeed Modula-2 auseinandergesetzt. Es war zu erkennen, daß bereits mit der Integration einfacher objektorientierter Konzepte in eine konventionelle Programmiersprache effiziente und wiederverwendbare Softwarebausteine geschaffen werden können. Dennoch läßt die Einpflanzung neuer Sprachkonstrukte in bekannte Programmiersprachen ("hybride" Sprachen) nur einen beschränkte Nutzung objektorientierter Methoden zu.

Schon vor über zwanzig Jahren wurde am Xerox Palo Alto Research Center (PARC) mit der Entwicklung von Smalltalk begonnen. Es war mit einer graphischen, interaktiven Benutzeroberfläche, einer gut ausgebauten Klassenbibliothek und Werkzeugen für schnelles Prototyping und komfortable Wartung und Pflege auch großer Programmsysteme ausgestattet. Die Grundkonzepte der Smalltalk-Oberfläche findet man in modernen Fenstersystemen wieder, und die Klassenbibliothek mit mehr als 100 vorgefertigten Klassen und ca. 2000 Methoden stellt die Bibliotheken "hybrider" Sprachen immer noch in den Schatten. Nach zehnjähriger Entwicklungsarbeit entstand ein rein objektorientiertes Programmiersystem, das über eine geringe Anzahl elementarer und leicht erlernbarer Sprachkonstrukte verfügt. Der interessierte Leser findet eine detaillierte Sprachbeschreibung mit umfangreichen Erläuterungen zur Klassenbibliothek, den Entwicklungswerkzeugen und der graphischen Benutzeroberfläche in der angegebenen Literatur [3, 4, 5].

Neben dem legendären Smalltalk-80 wurden bis heute eine Reihe weiterer Systeme geschaffen, die sich hinsichtlich Leistungsumfang und Klassenbibliothek an einigen Stellen vom Original unterscheiden (Smalltalk/V oder Little Smalltalk). Seit kurzer Zeit existiert mit Objectworks\Smalltalk (Release 4) eine Reimplementation von Smalltalk-80, deren erweiterte Bibliothek 349 Klassen enthält, die auf insgesamt 7695 Botschaften reagieren können.

7.1 Sprachelemente

7.1.1 Literale und Variablen

Im Gegensatz zu "hybriden" Sprachen ist in Smalltalk jedes der nachfolgend vorgestellten Sprachelemente, sei es eine Variable, ein Literal, eine Botschaft oder ein Block von Anweisungen, Exemplar einer bestimmten Klasse. Selbst der Programmkode ordnet sich, wie wir später noch sehen werden, in diese Konzeption ein.

In Smalltalk gibt es fünf Typen von Literalen: *Zahlen*, *Zeichen*, *Zeichenketten*, *Symbole* und *Literalfelder*. Zahlen können auf unterschiedliche Art und Weise dargestellt werden; als ganze oder rationale Zahlen, mit oder ohne Vorzeichen bzw. Exponent, oder als Zahl in einem beliebigen Zahlensystem, wenn die jeweilige Ziffernfolge mit einem die Basis bestimmenden Präfix verbunden wird. Ist die Basis einer Zahl größer als 10, wird die Menge der Ziffern um die Großbuchstaben erweitert:

```
5       oder  -3                ganze Zahlen
3.14    oder  4.5e-5            rationale Zahlen
16rFF   (entspricht 255)        mit Radix-Präfix
```

Zeichenkonstanten bestehen aus $-Symbol und dem Zeichen selbst ($a bzw. $$). Zeichenketten werden in einfache Hochkomma eingeschlossen, wobei ein in der Zeichenkette stehendes Hochkomma zweimal vorhanden sein muß ('Zeichenkette' bzw. 'Wie geht''s'). Symbole sind Zeichenfolgen zur Identifikation von Objekten. Sie werden immer von einem Doppelkreuz eingeleitet (#Symbol). Literalfelder sind Mengen von durch Leerzeichen getrennten Literalen. Sie können verschiedene Literaltypen (Zahlen, Zeichen, Symbole etc.) gemischt aufnehmen:

```
#(2 3 5 7 11 13 17 19 23)
#(1 'Feld' (2 5 $c) 16rFF)
```

Die zweite Zeile zeigt, daß auch ein Feld Bestandteil eines Feldes sein kann. Nur vor dem umgebenden Feld steht das Doppelkreuz.

Literale sind Objekte im Sinne der objektorientierten Programmierung. Wenn also im weiteren Text von "Werten" gesprochen wird, verbirgt sich hinter dem "Wert" (z.B. einer Variablen) immer ein Objekt. Die Klasse dieses Objektes läßt sich durch das Senden der Botschaft *class* bestimmen. Das Literal-Objekt reagiert mit der Rückgabe des Namens seiner Klasse:

```
5               class           SmallInteger
-4e300          class           LargeNegativeInteger
```

```
10e300            class        LargePositiveInteger
1.3               class        Float
$c                class        Character
'Zeichenkette'    class        String
#Symbol           class        Symbol
#(2 3 5 7 11)     class        Array
```

Im Gegensatz zu Modula-2 kann in Smalltalk eine *Variable* Werte unterschiedlicher Typen annehmen, das heißt, sie kann auf Objekte unterschiedlicher Klassen verweisen.

- **Smalltalk ist eine typfreie Sprache.**

Diese Eigenschaft von Variablen trifft man beispielsweise auch in LISP wieder. Smalltalk und LISP haben eine gewisse Menge von Gemeinsamkeiten, und moderne objektorientierte LISP-Systeme sind meist eine Symbiose aus Smalltalk und einem herkömmlichen, nichtobjektorientierten LISP System.

Der Typ einer Variablen bzw. die Klasse des Objektes, auf das die Variable verweist, wird erst nach einer Zuweisung bestimmbar. Das folgende Beispiel definiert eine Variable A und belegt sie mit unterschiedlichen Werten. Die uns schon bekannte Botschaft *class* bewirkt die Rückgabe der entsprechenden Klasse:

```
A := 5                  A class          SmallInteger
A := 1.3                A class          Float
A := $c                 A class          Character
A := #Symbol            A class          Symbol
```

Typfreiheit bedeutet also nicht, daß sich der Typ einer Variablen nicht bestimmen läßt, sondern daß die Typbindung erst zur Laufzeit erfolgt. Der aufmerksame Leser wird sich nun fragen, worauf eine Variable verweist, der noch kein Wert explizit zugewiesen wurde. Alle Variablen werden in Smalltalk standardmäßig mit *nil* initialisiert. *nil* ist als vordefinierte Variable (auch Pseudovariable genannt) das einzige Exemplar der Klasse *UndefinedObject*.

Für Zuweisungen existiert der bekannte ":=" Operator. Sollen mehrere Variablen mit dem gleichen Wert initialisiert werden, können die Zuweisungen aneinandergereiht werden:

```
A := B := 5.
C := D := 7
```

Anweisungen werden untereinander stets durch einen Punkt getrennt.

Man kann den Variablen selbstverständlich nicht nur Literale zuweisen, sondern beliebige Objekte, also auch Variablen selbst:

```
B := #(1 2 3)          B class          Array
A := B                 A class          Array
```

Im Beispiel referenziert *B* ein Exemplar der Klasse *Array*. Gleichwohl existieren durch die Zuweisung *A* := *B* nicht zwei identische Exemplare dieser Klasse, sondern *A* und *B* verweisen auf dasselbe Objekt, sind also identisch.

Variablen lassen sich in temporäre, globale, Exemplar-, Klassen- und Poolvariablen einteilen, wobei temporäre und Exemplarvariablen zur Gruppe der privaten Variablen und Klassen-, Pool- sowie globale Variablen zur Gruppe der geteiltnutzbaren Variablen gehören.

Temporäre Variablen existieren nur während der Ausführung einer bestimmten Menge von Anweisungen (z.B. zur Zwischenspeicherung von Werten innerhalb einer Methode). Sie beginnen stets mit einem kleinen Buchstaben und müssen am Anfang der Anweisungsmenge deklariert werden:

```
| a b c |
a := 3. b := 4. c := 5
```

Globale Variablen sind durch alle im System existierenden Objekte erreichbar. Sie werden in einem speziellen Pool verwaltet, dem Systemwörterbuch mit Namen *Smalltalk*. Globale Variablen beginnen grundsätzlich mit einem Großbuchstaben. Verwendet man eine globale Variable, die nicht im Systemwörterbuch enthalten ist, so wird Smalltalk den Nutzer immer fragen, ob diese Variable tatsächlich global bekanntzumachen ist. Das Systemwörterbuch stellt also die Verbindung zwischen dem symbolischen Namen und dem sich dahinter verbergenden Objekt her. Interessant ist auch, daß *Smalltalk* selbst als Eintrag im Systemwörterbuch vorhanden sein muß.

In "hybriden" Sprachen werden Objekte bei deren Erzeugung generell aus dem Nichts (durch die Nutzung einer *nicht*objektgebundenen Prozedur) erschaffen. Genaugenommen sollte aber das Senden einer Botschaft an die Klasse des Objektes dieses ins Leben rufen. Das objektorientierte Paradigma erfordert dafür, daß sich Klassen wie Objekte zu verhalten haben, das heißt, daß Klassen selbst wieder Objekte sind. In Analogie zu Objekten können Klassen Variablen besitzen. Diese *Klassenvariablen* existieren einmalig in der Klasse, und alle Exemplare der Klasse haben Zugriff auf die für sie global erscheinenden Klassenvariablen.

Zwischen Klassenvariablen und globalen Variablen befindet sich die Ebene der sogenannte Pools bzw. *Poolvariablen*. Jede Klasse kann Nutzer einer beliebigen Anzahl solcher Pools sein. Die Poolvariablen eines Pools sind durch alle Exemplare der diesen Pool nutzenden Klassen erreichbar.

Exemplarvariablen haben die gleiche Bedeutung wie in TopSpeed Modula-2, sie sind jedem Exemplar einer Klasse eigen und verwirklichen die Datenkapselung auf Objektebene. In Smalltalk kann auf Exemplarvariablen nur durch entsprechende Methoden zugegriffen werden. Exemplarvariablen werden in benannte und indizierbare Variablen unterschieden. Eine benannte Variable ist über den ihr zugeordneten Namen erreichbar, indizierbare Variablen nur durch Methoden (*at:* bzw. *at:put:*). Alle Exemplare einer Klasse haben die gleiche Menge benannter Exemplarvariablen, aber die Anzahl indizierbarer Variablen ist objektspezifisch und wird bei der Erzeugung des Objektes im Konstruktor festgelegt. Ein Beispiel dafür ist die Klasse *Array*:

```
A := Array new 10.
```

7.1.2 Botschaften

Botschaften bilden die zentrale Steuerstruktur des Smalltalk-Systems. Sie bestehen aus Empfänger, Methodenname (auch Selektor genannt) und einer Reihe von Parametern. Objekte senden und empfangen Botschaften. Sie reagieren auf den Empfang mit der Ausführung der dem Selektor zugeordneten Methode. Diese kann wieder Botschaften an verschiedene Objekte senden.

Smalltalk kennt drei Arten von Botschaften: *unäre*, *binäre* und *Schlüsselwort-*Botschaften:

```
5 class
5 + 2
5 max: 6
```

Alle drei dargestellten Botschaften werden an das Objekt 5 der Klasse *SmallInteger* gesendet. Bei der ersten handelt es sich um die uns schon bekannte unäre Botschaft mit dem Selektor *class*, welche das Objekt zur Rückgabe des Namens seiner Klasse veranlaßt. Unäre Botschaften haben keine Parameter.

Die zweite Zeile enthält eine binäre Botschaft. An das Objekt 5 wird die Botschaft mit dem Selektor + und dem Parameter 2 gesendet. Binäre Botschaften haben einen einzigen Parameter, und der Selektor besteht aus maximal zwei nichtalphanumerischen Zeichen (das zweite Zeichen darf kein Minuszeichen sein). Sinnvoll ist der Einsatz binärer Botschaften bei der Programmierung arithmetischer, logischer und vergleichender Operationen.

In der dritten Zeile wird schließlich eine Schlüsselwort-Botschaft mit dem Selektor *max:* und dem Parameter 6 an das *SmallInteger*-Objekt 5 gesendet. Schlüsselwort-

Botschaften können eine beliebige Menge von Parametern enthalten. Für jeden Parameter steht ein Schlüsselwort in der Botschaft. Als Schlüsselwörter dienen Identifikatoren mit angehängtem Doppelpunkt.

Im folgenden Beispiel ist das Objekt *Feld* ein Exemplar der Klasse *Array*:

```
Feld at:2 put:5
```

Der Selektor der Schlüsselwort-Botschaft lautet *at:put:* und bewirkt, daß an der Indexposition 2 der Wert 5 eingetragen wird.

Alle Methoden geben nach ihrer Ausführung einen Wert, ein Objekt, zurück. Wird das *Rückgabeobjekt* nicht explizit spezifiziert, so ist es automatisch der Empfänger der Botschaft. Botschaften können auch als Argumente von Botschaften auftreten, dabei dient der Rückgabewert der einen Botschaft als Parameter der anderen. Sind Schlüsselwort-Botschaften gleichzeitig Parameter anderer Schlüsselwort-Botschaften, müssen sie geklammert werden. Unäre und binäre Botschaften werden prinzipiell von links nach rechts abgearbeitet. Durch das Setzen von Klammern wird eine andere Reihenfolge erzwungen. Die Prioritäten sind so aufgeteilt, daß Klammerausdrücke vor unären, unäre vor binären und binäre vor Schlüsselwort-Botschaften gesendet werden:

```
(4 max: (7 max: 6 + 5)) squared odd
```

Schickt man nacheinander mehrere Botschaften an den gleichen Empfänger, muß der Name des Empfängers nur vor der ersten Botschaft aufgeführt werden (Kaskadierung). Ihm folgen dann die einzelnen, durch Semikolon getrennten Botschaften:

```
Array
   at: 1 put: 'drei';
   at: 2 put: 'Botschaften';
   at: 3 put: 'kaskadiert'
```

7.1.3 Blöcke und Kontrollstrukturen

Unter einem *Block* versteht man in Smalltalk eine abgegrenzte Menge von Aktionen. Diese Aktionen werden durch Punkte voneinander getrennt und in eckige Klammern eingeschlossen:

```
[ i := i + 1. j := j - 2]
```

Blöcke sind Exemplare der Klasse *Context* und damit Objekte. Man kann also einer Variablen einen Block zuweisen, jedoch wird dieser Block bei der Zuweisung nicht ausgeführt. Blöcke werden erst dann evaluiert, wenn dem Objekt die Schlüsselwort-Botschaft *value* gesendet wird. Wird ein Block evaluiert, erhält man den Rückgabewert der letzten Anweisung im Block:

```
| var i |
var := [i := i * 2].
i := 10.
var value
```

Da Smalltalk keine *Steuerstrukturen* (bedingte Anweisungen, Schleifen) explizit definiert, müssen sie unter Anwendung des Blockkonzeptes nachgebildet werden.

Für alternative Anweisungen gibt es beispielsweise die Botschaft *ifTrue:ifFalse:*, die jedoch nur von den vordefinierten Objekten *true* und *false* (Pseudovariablen) verstanden wird. Die Pseudovariablen sind Exemplare der Klassen *True* bzw. *False*, diese wiederum Unterklassen einer Klasse *Boolean*. Das Objekt *true* reagiert auf die Botschaft *ifTrue:ifFalse:* indem es die evaluierende Botschaft *value* an den ersten als Parameter übergebenen Block sendet. Auf *false* wirkt die Botschaft *ifTrue:ifFalse:* genau entgegengesetzt, *false* sendet *value* an den zweiten übergebenen Block. Da die "boolschen" Objekte *true* und *false* grundsätzlich von Vergleichsmethoden zurückgegeben werden, bildet der *ifTrue:ifFalse:*-Mechanismus eine vollständige Alternative nach:

```
i = 0
  ifTrue:  [self error: 'Division durch Null']
  ifFalse: [i := i reciprocal]
```

Zur Konstruktion von Schleifen mit einer festen Anzahl von Durchläufen wird man beispielsweise dem *SmallInteger*-Objekt 10 die Botschaft *timesRepeat:* senden:

```
| var sum |
var := 0.  sum := 0.
10 timesRepeat: [sum := sum + var. var := var + 1]
```

Die dem Selektor *timesRepeat:* zugeordnete Methode schickt ihrerseits die Botschaft *value* soviele Male an den als Parameter übergebenen Block, wie der Wert des *timesRepeat:* empfangenden Objektes angibt. Im Beispiel werden die Zahlen von 1 bis 10 in *sum* addiert.

Für Schleifen, bei denen die Anzahl der Durchläufe nicht bekannt ist, existieren die Selektoren *whileTrue:* und *whileFalse:*, die ausschließlich Blöcke als Exemplare der Klasse *Context* kennen:

```
| var sum |
var := 0. sum := 0.
[sum <= 100] whileTrue: [sum := sum + var; var := var + 1]
```

```
| var sum |
var := 0. sum := 0.
[sum > 100] whileFalse: [sum := sum + var; var := var +1]
```

Doch wie funktioniert *whileTrue:* im Einzelnen. Der Empfängerblock von *whileTrue:* sendet die Nachricht *value* an sich selbst und wertet den Rückgabewert aus. Ist dieser *true*, so sendet der Block *value* an den als Parameter übergebenen Block und beginnt erneut *value* an sich selbst zu senden. Dieser Prozeß wird solange fortgesetzt, bis die Auswertung von *value* an sich selbst den Wert *false* liefert.

whileFalse: funktioniert analog, nur die Abbruchbedingung ist genau entgegengesetzt zu *whileTrue:*.

Jeder Block kann mit Parametern versehen werden. Diese Parameter stehen dabei am Anfang des Blockes und werden jeweils durch einen Doppelpunkt eingeleitet. Ein Block kann mehrere Parameter besitzen. Ein senkrechter Strich trennt die Parameterliste von den eigentlichen Anweisungen im Block:

```
[:a :b | 2 * a + b]
```

Parametrisierte Blöcke kann man zum Beispiel einsetzen, wenn die im Block aufgeführten Anweisungen auf alle Elemente eines Objektes angewendet werden sollen. Objekte der Unterklassen von *Collection*, die, wie der Name schon sagt, Sammlungen anderer Objekte sind, verstehen meist die Botschaften *collect:*, *select:* bzw. *reject:*.

```
#(1 2 3 4 5 6) collect: [ :x | x + 1]    liefert  (2 3 4 5 6 7)
#(1 2 3 4 5 6) select:  [ :x | x odd]    liefert  (1 3 5)
#(1 2 3 4 5 6) reject:  [ :x | x odd]    liefert  (2 4 6)
```

collect: evaluiert den Block für jedes Element des Feldes und sammelt die Rückgabewerte in einem neuen Feld. Die Botschaft *select:* stellt diejenigen Komponenten des Feldes zusammen, bei denen die Evaluierung des Blockes *true* lieferte. *reject:* wirkt genau entgegengesetzt.

Eine andere Anwendung parametrisierter Blöcke zeigt die Nachbildung der FOR-Schleife:

```
| sum |
sum := 0.
1 to: 10 do: [ :x | sum := sum + x]
```

Blöcke mit einem oder zwei Parametern evaluiert man durch Senden der Schlüsselwort-Botschaften *value:* bzw. *value:value:*. Hat ein Block mehr als zwei Parameter, müssen diese einer speziellen *value*-Botschaft als Feld übergeben werden.

7.2 Objekte

7.2.1 Klassenbildung und Vererbung

Smalltalk-Programme basieren auf der Existenz von Klassen und Objekten und dem Austausch von Botschaften zwischen ihnen. Die Modellierung neuer Klassen und Methoden ist die Grundlage für die Weiterentwicklung des gesamten Systems.

Klassen sind die Voraussetzung für die Entstehung von Objekten und die Konstruktion von Vererbungshierarchien. Sie werden durch einen ihnen zugeordneten Namen eindeutig identifiziert. Klassen weisen die gleichen Eigenschaften wie Objekte auf. Sie müssen Botschaften zur Schaffung neuer Objekte verstehen und entsprechend darauf reagieren können. Deshalb sind Klassen in Smalltalk selbst Objekte. Sie bestehen aus einer Menge von Klassenmethoden, Klassenvariablen und geteilt nutzbaren Poolvariablen. Klassen spezifizieren die Botschaften, die durch ihre Exemplare verstanden werden, und implementieren entsprechende Methoden.

Klassenmethoden werden dabei im allgemeinen zur Erzeugung von Objekten und zur Initialisierung der Klassenvariablen eingesetzt. Die Klassenvariablen sind das "Gedächtnis" der Klasse. Ihre Manipulation kann durch die Klassenmethoden und die Methoden der Exemplare erfolgen, das heißt, daß alle Exemplare einer Klasse die Klassenvariablen geteilt nutzen können. Poolvariablen erlauben hingegen nicht nur den Zugriff durch Exemplare einer Klasse, sondern durch die Exemplare einer beliebigen Menge von Klassen.

Die Oberklasse aller Klassen im System ist die Wurzelklasse *Object*. *Object* besitzt keine Oberklasse.

Es sei eine *Klassenhierarchie* zur Berechnung der Fläche und des Volumens von speziellen Körpern zu entwickeln, wobei das Volumen durch die Multiplikation der Grundfläche mit der Körperhöhe berechenbar sein soll. Die Klassenhierarchie enthalte die Klassen *Koerper*, *Quader*, *Wuerfel* und *Pyramide* (siehe Beispiel 3-2):

```
Object subclass: #Koerper
  instanceVariableNames:
    ' hoehe '
  classVariableNames: ''
  poolDictionaries: ''
```

Koerper wird als Unterklasse der Klasse *Object* definiert. Dabei muß der Wurzelklasse *Object* die Schlüsselwort-Botschaft

```
subclass:
  instancevariableNames:
  classVariableNames:
  poolDicitonaries:
```

gesendet werden. Die Klasse *Object* hat also die Fähigkeiten, neue Unterklassen von sich zu erzeugen. Wie *Object* zu diesen Fähigkeiten kommt, wird im Abschnitt Metaklassen noch genauer zu erläutern sein. *Object* verbindet das Symbol *#Koerper* mit der neuen Unterklasse und trägt es in das Systemwörterbuch ein. *Koerper* ist jetzt im gesamten System bekannt.

Bei der Erzeugung der Klasse *Koerper* wird nur die Exemplarvariable *hoehe* definiert. *Koerper* besitzt weder Klassen- noch Poolvariablen. Der Objekt-Konstruktor ist eine Klassenmethode, die nur der Klasse, nicht aber ihren Exemplaren bekannt ist:

```
new: werte
  " Konstruktor für Körper "
  ^super new init: werte
```

Die Methode mit dem Selektor *new:* hat die Aufgabe, ein Exemplar der Klasse *Koerper* zu erzeugen und die Exemplarvariablen mit den für den jeweiligen Körper charakteristischen Werten zu belegen. Sie soll im Beispiel nur die Verbindung zwischen Objekt-Konstruktion und Initialisierung herstellen und in den Unterklassen nicht neu implementiert werden. Um das zu erreichen, wird mit *super new* der Oberklasse von *Koerper* die Botschaft *new* gesendet, denn *Object* weiß bereits, wie man Exemplare kreiert. *super* ist eine Pseudovariable, die auf die Oberklasse des jeweiligen Empfängers verweist. *super new* liefert als Rückgabewert ein neues Exemplar der Klasse *Koerper*. Über *init:* wird das Exemplar dann seine Variablen initialisieren. Bei der Implementierung von *init:* wird vorausgesetzt, daß der Nutzer die Botschaft *new* immer mit einem Feld von Werten absendet, die die Gestalt bzw. die Maße des Körpers beschreiben:

```
init: werte
  " initialisiert Exemplare der Klasse Koerper "
  hoehe := werte at: 1
```

Da die spezielle Berechnungsvorschrift für die Grundfläche eines Körpers noch nicht feststeht, wir aber wissen, daß sich das Volumen aus Grundfläche und Höhe berechnen läßt, kann die Methode zur Volumenberechnung ausformuliert werden. Die Methode zur Berechnung der Grundfläche wird nur "angedeutet". Ihre Konkretisierung muß in den Unterklassen von *Koerper* erfolgen:

```
grundflaeche
  " berechnet die Grundfläche "
  self error: 'grundflaeche in Unterklassen implementieren'
```

```
volumen
  " berechnet das Volumen "
  ^hoehe * self grundflaeche
```

In Analogie zu *super* existiert eine Pseudovariable *self*, die immer auf den Empfänger der Botschaft verweist. Sie wird benutzt, um Botschaften an das Objekt selbst zu senden und dadurch rekursive Methoden zu entwickeln.

Die Zeile mit der Botschaft *self error 'Zeichenkette'* könnte auch durch *self implementedBySubclass*, einem Selektor, den alle Objekte kennen, ersetzt werden. Er erzeugt bei Verwendung des Selektors *grundflaeche* aus der Klasse *Koerper* ebenfalls eine Fehlerausschrift. Diese *abstrakte Methode* zwingt dazu, in den Unterklassen, die spezielle Körper beschreiben, *grundflaeche* entsprechend der jeweiligen mathematischen Vorschrift zu implementieren.

Es ist zu erkennen, daß wir mit Exemplaren der Klasse *Koerper* prinzipiell nichts anfangen können. *Koerper* ist eine *abstrakte Klasse*. Solche Klassen sind immer dann notwendig, wenn gemeinsame Eigenschaften mehrerer Unterklassen allgemeingültig zu beschreiben sind, ohne die Formulierung der speziellen Eigenheiten der Unterklassen durch diese Beschreibung einzuschränken zu müssen.

Im folgenden wird nun die Klasse *Koerper* um die Unterklasse *Quader* und diese wiederum um die Unterklassen *Wuerfel* und *Pyramide* erweitert, so daß sich eine Klassenhierarchie ergibt:

```
Koerper subclass: #Quader
  instanceVariableNames:
    'laenge breite'
  classVariableNames: ''
  poolDictionaries: ''

init: werte
  " initialisiert Exemplare der Klasse Quader "
  super init: werte.
  breite := werte at: 2.
  laenge := werte at: 3

grundflaeche
  " berechnet die Grundfläche "
  ^laenge * breite
```

Quader sind Körper und besitzen eine Höhe, die sie von der Klasse *Koerper* erben. Neu zu definieren sind die Länge und die Breite. Da sich die Initialisierung der Quader von der bisherigen Initialisierung unterscheidet, muß die Methode mit dem Selektor *init:* redefiniert werden. Ebenso präzisiert *grundflaeche* die Grundflächenberechnung als Multiplikation von Länge und Breite.

Wir sehen auch, daß Botschaften mit gleichem Selektor, die an unterschiedliche Objekte gesendet werden, unterschiedliche Aktionen auslösen können. Diese Art der *Vielgestaltigkeit* ist bereits aus TopSpeed Modula-2 bekannt und wird als Polymorphismus auf Objektebene bezeichnet. Zusätzlich zum *Objektpolymorphismus* lassen verschiedene Sprachen auch den *Parameterpolymorphismus* zu. Es existieren für ein Objekt mehrere Selektoren gleichen Namens, die sich nur durch ihre Parameter unterscheiden und je nach Anzahl und/oder Typ der Parameter unterschiedliche Aktionen ausführen. In Smalltalk ist der Parameterpolymorphismus durch die Typfreiheit der Sprache gegeben. Einerseits kann der Programmierer die Klasse der Parameter auswerten und andererseits die Anzahl möglicher Parameter bei der Festlegung des Typs der Botschaften bestimmen.

Ein weiteres Merkmal objektorientierter Sprachen ist der Zeitpunkt der Methodenbindung. Beim *statischen Polymorphismus* ist die mit einem Selektor zu verbindende Methode schon während der Compilierung bekannt. Diese Voraussetzung kann aber nur in einem Teil aller Fälle erfüllt werden. "Hybride" Sprachen ermöglichen den *dynamischen Polymorphismus* - das Binden zur Laufzeit - durch die Implementierung virtueller Methoden. In Smalltalk erfolgt die Bindung von Botschaft (Selektor) und Methode ausschließlich zur Laufzeit. Der in solchen Sprachen eingesetzte Message-Scheduling-Algorithmus beansprucht zur Methodensuche in großen Hierarchien sehr viel Laufzeit. Das ist einer der Gründe für die geringe Verbreitung rein objektorientierter Systeme. Deren Weiterentwicklung hat aber auch gezeigt, daß die heute erreichbaren Abarbeitungsgeschwindigkeiten für eine sehr große Anzahl von Anwendungen völlig ausreichend sind.

Unter der Annahme, daß wir Exemplare der Klasse *Quader* erzeugen, könnten diese ebenso wie Exemplare von *Koerper* auf die Botschaft *volumen* reagieren. Durch die in *volumen* versendete Botschaft *self grundflaeche* werden Exemplare der Klasse *Koerper* in ihrer Klasse nach *grundflaeche* suchen und schließlich die abstrakte Methode aus *Koerper* ausführen. Exemplare der Klasse *Quader* beginnen mit der Suche in ihrer Klasse und finden deshalb die richtige Methode zur Berechnung der Grundfläche.

Die Klassen *Wuerfel* und *Pyramide* sollen die wichtigsten Prinzipien nochmals verdeutlichen. Ein Würfel wird den Selektor *init:* neu implementieren oder unter Nutzung von *init:* aus *Quader* das neue Verhalten realisieren. Beim Aufruf des Konstruktors wird durch die Anwendung der Methodensuche automatisch das richtige *init:* ausgeführt. Die Berechnung des Volumens und der Grundfläche unterscheidet sich bei Würfeln und Quadern nicht und kann somit unverändert bleiben:

```
Quader subclass: #Wuerfel
  instanceVariableNames: ''
  classVariableNames: ''
  poolDicitonaries: ''
```

```
init: werte
  " initialisiert Exemplare der Klasse Wuerfel "
  hoehe := laenge := breite := werte at: 1
```

Da unsere speziellen Pyramiden wie die Quader ein Rechteck als Grundfläche haben sollen und sich dadurch lediglich die Art und Weise der Volumenberechnung von den Quadern unterscheidet, kann die Klasse *Pyramide* alle Methoden bis auf *volumen* von *Quader* übernehmen. *volumen* muß neu oder unter Nutzung des bereits in *Quader* beschriebenen Verhaltens implementiert werden:

```
Quader subclass: #Pyramide
  instanceVariableNames: ''
  classVariableNames: ''
  poolDictionaries: ''

volumen
  " berechnet das Volumen "
  ^(super volumen) / 3
```

In fast allen Smalltalk-Systemen werden Klassen und Methoden bereitgestellt, die die Prinzipien der Mehrfachvererbung unterstützen. Dabei kann eine Klasse nicht nur Unterklasse einer bestimmten Klasse sondern einer beliebigen Menge von Klassen sein. Die neue Klasse erbt alle Eigenschaften und Merkmale ihrer Oberklassen. Es ist leicht zu erkennen, daß die Mechanismen der Mehrfachvererbung Konzepte zur Lösung von Konfliktsituationen einschließen. Solche Konflikte treten beispielsweise dann auf, wenn die Namen von Merkmalen und Methoden in mehreren Oberklassen übereinstimmen.

7.2.2 Die Erzeugung von Objekten

Die Bildung von Unterklassen und deren Integration in die Klassenhierarchie ist der grundlegende Mechanismus zur Erweiterung der Leistungsfähigkeit eines Smalltalk-Systems. Doch ohne die Schaffung neuer Exemplare verschiedener Klassen wird sich kaum eine sinnvolle Anwendung ergeben.

Exemplare der Klasse *Collection* werden beispielsweise durch das Senden der Botschaft *new* ins Leben gerufen. Es ist zu beachten, daß *new* an die Klasse des zu erzeugenden Objektes gesendet werden muß, das Exemplar existiert zu diesem Zeitpunkt noch nicht. Die Aktivierung der entsprechenden Klassenmethode wird die Rückgabe eines neuen Exemplars von *Collection* bewirken. Nach der Schaffung dieses Objektes sind seine Exemplarvariablen grundsätzlich mit *nil* initialisiert. Um eine allen Exemplaren einer Klasse gemeinsame Initialisierung zu erreichen, wird im allgemeinen in *new* eine Methode *initialize* gerufen, die diese Initialisierung vornimmt. Der Methode *new* kann aber auch, wie wir im vorigen Abschnitt gesehen haben, eine Menge von Parametern übergeben werden, die eine spezifische Initialisierung des Objektes unabhängig von Standardwerten vornimmt.

Bei Objekten, die indizierbare Exemplarvariablen enthalten, wird der Klassenmethode zur Erzeugung dieser Objekte grundsätzlich ein die Anzahl der indizierbaren Variablen bestimmender Parameter übergeben:

```
Array new: 10
Pyramide new: #(1 2 3)
Collection new
Time now
Date today
```

Es ist zu sehen, daß der Name des Konstruktors nicht unbedingt *new* sein muß, sondern der Bedeutung und Funktionalität der Klasse angepaßt sein kann. *Time now* und *Date today* erzeugen Objekte, die die aktuelle Uhrzeit bzw. das aktuelle Datum repräsentieren.

Für die Zerstörung von Objekten und die Freigabe des von ihnen belegten Speicherplatzes gibt es in Smalltalk keine spezielle Methode. Die Speicherplatzverwaltung wird vollständig vom System übernommen. Wird die letzte Referenz auf ein Objekt beseitigt, kann es nicht mehr erreicht werden, und der von ihm belegte Speicherplatz könnte anderen Objekten zur Verfügung gestellt werden. Um das zu erreichen, wird in Smalltalk ein Garbage Collection Algorithmus eingesetzt, der Platz für neue Objekte schafft. Der Garbage Collector wird immer dann aktiviert, wenn bei der Erzeugung eines Objektes festgestellt wird, daß der zur Verfügung stehende Speicherplatz knapp wird. Diese Idee wurde auch in der konventionellen Programmiersprache Modula-3, einer Weiterentwicklung von Modula-2, verwirklicht.

Neben Objekten, die solange existieren, wie mindestens ein Verweis auf das Objekt besteht, gibt es die Kategorie der *unveränderlichen Objekte*. Diese können, nachdem sie einmal existieren, nicht mehr zerstört werden. Zu den unveränderlichen Objekten zählen alle 256 Exemplare der Klasse *Character*, die, beim Systemstart erzeugt, die gesamte Laufzeit überdauern.

Da die Klassen aller Objekte letztendlich von einer Wurzelklasse *Object* abstammen, muß *Object* die allgemeinen Eigenschaften aller Objekte beschreiben und Botschaften, die alle Objekte verstehen können, bereitstellen. Diese Botschaften lassen sich grob in die nachfolgend aufgeführten Gruppen einteilen.

- Test der Funktionalität eines Objektes
- Vergleich von Objekten (Identität, Gleichheit etc.)
- Zugriff auf die Bestandteile von Objekten

- Ausgabe und Speicherung eines Objektes
- Fehlerbehandlung
- Erzeugen von Kopien eines Objektes

Weil Klassen selbst wieder Objekte sind, sich aber dennoch von Objekten, die nicht zugleich Klassen sind, unterscheiden, muß es auch spezielle Konstruktoren für Klassen geben. Einer dieser Konstruktoren zur Erzeugung einer Unterklasse wurde bereits im Abschnitt 7.2 verwendet. Das Absenden der Methode *subclass:* an eine Klasse bewirkt die Erzeugung einer neuen, regulären Unterklasse. Solche Unterklassen zeichnen sich dadurch aus, daß ihre Exemplare ausschließlich über benannte Exemplarvariablen verfügen dürfen. Für die Bildung von Unterklassen, deren Exemplare auch indizierbare Variablen definieren, gibt es die Methoden *variableSubclass*, *variableByteSubclass* und *variableWordSubclass*. Die Botschaft *kindOfSubclass* bewirkt die Rückgabe eines Strings, der Auskunft über die jeweilige Art einer Klasse gibt. Für vier in Smalltalk enthaltene Klassen ergeben sich folgende Werte:

```
SmallInteger                'subclass:'
Array                       'variableSubclass:'
String                      'variableByteSubclass:'
LargePositiveInteger        'variableWordSubclass:'
```

Die Unterschiede in der Darstellung der Exemplarvariablen lassen sich mit einigen Testmethoden leicht ermitteln. Die Tabelle zeigt die Rückgabewerte der Testmethoden:

Klasse	isVariable	isPointers	isWord	isByte
SmallInteger	false	true	true	false
Array	true	true	true	false
String	true	false	false	true
LargePositiveInteger	true	false	true	false

Die Methode *isVariable* liefert den Wert *true*, wenn die Objekte der Klasse indizierbare Exemplarvariablen enthalten und bestätigt die mit *kindOfSubclass* ermittelten Ergebnisse. *isPointers* testet, ob Exemplarvariablen existieren, die Referenzen darstellen. Da bei *SmallInteger* und *Array true* zurückgegeben wird, heißt dies, daß benannte Exemplarvariablen und indizierbare Variablen bei Klassen der Art *variableSubclass* grundsätzlich Zeiger (auf Objekte) sind. Die Methode *isWord* gibt dann *true* zurück, wenn Exemplarvariablen durch 16-bit Wörter repräsentiert werden. Dies ist völlig einleuchtend bei Klassen der Art *variableWordSubclass* der Fall. Da Zeiger intern durch ein 16-bit Wort dargestellt werden, liefert *isWord* auch bei *SmallInteger* und *Array* den Wert *true*. *isByte* überprüft schließlich, ob die Exemplarvariablen durch einen 8-bit Wert repräsentiert werden und gibt, angewendet auf die Klasse *String*, korrekt *true* zurück.

7.2.3 Metaklassen

Die Beispiele der Kapitel über TopSpeed Modula-2 haben gezeigt, daß die Erzeugung von Objekten immer getrennt von der Klasse des Objektes erfolgen mußte. Die Klassen haben kein Eigenleben, sondern stellen lediglich eine Beschreibung von Objekten auf Typebene dar. Erst nachdem ein Objekt durch eine Variablenvereinbarung bzw. den Aufruf der Funktion NEW existiert, kann man den Exemplarvariablen Werte zuweisen. Auch wenn andere Sprachen mit objektorientierten Einbettungen das Kreieren von Objekten geschickter lösen, kommt man nicht um die Tatsache herum, daß dieser Mechanismus dem objektorientierten Paradigma widerspricht. In Smalltalk wird die Erzeugung neuer Exemplare immer durch das Senden einer bestimmten Botschaft an die Klasse des Objektes geschehen.

- **Klassen sind Objekte und können Objekte erzeugen.**

Alle Klassen, von denen wir bisher gesprochen haben, sei es *SmallInteger*, *Character* oder *Pyramide*, sind Exemplare sogenannter *Metaklassen*. Diese Metaklassen tragen keinen speziellen Namen und sind über die schon vorgestellte unäre Botschaft *class* erreichbar. Das einzige Exemplar einer Metaklasse ist die echte Klasse. Metaklassen sind also solche Klassen, deren Exemplare selbst wieder Klassen verkörpern. Die Klasse aller Metaklassen heißt *MetaClass*.

```
Integer class allInstances                  (Integer)
Integer isMemberOf: Integer class           true
Integer class isMemberOf: MetaClass         true
```

Die Botschaft *allInstances* veranlaßt eine Klasse zur Rückgabe ihrer im System vorhandenen Exemplare, und *isMemberOf* testet für ein bestimmtes Objekt, ob es Exemplar der als Parameter gegebenen Klasse ist.

Welche Vorteile und Konsequenzen ergeben sich aus der Einführung von Metaklassen ?

Die Aufgabe der Metaklassen besteht in der Erzeugung von Exemplaren und der Initialisierung der Klassen- bzw. Exemplarvariablen. Ohne die Zwischenschicht der Metaklassen hätten alle Klassen die gleiche Schnittstelle. Sie müßten beispielsweise auf die Botschaft *new* gleich reagieren und könnten die Exemplarvariablen nur mit einem einheitlichen Wert (*nil*) initialisieren. Um nun die Eigenheiten jeder Klasse in der Bildung ihrer Objekte und der Initialisierung von Variablen auch verwirklichen zu können, werden die Metaklassen als Zwischenschicht gebraucht. Aufmerksame Leser haben sicherlich schon bemerkt, daß, wenn eine Klasse immer wieder Exemplar einer anderen Klasse ist, irgendwo in der Klassenhierarchie eine Zirkularität versteckt sein muß.

- **Die Klasse von *MetaClass* ist gleichzeitig Exemplar von *MetaClass*.**

Nachdem die Beziehungen zwischen Klassen und Metaklassen geklärt sind, können wir uns der eigentlichen Klassenhierarchie zuwenden. Verschiedene Botschaften werden uns helfen, die Zusammenhänge zu verdeutlichen:

```
Collection allSubclasses includes: Set                  true
Set inheritsFrom: Collection                            true

Collection class allSubclasses includes: Set            true
Set class inheritsFrom: Collection class                true
```

Alle Klassen verstehen die Botschaft *allSubclasses*, die eine Menge aller Unterklassen zurückgibt. In dieser Menge wird mit *includes:* das Vorhandensein von *Set* überpüft. In der Klassenhierarchie ist *Set* als Unterklasse von *Collection* implementiert. Die Botschaft *inheritsFrom:* prüft genau entgegengesetzt, ob eine Klasse Erbe einer anderen Klasse ist.

Im obigen Beispiel wurden die Vererbungsbeziehungen zwischen zwei echten Klassen und ihren beiden Metaklassen getestet. Es existieren folglich zwei identische Klassenhierarchien, die der Klassen und die der Metaklassen. Wenn aber beide Hierarchien identisch sind und wir *Object* als die Oberklasse aller anderen Klassen festgelegt haben, von welcher Klasse stammt dann die Klasse von *Object* ab?

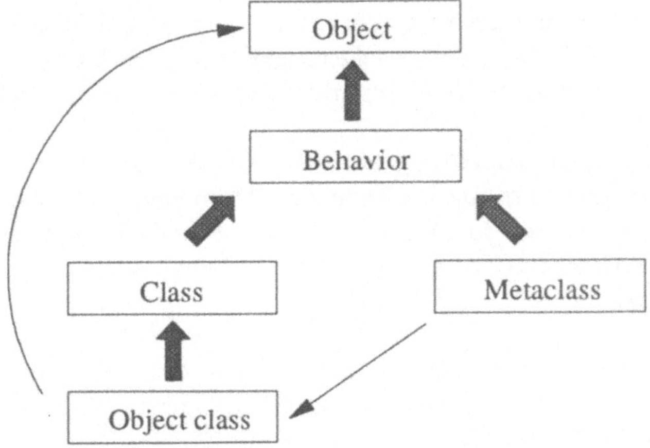

Bild 7-1 Ausschnitt aus der Klassenhierarchie

```
Object superclass              nil
Object class superclass        Class
```

Die Hierarchie der Metaklassen hängt also an der Klasse *Class*. *Object class* erbt alle Eigenschaften von *Class*. In der Klassenhierarchie sind *Class* und *MetaClass* als Unterklassen von *Behavior* implementiert (Bild 7-1).

Die dicken Pfeile in der Abbildung stehen für die Vererbungsbeziehungen zwischen Klassen, wobei die Pfeilspitzen immer auf die Oberklassen zeigen. Die dünnen Pfeile verdeutlichen, daß die Klasse an der Pfeilspitze Exemplar der Klasse am Ausgangspunkt des Pfeiles ist. Beispielsweise erbt die Klasse *Behavior* von der Klasse *Object* und *Object* ist seinerseits Exemplar von *Object class*.

Um die Wirkungsweise und das Zusammenspiel dieser Klassen zu verstehen, müssen zuvor noch einige Aussagen zum eigentlichen (internen) Aufbau von Klassen gemacht werden. Für Smalltalk besteht eine Klasse aus folgenden Variablen, hinter denen sich natürlich wieder bestimmte Objekte verstecken.

```
superClass              Verweis auf die Oberklasse
messageDictionary       Verzeichnis der Methoden
structure               beschreibt Variablenstruktur
name                    Name der Klasse
comment                 optionale Erläuterung
subclasses              Feld der Unterklassen
instances               Feld der Namen der Exemplarvariablen
classPool               Verzeichnis der Klassenvariablen
sharedPools             Feld der Namen der Variablenpools
```

Hinter *messageDictionary* verbirgt sich ein Wörterbuch aller Methoden. Die Schlüssel zu den einzelnen Einträgen im Wörterbuch sind die Selektoren. Alle Methoden, die durch eine Botschaft an ein Objekt ausgelöst werden können, stehen immer in der Klasse des Objektes. Ihr Kode wird durch alle Exemplare der Klasse genutzt.

Die Klasse *Behavior* beschreibt als abstrakte Klasse das allgemeine Verhalten aller Objekte, die Klassen sind. Sie implementiert Methoden zur Schaffung von Objekten, dem Zugriff auf die Methodenverzeichnisse und die Klassenhierarchie. Alle Exemplare der Unterklassen von *Behavior* enthalten die Exemplarvariablen von *superclass* bis *instances*.

Die Klasse *Class* fügt als Unterklasse von *Behavior* die speziellen Eigenschaften der Klassen hinzu, die keine Metaklassen sind. Sie definiert *classPool* und *sharedPools* als zusätzliche Exemplarvariablen, so daß echte Klassen über die oben aufgeführte Menge von Variablen verfügen. Die Methoden von *Class* dienen hauptsächlich der Erzeugung und Manipulation der Klassenvariablen und Variablenpools sowie der Bildung von Unterklassen.

Die Klasse *MetaClass* faßt schließlich das Verhalten aller Metaklassen zusammen. Die Aufgabe einer Metaklasse ist die Erzeugung der echten Klasse. Eine spezielle Metaklasse beinhaltet ausschließlich die Variablen *superclass* bis *instances*. *classPool* und *sharedPools* gibt es nur bei echten Klassen.

Betrachten wir wieder Bild 7-1. *Object class* ist Exemplar von *MetaClass* und gleichzeitig Unterklasse von *Class*. Als Exemplar von *MetaClass* besteht *Object class* aus den Variablen *superclass* bis *instances*. Aus der Sicht von *MetaClass* ist die Methode zur Schaffung der echten Klasse eine Exemplarmethode. Für *Object class* hingegen ist diese Methode eine Klassenmethode. Wir erinnern uns, daß Klassenmethoden unter anderem für die Erzeugung von Exemplaren verantwortlich waren. Wie wir sehen, gilt diese Aussage auch für die Beziehung zwischen Metaklasse und echter Klasse. Als Unterklasse von *Class* erbt *Object class* alle Eigenschaften und Merkmale, die auch *Class* hat.

7.2.4 Vordefinierte Objekte

Obwohl schon an einigen Stellen der vorangegangenen Abschnitte Aussagen über Pseudovariablen und vordefinierte Objekte gemacht worden sind, sollen die gewonnenen Erkenntnisse hier nochmals zusammengefaßt werden.

Zur Nachbildung alternativer Anweisungsfolgen wurden in Smalltalk die Objekte *true* und *false* vordefinert. Beide Objekte sind die einzigen Exemplare ihrer gleichnamigen, aber großgeschriebenen Klassen *True* und *False*, die als Unterklassen einer Klasse *Boolean* implementiert sind. *Boolean* beschreibt das allgemeine Verhalten logischer Werte und bietet Methoden zur Ausführung logischer Operationen. Die Klassen *True* und *False* reimplementieren die speziellen Eigenschaften der jeweiligen logischen Werte. Ihre Methoden wirken entgegengesetzt. Da alle vergleichenden Operationen entweder *true* oder *false* liefern, kann mittels Blockevaluierung eine Alternative nachgebildet werden.

Der Typ einer Variablen ist in einer typfreien Sprache wie Smalltalk erst nach einer entsprechenden Zuweisung bekannt. Dennoch muß erreicht werden, daß Variablen, an die durch die Ausführung einer Zuweisung noch kein spezieller Wert gebunden ist, beim Empfang von Botschaften mit Fehlerausschriften reagieren. Dies wird dadurch ermöglicht, daß alle Variablen standardmäßig mit *nil* initialisiert werden und *nil* das einzige Exemplar einer Klasse *UndefinedObject* ist. Variablen verweisen somit auch dann auf Objekte, wenn ihnen explizit noch kein Wert zugewiesen wurde.

Neben den vordefinierten Objekten *true*, *false* und *nil* haben wir die Pseudovariablen *self* und *super* kennengelernt. Alle Methoden können auf diese Variablen zugreifen. *self* verweist auf den Empfänger der Botschaft und *super* auf die Oberklasse des Empfängers. Beide Variablen bestimmen den Ausgangspunkt der Methodensuche. Die Pseudovariable *self* bewirkt, daß die Suche einer Methode im Methodenverzeichnis der Empfängerklasse beginnt. Die Angabe von *self* ist erforderlich, wenn weitere Botschaften an den Empfänger geschickt oder rekursive Funktionen wie die Berechnung der Fakultät von Integer-Zahlen implementiert werden sollen.

```
fakultaet
  self < 0 ifTrue: [self error: 'nicht definiert'].
  self = 0 ifTrue: [^1] ifFalse: [^(self - 1) fakultaet * self]
```

Wird einer Botschaft als Empfänger die Pseudovariable *super* vorangestellt, so beginnt die Suche nach der Methode in der Oberklasse der Klasse, deren Methode *super* benutzt. Erweitert man eine Klasse um eine Unterklasse und vererbt an diese Unterklasse eine Methode, die *super* benutzt, so wird beginnend mit der Oberklasse der ursprünglichen Klasse nach der Methode gesucht werden. Die Angabe von *super* ist notwendig, wenn eine Klasse eine Methode neu implementiert und dennoch die dadurch überschriebene Methode in der Oberklasse nutzen möchte.

In Smalltalk sind nicht nur Klassen Objekte sondern auch die Botschaften. Aus Effizienzgründen wird jedoch auf die Erzeugung von Botschafts-Objekten verzichtet. Ausschließlich in Fehlersituationen, wo die Aufzeichnung von Empfänger, Selektor und Argumenten unentbehrlich ist (Debugging), trifft man Botschaften als Exemplare einer Klasse *Message* an.

Die Klasse *Object* gibt dennoch dem Nutzer die Möglichkeit, in Methoden auf Selektoren zugreifen zu können. Die Botschaft

```
Object perform: #isNil
```

läßt zwar die Klasse *Object* die Botschaft mit den Selektor *isNil* ausführen, aber in *perform:* ist *isNil* bekannt und könnte auch manipuliert werden. Für die Übergabe von Selektoren mit Argumenten findet man in *Object* eine Menge spezieller Methoden.

7.3 Die virtuelle Maschine

Bisher wurde versucht, nur das Erscheinungsbild von Smalltalk in bezug auf Sprachkonstrukte und Klassenhierarchie zu beschreiben. Dies sollte dem Leser die Möglichkeit des Vergleiches zwischen einer "hybriden" Version von Modula-2 und einem rein objektorientierten System offenhalten. Leider sind beide Sprachen hinsichtlich der internen Realisierung der Basiskonzepte nicht mehr vergleichbar. Während es sich bei Modula-2 um eine Compilersprache handelt, vereint Smalltalk Compiler- und Interpreter-Mechanismen.

Die konventionelle Trennung von Programmen in Daten und die sie manipulierenden Steuerkonstrukte gibt es in Smalltalk nicht. Ein Objekt wird durch charakteristische Exemplarvariablen und eine Klasse, zu der es gehört, beschrieben. Kann das Objekt gleichzeitig Exemplare von sich erzeugen, besitzt es zusätzlich ein Verzeichnis von Methoden. Der Zugriff auf das Methoden-Verzeichnis erfolgt über einen Schlüssel, der als Selektor bezeichnet wird. Alle Objekte bilden zusammen das *virtuelle Abbild* (Image) des Systems. Dieses Abbild wird zu Sitzungsbeginn in den Speicher des Rechners (Object Memory) geladen und kann, wenn neue Objekte hinzugefügt oder alte gelöscht worden sind, wieder auf den Massenspeicher zurückgeschrieben werden. Objekte, die die Laufzeit eines Programmes überdauern, werden auch als *persistente Objekte* bezeichnet.

Der zweite Teil des Systems ist eine *virtuelle Maschine.* Implementiert ein Nutzer eine neue Methode, so wird der Quelltext dieser Methode von einem Compiler in einen internen Bytekode übersetzt. Der Name des Kodes deutet bereits darauf hin, daß seine Elemente 8-bit Wörter sind und es somit 256 verschiedene "virtuelle Instruktionen" gibt. Die Menge aller zu einer Methode gehörenden Instruktionen werden in einem Objekt der Klasse *CompiledMethod* abgelegt. Das Methodenverzeichnis ist seinerseits eine Sammlung von compilierten Methoden.

Hat die virtuelle Maschine eine Botschaft zu bearbeiten, wird sie beim Empfänger beginnen, die Methodenverzeichnisse nach dem angegebenen Selektor zu durchsuchen. Falls der Selektor an eine Methode gebunden ist, werden die Bytekode-Instruktionen ausgeführt. Genau in diesem Moment wird echter Maschinenkode für den Prozessor der jeweiligen Maschine erzeugt, das heißt, es werden sogenannte *primitive Methoden* ausgeführt, die die notwendigsten Operationen wie

- Arithmetik,
- Speicherverwaltung,
- spezielle Steueraktionen und
- Ein-/Ausgabe

realisieren. Durch die späte Erzeugung von Maschinenkode sind beispielsweise die Änderung einer Klasse und der Austausch ihrer Methoden möglich, wenn bereits Exemplare dieser Klasse im System existieren. Es ist einzusehen, daß nur ein geringer Teil des Systems in einer maschinennahen Sprache geschrieben werden muß und der Rest vollständig in Smalltalk programmiert werden kann. Wird beispielsweise die virtuelle Maschine mit ihren primitiven Methoden auf eine andere Hardware-Architektur abgebildet und versteht es dieser Systemkern, das virtuelle Abbild (die

Momentaufnahme des Zustands aller Objekte im System) in den Speicher zu laden, ist es möglich, einmal erstellte Software zwischen verschiedenen Hardware-Plattformen ohne Änderungen zu portieren.

7.4 Zusammenfassung

- Smalltalk ist ein rein objektorientiertes Programmiersystem mit einer interaktiven, graphischen Benutzeroberfläche und einer umfangreichen Klassenbibliothek. Seine integrierten Entwicklungswerkzeuge wie Klassen-Browser, Debugger und Inspector unterstützen Prototyping, Programmierung, Wartung und Pflege von Programmen und die Schaffung wiederverwendbarer und hoch portabler Softwarebausteine.

- Die elementaren Sprachkonstrukte von Smalltalk sind leicht verständlich und erlernbar, wobei die grundlegende Steuerstruktur eines Programmes im Nachrichtenaustausch zwischen Objekten, dem Versenden von und der Reaktion auf Botschaften besteht. Smalltalk ist eine typfreie Sprache. Eine Variable kann also Werte unterschiedlicher Typen annehmen bzw. auf Objekte unterschiedlicher Klassen verweisen.

- Botschaften bestehen aus dem Namen des Empfängers, einem Selektor und einer Reihe von Parametern. Es existieren drei Arten von Botschaften: unäre, binäre und Schlüsselwort-Botschaften. Sie unterscheiden sich in der Anzahl möglicher Parameter und in der durch Prioritäten festgelegte Abarbeitungsreihenfolge.

- Smalltalk kennt keine Sprachelemente, die den uns bekannten Steuerkonstrukten aus konventionellen Programmiersprachen (IF, CASE, FOR, REPEAT oder WHILE) entsprechen. Diese Steuerkonstrukte werden durch Anwendung der Blockevaluierung nachgebildet. Unter einem Block wird dabei eine begrenzte Menge von Aktionen verstanden. Blöcke sind als Exemplare einer Klasse *Context* Objekte und können auf verschiedene Botschaften reagieren. Eine der wichtigsten Botschaften ist die Blockevaluierung mittels *value*, die zur Ausführung aller im Block enthaltenen Anweisungen, das heißt., dem Versenden entsprechender Botschaften, führt.

- Auch Klassen müssen auf Botschaften wie "*Erzeuge Exemplar*" oder "*Erzeuge neue Unterklasse*" reagieren können. Sie verfügen über ein definiertes Verhalten und haben eine bestimmte Menge von Eigenschaften aufzuweisen. Klassen sind in Smalltalk selbst Objekte. Sie unterscheiden sich von den Objekten, die nicht zugleich Klassen sind, dadurch, daß sie Exemplare von sich erzeugen können. Klassen bestehen dabei aus einer Menge von Klassenvariablen, die durch alle

Exemplare der Klasse geteilt genutzt werden können, und einer Reihe sogenannter Variablenpools, auf deren Variablen sogar durch Exemplare verschiedener Klassen zugegriffen werden kann. Die Klassenmethoden dienen vor allem der Erzeugung neuer Exemplare einer Klasse.

- Die Oberklasse oder Wurzelklasse aller anderen Klassen im System heißt *Object*. Sie beschreibt das allgemeine Verhalten sämtlicher Objekte im System und stellt Methoden zur Ausführung elementarer Operationen bereit. Diese Methoden ermöglichen beispielsweise den Vergleich, das Kopieren, Ausgeben bzw. Speichern sowie den Zugriff auf die Komponenten des Objektes.

- Neben den echten oder regulären Klassen verfügt Smalltalk über sogenannte Metaklassen. Die Einführung der Metaklassen ist notwendig, um die Schnittstelle einer Klasse (Methoden und Variablen) variieren und den jeweiligen Erfordernissen anpassen zu können. Die Hierarchie der Metaklassen ist analog zur Hierarchie der echten Klassen aufgebaut. Alle Metaklassen sind Exemplare der Klasse *MetaClass*, und eine echte Klassen ist jeweils das einzige Exemplar ihrer gleichnamigen Metaklasse.

- In Smalltalk sind alle Methoden virtuell. Das wird dadurch realisiert, daß die Methodenverzeichnisse von der Empfängerklasse in Richtung Wurzelklasse *Object* erst zum spätest möglichen Zeitpunkt - dem Senden einer Botschaft - durchsucht werden.

- Einer der Vorzüge von Smalltalk ist, daß die Speicherverwaltung vollständig vom System übernommen wird. Sobald der bei Erzeugung eines neuen Objektes zur Verfügung stehende Speicherplatz knapp wird, erfolgt die Aktivierung des Garbage Collectors. Dabei wird der Speicherplatz aller Objekte, auf die keine Referenz mehr besteht und die somit nicht mehr erreichbar sind, wieder freigegeben.

- Intern kann man ein Smalltalk-System in zwei grundlegende Bestandteile zerlegen: das virtuelle Abbild als Momentaufnahme des Zustands aller Objekte und die virtuelle Maschine. Beim Beginn einer Sitzung wird das zuletzt gespeicherte virtuelle Abbild in den Speicher des Rechners geladen. Beim Erweitern der Klassenbibliothek um eine neue Methode übersetzt Smalltalk den Quelltext in eine interne, rechnerunabhängige Darstellung. Diese so erhaltenen virtuellen Instruktionen werden dann bei Aktivierung der Methode von der virtuellen Maschine interpretiert und in entsprechende Anweisungen für die jeweilige Hardware umgesetzt.

7.5 Übungsaufgaben

1. Alle Klassen sind Objekte und besitzen die Variablen *superClass* bis *instances*. Warum beinhalten nur echte Klassen und nicht auch die Metaklassen zusätzlich die Variablen *classPool* und *sharedPools* ?

2. Smalltalk-Klassen verstehen die Botschaft *superclass*, die als Ergebnis die Oberklasse des Empfängers zurückgibt. In welcher Klasse muß *superclass* als Exemplarmethode implementiert werden, so daß echte Klassen wie auch Metaklassen diese Botschaft verstehen ?

3. Eine Klasse A hat durch Anwendung der Mehrfachvererbung unter anderem die Klassen B und C als Oberklassen. Beide Klassen B und C stammen unmittelbar von einer Klasse D ab. Es ist zu erkennen, daß die Klasse A alle Eigenschaften und Merkmale der Klasse D zweimal erben würde. Diskutieren Sie verschiedene Möglichkeiten der Konfliktlösung. Beachten Sie dabei, daß in den Klassen B und C jeweils verschiedene Teile der Klasse D verändert worden sein könnten.

4. Welche Gründe kann es dafür geben, daß zu Beginn der Sitzung eine Reihe unveränderlicher Objekte geschaffen werden, die, einmal erzeugt, nicht mehr zerstört werden können ?

A Syntax der objektorientierten Erweiterungen

A.1 Klassendeklarationen

Eine Klassendeklaration besteht aus zwei Teilen:

- einem Schnittstellenteil
- einem Implementationsteil

Schnittstellendeklaration

Die Schnittstelle einer Klasse kann überall dort in einem Modula-2-Programm deklariert werden, wo eine Typdeklaration stehen kann.

Eine Schnittstellendeklaration enthält:

- Eine Feldliste zur Deklaration von Exemplarvariablen und zusätzlich ab Version 3.0 eine Liste von Alias-Deklarationen.
- Eine Methodendeklarationsliste. Sie enthält Prozedurköpfe, die die Nachrichten spezifizieren, auf die Objekte der Klasse reagieren.

Syntax in der Version 2.0 :

```
ClassDecl = "TYPE" {ClassIdentifier "=" ClassDef ";"}.

ClassDef = "CLASS" ["(" Name ")"]
             [ClassFieldDefList ";"]
             [MethodDefList ";"]
           "END".

ClassFieldDefList = ClassFieldDef {";" ClassFieldDef}.

ClassFieldDef = IdentifierList ":" TypeDef.

MethodDefList = MethodDef {";" MethodDef}.

MethodDef = ProcHead [";" "VIRTUAL"].
```

Syntax ab Version 3.0 :

```
ClassDecl = {ClassDef ";"}.
```

```
ClassDef = "CLASS" ClassIdentifier ["(" Name {"," Name} ")"] ";"
              [ClassFieldDefList ";"]
              [MethodDefList ";"]
           "END" ClassIdentifier.

ClassFieldDefList = ClassFieldDef {";" ClassFieldDef}.

ClassFieldDef = IdentifierList ":" TypeDef
              | Identifier "=" QualName.

QualName = ClassIdentifier "." Identifier.

MethodDefList = MethodDef {";" MethodDef}.

MethodDef = ["VIRTUAL"] ProcHead.
```

Implementationsdeklaration

Der Implementationsteil einer Klassendeklaration bezieht sich auf die Implementation der Körper der Methoden: Die Implementation der Methoden einer Klasse erfolgt im gleichen Modul wie die Schnittstellendeklaration der Klasse.

Syntax in der Version 2.0 :

```
ClassDecl = "TYPE" {ClassIdentifier "=" ClassDef ";"}.

ClassDef  = "CLASS" ["(" Name ")"]
               [ClassFieldDefList ";"]
               [MethodDeclList ";"]
            "END".

ClassFieldDefList = ClassFieldDef {";" ClassFieldDef}.

ClassFieldDef = Identifier ":" TypeDef.

MethodDeclList = MethodDecl {";" MethodDecl}.

MethodDecl = ProcHead [";" "VIRTUAL"] ProcBody.
```

Syntax ab Version 3.0:

```
ClassDecl = {ClassDef ";"}.

ClassDef = "CLASS" "IMPLEMENTATION" ClassIdentifier ";"
              [MethodDeclList ";"]
           "BEGIN"
              [ClassStatmList ";"]
           "END" ClassIdentifier.

MethodDeclList = MethodDecl {";" MethodDecl}.

MethodDecl = ["VIRTUAL"] ProcHead ProcBody.
```

A.2 Objektdeklarationen

Objekte werden als Variablen unter Verwendung des Klassennamens bzw. eines Zeigers auf den Klassennamen deklariert.

Syntax :

```
ObjectDecl = "VAR" {IdentifierList ":"
             ["POINTER" "TO"] ClassIdentifier ";"}.
```

A.3 Ausführen von Methoden

Das Ausführen einer Methode erfolgt in ähnlicher Weise wie das Ausführen einer Modula-2-Prozedur bzw. -Funktion. Der einzige Unterschied besteht darin, daß vor dem Methodennamen der Objektname bzw. der Klassenname, gefolgt von ".", stehen muß.

Syntax :

```
Invoke = Identifier ["^"] "." ProcIdentifier [ActualList].
```

Der Name des Objektes kann auch in einer WITH-Anweisung stehen:

Syntax :

```
"WITH" Identifier ["^"] "DO"
  ProcIdentifier [ActualList]
"END".
```

A.4 Vererbung

Bei der Vererbung wird eine Unterklasse aus einer bzw. mehreren Oberklassen abgeleitet (Mehrfachvererbung ist erst ab Version 3.0 möglich).

Syntax in der Version 2.0:

```
ClassDef = "CLASS" ClassIdentifier ["(" Name ")"]
             [ClassFieldDefList ";"]
             [MethodDefList ";"]
           "END".
```

Syntax ab Version 3.0:

```
ClassDef = "CLASS" ClassIdentifier ["(" Name {"," Name} ")"] ";"
             [ClassFieldDefList ";"]
             [MethodDefList ";"]
           "END" ClassIdentifier.
```

A.5 Kompatibilitätsregeln

Zwei Objekte sind zuweisungskompatibel, wenn sie Exemplare derselben Klasse sind, oder das Objekt auf der linken Seite der Zuweisung Exemplar einer Oberklasse des Objektes auf der rechten Seite ist.

Ein Objekt ist kompatibel mit einem formalen VAR-Parameter eines Klassentyps, wenn der Typ des VAR-Parameters identisch mit dem Typ des aktuellen Parameters ist.

Ein Zeiger auf ein Objekt ist zuweisungskompatibel zu einem anderen Objektzeiger, wenn beide Zeigertypen identisch sind, oder wenn der Zeigertyp auf der linken Seite der Zuweisung auf eine Oberklasse des auf der rechten Seite stehenden Zeigertyps verweist.

B Inhalt der Programmdiskette

Die zum Buch erhältliche Programmdiskette beinhaltet die vollständigen Quelltexte aller behandelten Beispiele.

🗁 KAP.2 Modulare Programmierung

- 🗀 BEISP.1 Lineare Liste als Datenkapsel
- 🗀 BEISP.2 Kellerspeicher als Datenkapsel (dynamische und statische Variante)
- 🗀 BEISP.3 Lineare Liste als abstrakter Datentyp
- 🗀 BEISP.4 Telefonverzeichnis als abstrakter Datentyp
- 🗀 BEISP.5 Universeller Kellerspeicher als abstrakter Datentyp
- 🗀 BEISP.6 Ableitung einer Kellerspeichers für ganze Zahlen
- 🗀 BEISP.7 Abstrakte Datentypen: Student, Dozent, Kursus
- 🗀 BEISP.8 Universelle Menge und Ableitung einer Menge von Studenten
- 🗀 BEISP.9 Aggregation von Dozenten und Kurse zu Vorlesungen
- 🗀 BEISP.10 Abstrakte Datentypen: Passagier, Flug, Abflug und Buchungen

🗁 KAP.3 Grundlagen der objektorientierten Programmierung

- 🗀 BEISP.1 Klassenhierarchie für geometrische Figuren
- 🗀 BEISP.2 Volumenberechnung als Beispiel für abstrakte Klassen

🗁 KAP.4 Dynamische Objekte

- 🗀 BEISP.1 Universeller Kellerspeicher mit ADDRESS-Verweisen
- 🗀 BEISP.2 Universeller Kellerspeicher mit dynamischen Objekten
- 🗀 BEISP.3 Heterogener Kellerspeicher

🗁 KAP.5 Objektorientierter Entwurf von Datenstrukturen

- 🗀 BEISP.1 Universelle, einfach verkettete Liste
- 🗀 BEISP.2 Doppelt verkettete Liste von Zeichenketten
- 🗀 BEISP.3 Klassenhierarchie für Verzeichnisse
- 🗀 BEISP.4 Klassenhierarchie für Mengen

🗁 KAP.6 Der Entwurf komplexer Systeme

- 🗀 BEISP.1 Klassenhierarchie für Dialogelemente

Literaturhinweise

Außer den Handbüchern zu dem Produkt TopSpeed Modula-2 der Firma Jensen & Partners International können wir die folgenden Bücher für weitergehende Informationen empfehlen:

[1] Alagic, Suad : Object-oriented database programming. Springer Verlag, New York 1989

[2] Booch, Grady : Object Oriented Design with Applications. The Benjamin/Cummings Publishing Company, Inc., Redwood City (CA) 1991

[3] Goldberg, Adele; Robson, Dave : Smalltalk-80: The Language. Addison-Wesley, New York 1989

[4] Goldberg, Adele : Smalltalk-80: The interactive programming environment. Addison-Wesley, New York 1984

[5] Kasper, Evy und Roland : Objektorientierte Programmierung in Smalltalk; Vogel Verlag, Würzburg 1989

[6] Liebetrau, Anton : TopSpeed Modula-2 von A-Z. Vieweg Verlag, Braunschweig 1990

[7] Meyer, Bertand : Objektorientierte Softwareentwicklung. Carl Hanser Verlag, München 1990

[8] Monjau, Dieter : Methodisches Programmieren mit Modula-2. Akademie Verlag, Berlin 1991

[9] Ottman, T.; Widmeyer, P.: Algorithmen und Datenstrukturen. BI Wissenschaftsverlag, Reihe Informatik, Band 70, Mannheim 1990

[10] Trautloft, Rainer; Lindner, Ulrich : Datenbanken. Entwurf und Anwendung. Verlag Technik, Berlin 1990

Bildverzeichnis

Sachwortverzeichnis

Parallelität und Transputer

Von den Grundlagen zur Anwendung: Occam und Transputer, Concurrent Prolog, Linda

von Volker Penner

1992. XVI, 200 Seiten. Kartoniert.
ISBN 3-528-05207-4

Im ersten Kapitel werden Sprachmittel zur Spezifikation paralleler Abläufe dargestellt. Einschlägige Sprachmittel zur Beschreibung ein- und mehrseitiger Synchronisation sind mit vielen Beispielen in den Kapiteln zwei und drei enthalten. Das vierte Kapitel gibt eine Einführung in Occam und in parallele Transputerarchitekturen. Das Schwergewicht liegt hierbei auf der Implementation der Prozesse, Kommunikationsmechanismen über Links und die Konfiguration. Im fünften Kapitel werden neben allgemeinen Konstruktionsprinzipien Möglichkeiten zur Realisierung unter Verwendung von C004-Chips, im sechsten die Grundlagen der logischen Programmierung sowie Concurrent Prolog-Programme dargestellt. Das siebte Kapitel enthält eine Einführung in Linda.

Das Werk ist hervorgegangen aus Vorlesungen zur parallelen Programmierung mit dem Ziel, die konzeptionellen Grundlagen von Occam, Concurrent Prolog und Linda sowie praktische Anwendungen in diesen Sprachen darzustellen.

Dr. *Volker Penner* lehrt am Fachbereich Informatik der RWTH Aachen.

Verlag Vieweg · Postfach 58 29 · D-6200 Wiesbaden